KB136133

네이버쇼핑

스마트스토어로

상위노출 하라

네이버쇼핑 스마트스토어로 상위노출 하라

펴낸날	2019년 11월 25일 1판 1쇄
	2023년 07월 25일 1판 13쇄
	2024년 05월 10일 개정판 1쇄

지은이	김도균
펴낸이	정병철
펴낸곳	도서출판 휴먼하우스

등 록	2004년 12월 17일(제313-2004-000289호)
주 소	서울시 마포구 토정로 222 한국출판콘텐츠센터 420호
전 화	02)324-4578
팩 스	02)324-4560
이메일	humanhouse@naver.com

Copyright ⓒ 김도균 2024, *Printed in Korea.*
ISBN 979-11-85455-33-4 13000

NAVER SMARTSTORE

무조건 1페이지에 올려라, 그래야 산다!

네이버쇼핑 스마트스토어로 상위노출 하라

최신 개정판

김도균 지음

스마트스토어를 통해 누구나
가난을 벗어날 수 있다

검색이 바꿀 미래를 검색하다

2016년 그날은 저자의 운명을 바꾼 날이었다. 우연히 들른 서점의 한 모퉁이 서가에서 작은 책 하나를 발견하였다.

온라인 시대를 맞아 생활의 일부가 된 '검색'은 인간과 기계를 이어주는 소통의 도구이며, 인간이 미처 생각하지 못한 가능성과 대안까지 제시할 것이다. 검색을 통해 미래의 인간은 새로운 초능력을 부여받을 수 있다.

이 말은 폭풍처럼 저자의 가슴을 흔들었고, 책을 다 읽고 난 후에는 그동안 막연하게 꿈꾸어 오던 이커머스(e-commerce, 전자상거래)에 대한 생각이 비 개인 하늘처럼 명료해졌다.

마이크로소프트의 검색엔진 담당 이사인 스테판 바이츠가 쓴《검색이 바꿀 미래를 검색하다》가 그 책이다.

그 후 온라인 시대와 미래 산업에 관한 수십 권의 책을 탐독하고 사업에 대한 생각을 정리한 끝에, 저자는 그동안 몸담았던 오프라인의 영역에서 벗어나 온라인의 세계로 뛰어들었다.

현재 저자는 '아마존(Amazon.com)'을 거쳐 '스마트스토어'와 '쿠팡'에서 온라인과 오프라인의 장점을 접목하면서, 국내 150조 원, 전 세계 6,000조 원 규모의 이커머스 시장을 누비는 셀러로 바쁜 나날을 보내고 있다.

요즘은 만나는 사람마다 불황으로 인한 어려움을 저자에게 호소한다. 경제학자들은 현재의 대한민국 경제를 저성장과 저출산 고령화로 인한 소비계층의 감소로 불황 국면에 접어들었다고 말한다. 또 모바일 결제시스템으로 인해 소비의 패러다임이 오프라인에서 온라인으로 급속도로 이동하면서 오프라인 시장은 '사면초가'에 처해 있다고 한다. 이는 자본주의의 양극화로 장기불황을 겪은 일본이나, 우리가 금융위기를 겪은 지난 IMF 때보다 심각한 위기라고 진단하고 있다.

한 치 앞을 알 수 없는 시대! 이러한 경제위기 속에서 가장 먼저 직격탄을 맞는 사람은 영세 자영업자와 서민들이다.

많은 경제학자들은 유한 자원을 바탕으로 하는 자본주의는 인간에게 물질의 풍요로움 대신 양극화라는 괴물을 만들어낼 것이라고 경고해왔다. 그 말처럼 마침내 우리는 지독한 불평등의 시대를 맞이하고 있다.

사회현상의 80%는 20%로 인해 발생한다는 '80 대 20' 파레토의 법칙(Law Of Pareto)을 한 번쯤 들어보았을 것이다. 20%의 고객이 백화점 전체 매출의 80%를 만들어내는 양극화 현상을 의미하는 것으로, 이탈리아 경제학자 파레토에 의해 발표된 '소득분포의 불평등도'에 관한 법칙이다.

이 파레토의 법칙은 오랫동안 대중적인 마케팅 기법으로 인식되었다. 하지만 디지털 시대로 접어들면서 이러한 생각이 바뀌기 시작했다. 아날로그 시대에서는 양극화 비율이 20대 80이었을지 모르나 디지털 시대의 양극화 비율은 1대 99라고 해도 과언이 아니다.

디지털 문명인 '온라인'과 '모바일'을 통해 시간과 공간의 이동이 자유로워진 '초연결 시대'가 되면서 지구촌의 소비 패러다임이 완전히 바뀌었다. 0.1%가 창조하고 0.9%가 생산하여, 99%가 소비하는 '1 대 99'의 심각한 양극화에 직면하고 있다.

달리는 말에 올라타라

저자 또한 지난 20여 년을 아날로그적 사고방식으로 오프라인에서 열심히 일해왔다. 그때는 정말이지 아무리 노력해도 스스로의 힘으로는 돌파구가 보이지 않았다. 하지만 아날로그적 감성과 디지털적 사고로 무장하고 이커머스 사업에 뛰어든 지금은 상상이 현실이 되는 세상을 경험하고 있다. 온라인 시장의 무한 성장 가능성의 혜택을 그 누구보다도 저자는 누리고 있다.

세상은 과거에서 미래로, 아날로그에서 디지털로, 오프라인에서 온라인으로, 웹에서 모바일로, 빅데이터를 통한 알고리즘 인공지능으로 숨 쉴 틈 없이 변해가고 있다. 이러한 시대에는 '정보'가 곧 무기이다. 정보가 없다는 것은 마치 문맹인과 같아서 한 치 앞을 내다볼 수 없다.

한동안 이 '정보'는 일부 상위 계층만이 접근할 수 있었고, 이를 이용하여 부를 축적하여 왔다. 하지만 '위기는 기회'라는 말이 있듯이 손 안의 컴퓨터 '모바일'과 전 세계의 누구와도 소통할 수 있는 SNS는 평범한 사람이라도 정보에 쉽게 접근할 수 있도록 해주었다.

이러한 초연결 시대는 '오픈마켓'이라는 거대한 온라인 시장을 만들었다. 사람들은 원하는 정보를 검색하여 클릭 한 번으로 상품을 언제, 어디서나 편리하게 받아볼 수 있게 되었다. 또 개개인 모두는 소비자이면서 판매자가 되는 쌍방향의 시대가 되었다.

모바일과 SNS 플랫폼을 통해 제2의 도약을 맞은 온라인 이커머스 시장에서는 자기만의 셀러 철학과 아이템만 준비되어 있다면 누구나 성공할 수 있다.

"달리는 말에 올라타야 빨리 간다"라는 말이 있다. 여러분은 지금 우리나라에서 '가장 빠르게 달리고 있는 말'과 같은 네이버 '스마트스토어'를 타고 부(富)를 향해서 달리고 있는 것이다.

이 책은 저자가 초보 이커머스 셀러로 시작하여 네이버쇼핑에서 수많은 키워드를 상위노출 1위에 노출시키면서 빅파워 셀러가 되기까지의 과정을 담은 책으로, 이론이 아니라 현장에서 좌충우돌하면서 직접 경험한 실전 기법을 위주로 서술하였다.

이 책을 보는 독자 여러분이 아날로그의 '사색'과 디지털의 '검색' 이치를 잘 터득하여 나이, 성별, 학력, 빈부, 출신에 상관없이 누구나 이커머스를 통해 상위 1%의 부자가 되기를 기원한다. 그래서 시간의 자유와 선택의 자유를 누리는 행복한 부자가 되기를 바란다.

끝으로 이 책을 쓰는 데 많은 도움을 주신 휴먼하우스 대표님과 비바채 식구 여러분, 그리고 함께 같은 길을 가고 있는 우리 '초보셀러 구하기' 카페 회원 여러분께 깊은 감사의 말씀을 전한다. 무엇보다 항상 묵묵히 내조해주는 나의 사랑하는 아내에게 감사의 마음을 전한다.

김도균(스마트스토어 총사령관)

* 저자의 카페에 가입하시면 스마트스토어에 관한 다양한 정보와 혜택을 만날 수 있습니다.

* 스마트스토어의 최신 정보와 변경 및 수정 사항은 저자의 카페에 업데이트됩니다.

첫째
마당　　네이버쇼핑 상위노출을 위한 이륙 로직　　135

4장　**이륙을 위한 준비과정**　　137

5장　**상품명을 결정짓는 키워드 찾기**　　147

6장　팔리는 아이템은 어떻게 찾는가　173

7장　상위노출의 90%를 결정짓는 상품명 만들기　207

준비
마당

스마트스토어
누구나
성공할 수 있다

네이버 스마트스토어는 네이버 아이디로 손쉽게 가입하여 누구나 판매 활동을 할 수 있다.

여기서는 시작 전 몸풀기 단계로, 스마트스토어를 시작하여 네이버쇼핑에서 상위노출을 시켜 성공을 거둔 저자와 셀러들의 성공담을 비롯하여, 스마트스토어의 장점, 스마트스토어를 해야 하는 이유, 스토어의 기본 운영 방향에 대해서 알아본다.

그리고 스마트스토어 입성을 위한 회원가입과 스토어 주요 운영방법, 필요한 사전지식 등 판매를 하기 전에 꼭 알아야 할 사항들에 대해서 설명한다.

1장

셀러,
성공을 말하다

01 누구나 빅파워가 될 수 있다

　　저자는 온라인 사업을 직원과 마케팅업체에만 의지한 채 시작했다가 크게 실패한 아픈 경험이 있다. 그 후 스마트스토어를 통해 다시 온라인 사업을 시작하면서는 직접 한땀 한땀 학습을 하였고, 그것을 통해 네이버 로직을 깨치게 되었다. 직접 판매를 하면서 축적한 경험과 부단한 학습으로 터득한 나만의 로직을 실전에 적용하자 상품은 상위에 노출되었고, 곧바로 판매로 이어졌다.

　　저자는 현재 네이버쇼핑에서 여러 개의 제품을 1페이지 상위에 노출하여 매출 0원에서 억대 매출을 올리는 빅파워 셀러가 되었다. 저자가 이런 성공을 거둔 것은 네이버쇼핑의 검색랭킹 로직을 이해하고 그것에 맞게 상위노출을 위한 이륙과 비행을 하였기 때문이다. 물론 저자만의 오프라인에서 갈고닦은 감각과 비법, 천성적인 부지런함도 한몫을 하였다.

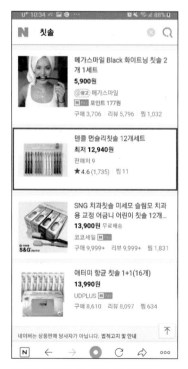

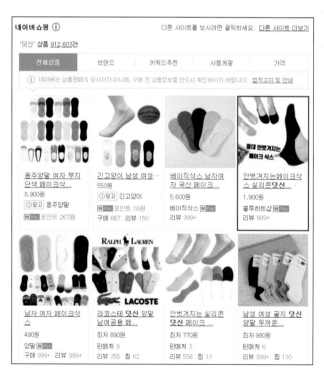

저자의 네이버쇼핑 상위노출 제품들

스마트스토어 판매자는 네이버쇼핑 판매채널과 검색랭킹 로직을 이해하고, 좋은 아이템을 소싱한다면 누구나 억대 매출을 올리는 빅파워 셀러가 될 수 있다.

아래 차트는 저자가 운영하는 스마트스토어 중 하나이다. 처음 상품등록을 한 후 트렌드에 맞는 블루아이템과 네이버쇼핑 SEO에 맞게 지속적으로 상품을 업로드하여 월 3천만 원 이상의 매출을 꾸준히 올렸다.

'네이버 데이터랩'의 '쇼핑인사이트' 키워드를 위주로 시즌별 트렌드와 검색량을 체크하여, 네이버 랭킹 로직인 '카테고리 선호도'와 '전환율'이 좋은 세부키워드 세팅을 꾸준히 한 결과이다.

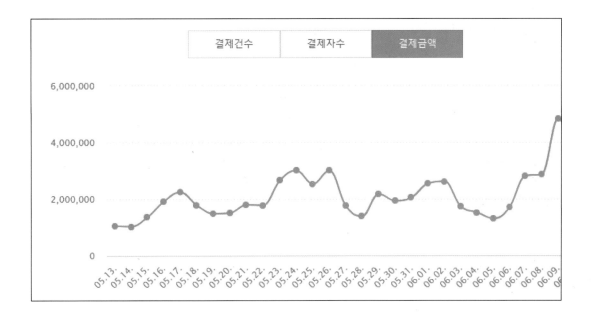

저자도 처음부터 빅파워는 아니었다. 초보셀러 시절에는 무엇을, 어떻게 팔아야 할지를 몰라 좌충우돌하였다. 그러면서도 꾸준히 키워드를 찾고 소싱을 하고 등록을 하였고, 그것이 성공의 초석이 되었다. 온라인 셀러의 성공 원칙은 '속도보다 방향'이라는 생각을 염두에 두고 부단히 노력한 실험정신의 결과물이라 할 수 있겠다.

현재는 수차례 실패와 실수로 얻은 지식과 경험을 네이버 카페 '초보셀러 구하기(https://cafe.naver.com/vivachae)'를 통해 공유하면서 많은 셀러들의 성공을 돕는 것에 큰 보람을 느끼고 있다. 물론 셀러로서의 판매 활동도 충실히 하고 있다.

앞으로 이 책에서 저자는 판매 활동을 하면서 저자가 실전에 적용하여 효과를 확인한 네이버쇼핑 상위랭킹 로직에 대해서 차근차근 설명할 것이다. 스마트스토어는 네이버쇼핑의 로직에 맞게 상품을 세팅하고 마케팅을 하면 누구나 상품을 상위에 노출할 수 있다. 그렇게 하여 누구나 빅파워 셀러가 될 수 있다.

"초보셀러 구하기" 회원들의 상위노출 제품

패션잡화 카테고리 '부츠' 540만 개 중 상위노출

생활/건강 카테고리 '난방텐트' 상위노출

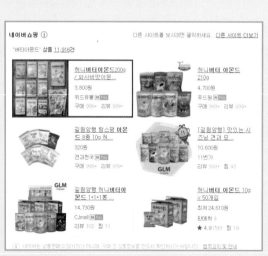

식품 카테고리 '버터아몬드' 상위노출

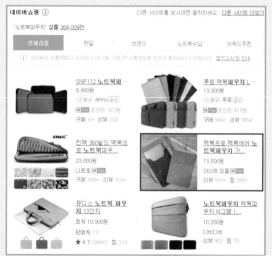

디지털/가전 카테고리 '노트북 파우치' 상위노출

식품 카테고리 '수제초콜릿', '수능 선물' 상위노출

식품 카테고리 '찹쌀떡' 상위노출

셀러 인터뷰

디지털/가전, 신일선풍기 완판 사례

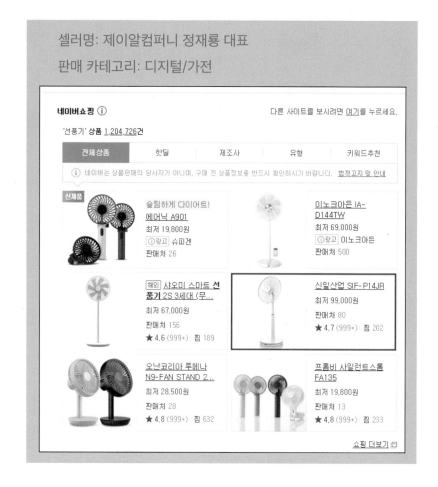

스마트스토어는
어떻게 시작하게 되었나요?

　저는 창업을 하기 전 몇 년간 온라인 유통전문 회사를 다녔습니다. 국내 중소기업 제품이나 중국 OEM 상품을 G마켓과 11번가 등 국내 오픈마켓에서 판매하는 회사였는데, 그곳에서 계절가전 팀장으로 근무하면서 온라인의 전 판매채널을 관리하였습니다. 그러면서 자연스럽게 온라인 사업의 생태 구조를 터득하게 되었고, 오랜 경험으로 오픈마켓에서의 판매도 자신이 있었습니다.

그런데 막상 창업을 하려니 고민이 되었습니다. 규모와 조직, 자금이 있는 회사에서와 달리 개인 셀러로 시작하면 여러 가지 신경 써야 할 것도 많고, 무엇보다 자금 부족이 문제가 될 것 같았습니다. 오픈마켓의 특성상 노출이 되어야 판매가 되고, 그러려면 광고를 비롯하여 다양한 마케팅을 해야 하는데, 문제는 비용이었습니다. 처음부터 월 수백에서 수천만 원의 광고비를 지출하면서 시작하는 것은 리스크가 있었습니다.

그래서 찾은 것이 네이버 스마트스토어입니다. 스마트스토어는 진입장벽이 낮아 쉽게 시작할 수 있고, 네이버쇼핑의 자체 UV(Unique Visitor, 순방문자 수)가 높아 기본에 충실하면 성공할 것이라는 확신이 들었습니다. 게다가 국내 이커머스(e-commerce, 전자상거래) 시장의 추세는 점점 '네이버쇼핑'과 '쿠팡'으로 양분되고 있었습니다. 당시 쿠팡은 상대적으로 온라인 노출 메커니즘이 자리를 잡지 못하고 격변하던 시기인지라 네이버쇼핑으로 판매채널을 정했습니다.

상위노출 1위의 전략은 무엇이었나요?

창업 후 한두 개의 상품을 판매하다 5월이 되었을 때, 2~3개월 후 피크가 될 여름 시장을 겨냥해 선풍기를 기획하였습니다. 선풍기는 여름 시장 최고의 아이템으로, 전에 다니던 회사에서 판매를 해본 경험이 있었습니다. 그래서 전 회사의 대표님께 허락을 구한 후, 거래처 담당자와 협의 후 소싱을 진행했습니다.

상품명: 신일 무소음선풍기 DC선풍기 SIF-P14JR 저소음 리모컨
최종 공략 키워드: 선풍기, 신일선풍기
블루키워드: 무소음선풍기, DC선풍기, 저소음선풍기, 리모컨선풍기

상품등록 후 처음에는 제가 스스로 터득한 네이버 상위 로직을 썼습니다. 그때는 네이버 '가격비교 매칭'을 통해 스마트스토어를 최저가로 세팅하고 '럭키투데이'만 진행하면 대표키워드인 '선풍기'를 제외한 다른 키워드에서는 모두 단번에 1위에 오를 수 있었습니다.

그런데 네이버 로직은 정말 자주 그것도 정밀하게 바뀌고 있었습니다. 1년 전의 로직을 사용한 저는 '신일선풍기' 키워드에서 20위권에서 머물렀습니다.

해당 상품에 대한 전환율은 자신이 있었습니다. 상품성이 좋았고, 소비자의 니즈가 분명한 신일

브랜드인데다, 한창 인기가 있는 무소음 선풍기였으니까요.

문제는 노출이었습니다. 유명 브랜드의 좋은 제품이고, 인기 있는 아이템에, 매수 타이밍도 적절했지만 노출이 되지 않으니 판매는 예상보다 부진했습니다. 그래서 '스마트스토어 초보셀러 구하기' 입문 강의를 통해 알게 된 김도균 대표님께 이런 상황을 이야기하고 자문을 구했습니다.

시장 상황을 분석해 본 대표님은 제품 특성상 선풍기는 시즌제품으로, 일반제품에 비해 경쟁자가 과도하게 많기 때문에 한 가지 단순한 전략만으로는 안 된다고 하셨습니다. CPC 광고를 통한 노출 점수와 함께 세부키워드를 통한 검색어 유입 클릭점수를 확보하고, 다각도로 브랜드 바이럴을 하면서 판매채널 확장을 통한 트래픽을 세팅하라는 코치를 받았습니다. 그 후 집요하게 선풍기 관련 세부키워드를 하나도 빠트리지 않고 CPC 광고를 하면서 노출과 검색어 트래픽을 높이고 공격적으로 브랜드 바이럴마케팅을 하였습니다.

그러자 높은 전환율과 함께 '신일선풍기' 키워드에서 1등을 하게 되었고, 더 많은 판매가 일어나면서 결국에는 '선풍기' 키워드에서도 1등을 잡았습니다. 그로 인해 여름 시즌에 일매출 500만 원~1000만 원을 달성하였습니다.

이 상품이 선풍기에서 1등에 오를 수 있었던 것은 ① 철저한 키워드 분석과 키워드 내에서의 나의 상품 경쟁력에 대한 분석, ② 스마트스토어 최저가 전략, ③ 세부키워드를 통한 다양한 채널의 노출 전략을 들 수 있습니다.

판매에 있어서 가장 중요한 것이 무엇이라고 생각하나요?

스마트스토어를 비롯한 온라인 판매에 있어서 가장 중요한 것은 '경쟁력 있는 상품을 소싱'하는 것입니다.(유통의 시작과 끝은 소싱입니다.) 그러려면 판매에 자신이 있어야 합니다. 그래야 상품 개런티를 할 수 있고, 개런티가 공격적일수록 가격, 품질 등 경쟁력 있는 상품의 소싱이 가능하기 때문입니다.

판매에 자신감을 갖기 위해서는 네이버의 로직을 잘 이해하고 있어야 하며, 위험성이 낮은(low risk) 상품으로 성공 전례를 만들어야 합니다. 그러기 위해서는 기본적으로 본인이 판매하고자 하는 상품의 키워드를 철저히 분석하고, 키워드 내에서의 내 상품의 경쟁력을 객관적으로 분석하는 작업이 있어야 합니다.

저는 온라인 판매에 대해 어느 정도 경험이 있는 셀러였지만, 대표님의 스마트스토어 노하우 공유를 통해 온라인 판매에 대한 보다 심층적인 내용을 배울 수 있었습니다. 그로 인해 한층 업그레이드된 빅파워 셀러가 될 수 있었습니다. 이 자리를 빌려 김도균 대표님께 감사의 말씀을 전합니다.

03 입문 첫해, 월 1억 이상 매출 달성

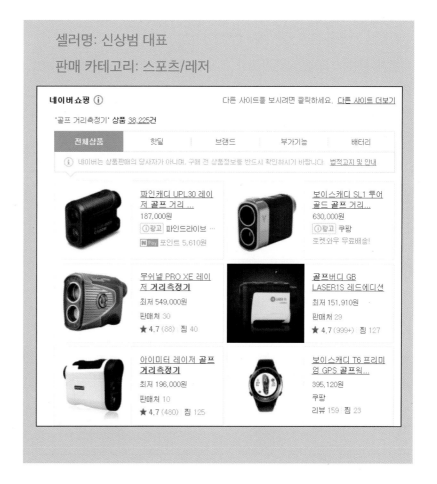

셀러명: 신상범 대표

판매 카테고리: 스포츠/레저

스마트스토어는
어떻게 시작하게 되었나요?

회사에서 이비즈니스 업무를 담당하게 되면서 스마트스토어를 알게 되었습니다. 그 분야에 해당 지식이 없던 저는 실무에 활용하고자 스마트스토어의 고수인 김도균 대표님을 지인의 추천으로 만나 뵙게 되었습니다.

처음 대표님과의 교육시간이 생생하게 기억납니다. 마칠 시간이 훨씬 지났음에도 불구하고 교육생들에게 하나라도 더 알려주기 위해 열변을 토하던 모습이 잊히지 않습니다.

추운 겨울인데도 반팔에 땀을 흘리면서 심화학습에서나 다룰 법한 정보들을 기초 강의에서 마구마구 쏟아내던 모습에서 대표님의 진심이 느껴졌습니다.

'함께 가야 멀리 간다'면서 교육생들에게 모든 정보를 오픈하는 그 모습에서 강사와 교육생이 아닌, 대표님의 말처럼 '식구'라는 신뢰감을 느꼈습니다.

그렇게 강의하는 분을 아직 본 적이 없습니다. 대표님의 열정과 신뢰에 찬 강의는 온라인 판매에 무지했던 저에게 큰 동기부여가 되었습니다.

회사에서는 기존에 오픈마켓과 폐쇄몰 위주로 사업을 진행하고 있었는데, 판매자 위주의 광고가 아니면 노출이 전혀 안 되는 오픈마켓 마케팅의 비효율성을 절감하고 있었습니다. 그러던 차에 사람이 개입하지 않고 네이버 랭킹 로직으로 누구나가 좋은 아이템만 있으면 성공할 수 있다는 대표님의 강의를 듣고 스마트스토어를 시작하게 되었습니다.

상위노출 1위의 전략은
무엇이었나요?

교육을 받으면서 스마트스토어에 상품을 세팅하기 시작했습니다. 제품은 '스포츠/레저' 카테고리에 해당하는 '골프 거리측정기'였는데 김도균 대표님께서는 시즌제품은 타이밍이 가장 중요하다는 말씀을 해주셨습니다. 스마트스토어를 해본 적이 없는 상태에서 대표님의 가이드대로 2월 10일경에 상품등록을 완료했고, 3월부터 본격적으로 판매가 이뤄지기 시작했습니다. 그러더니 4월에는 판매가 폭발적으로 상승했습니다. 1개 제품으로 억대 매출을 이루는 쾌거를 이루었습니다.

합계	206,780,050
2019.01	0
2019.02	6,220,700
2019.03	71,267,850
2019.04	129,291,500

[일반] 스마트스토어X링크샵스 상품 API 연동 안내 2019.10.25.

입금대기	3 건	
신규주문	24 건	
오늘출발	0 건	
예약구매	0 건	

배송준비	27 건	
배송중	378 건	
배송완료	504 건	

취소요청	0 건	
반품요청	5 건	
교환요청	0 건	

오늘정산	1,202,397 원	
정산예정	369,213 원	
충전금	0 원	

이 상품을 진행하면서 해당 카테고리(스포츠용품)의 경쟁상품들에 대해 많은 조사를 했습니다. 가격부터 제품 특징, 내 제품과의 차이점 등을 분석했습니다. CPC를 이용해 해당 카테고리의 강도 체크를 한 후 생각보다 저렴한 CPC를 확인하고는 좀 더 공격적으로 진행했습니다. 아울러 럭키투데이와 블로그 체험단, 지식인 댓글, 유튜브 동영상, 인스타그램 인플루언서를 이용한 마케팅 등을 전방위적으로 진행하면서, 스토어로의 트래픽 유입에 많은 중점을 두었습니다. 외부 트래픽에 의한 구매가 이뤄지면서 상품은 속전속결로 1페이지에 진입하기 시작했습니다.

김도균 대표님의 말씀대로 이륙(아이템, 카테고리, 상품명, 상세페이지) 작업에 충실했고, 각 채널별(블로그, 인스타그램, 지식인, 유튜브 등) 유입을 통해 비행(유입/체류, 찜/지수, 판매, 구매평) 작업에 많은 공을 들였습니다. 덕분에 카테고리 대표키워드에서 노출 순위 1위에 오르고 판매도 대박이 났습니다.

판매에 있어서 가장 중요한 것이
무엇이라고 생각하나요?

김도균 대표님께서 강의에서 말씀하시는 '방법보다 방향이 먼저'라는 말씀처럼 온라인 셀러에게는 트렌드에 맞는 아이템과 고객이 구매하는 키워드로 무장하는 것이 중요한 것 같습니다.

상품을 구매하고 안 하고는 소비자의 몫이지만, 그 전에 소비자의 눈에 띄기까지는 많은 경쟁이 필요하며 이는 판매자의 몫입니다. 그 경쟁에서 살아남기 위해서는 블루키워드를 찾는 작업에 가장 많은 심혈을 기울여야 합니다. 검색엔진으로 랭킹이 결정되는 네이버쇼핑에서는 블루키워드가 수많은 다른 상품과의 경쟁에서 조금이라도 먼저 소비자의 눈에 띄게 해줄 테니 말입니다.

상품마다 카테고리마다 정형화되어 있는 판매전략은 없습니다. 하지만 블루키워드 전략은 상품과 카테고리에 상관없이 판매자라면 기본으로 해야 하는 중요한 전략입니다. 초보셀러는 블루키워드와 블루아이템을 찾는 것이 곧 성공의 지름길입니다.

셀러 인터뷰

상위노출, 두 번의 의미 있는 경험

셀러명: 김기호 대표

판매 카테고리: 유아용품

스마트스토어는
어떻게 시작하게 되었나요?

저는 창업을 하기 전 7년간 선박회사 및 프랑스 물류회사를 다녔습니다. 처음에는 아시아 및 중동 루트로 선박운항을 하는 회사를 다녔는데, 그곳에서 화물관리 및 감독을 하였습니다. 그러다가 사업을 하고 싶어서 프랑스 물류회사에 입사하여 영업팀에서 일했습니다.

프랑스 물류회사에서 영업 담당업체들이 유럽 및 아시아에서 수입한 제품들을 온라인 및 다양한 채널로 판매를 하며 돈을 버는 것을 보고 생각이 많이 바뀌었습니다.

'이제는 온라인이 대세구나. 온라인으로 판매를 많이 하는구나…'

실제로 신문에 나오는 경제기사도 마찬가지였습니다.

'쿠팡, 이제 경쟁자는 이마트 & 롯데마트…'

'쿠팡, 2조 추가 투자…'

'이마트, 사상 첫 적자…'

'네이버, 온라인 쇼핑 독주…'

그간 유통의 맹주였던 이마트와 롯데마트는 적자에 허덕이고 있었지만, 쿠팡과 네이버는 브레이크 없는 질주를 하고 있었습니다. 세상은 변하는데 어쩌면 내가 너무 고리타분하게 이전 것에 목을 매고 있는 게 아닌가 하는 생각이 불현듯 들었습니다. 그래서 7년간 쌓아온 커리어를 다 내려놓고 온라인 판매 사업을 하기로 마음먹었습니다.

그래서 찾은 것이 네이버 스마트스토어입니다. 진입장벽이 낮을 뿐 아니라 수수료가 업계 최저이고 또 저처럼 신생 스토어에는 많은 혜택을 주니 당연히 네이버 스마트스토어가 답이라는 생각이 들었습니다. 게다가 국내 이커머스 시장의 추세는 네이버쇼핑과 쿠팡으로 양분되고 있었는데, 물론 쿠팡도 엄청난 성장을 하고 있지만, 쿠팡이 유일하게 견제하는 곳이 바로 스마트스토어였습니다. 검색 기반으로 쇼핑을 하는 시스템인 네이버쇼핑은 쿠팡에게도 넘사벽이라고 하더라고요.

상위노출 1위의 전략은
무엇이었나요?

우연히 카페에서 알게 된 이커머스의 고수인 김도균 대표님의 스마트스토어 입문 강의를 듣고, 창업 후 닥등(키워드 수동 등록)의 시간을 보냈습니다. 그러던 중 2~3개월 후에 눈에 띄게 매출이 올라오는 제품이 있었는데 바로 '식용 색종이'였습니다. 독일 제품으로, 쿠팡에서 판매되는 것을 가격을 만 원 올려 판매하였습니다. 잘 팔리길래 직접 독일에서 '편법'으로 직수입을 했는데, 판권 문제와 식약청의 수입금지 품목에 발목이 잡혀 판매를 중단했습니다.

비록 짧은 기간이었으나 이때 저는 스마트스토어의 파워를 실감했습니다. 당시 이 제품의 키워드 검색량이 4만 건을 좀 넘었는데, 쇼핑 카테고리이다 보니 하루 판매가 20개 정도 되었습니다.

저는 이제 갓 돌 지난 아기를 키우다 보니 제품 선택에 있어 자신 있는 품목이 아이 제품이었습니다. 그리고 직접 제조를 하여 판매하고 싶었습니다.

상품명: 스마일베이비 아기 흡착식판 돌아기식판 실리콘그릇
최종 공략 키워드: 흡착식판, 유아식판, 실리콘식판
블루키워드: 흡착식판, 유아식판, 아기식판

그런데 기존에 1~3등을 잡고 있는 '블루**'와 '베**', '아**'은 넘사벽이더라고요. 제 능력으로는 아이템을 단순한 방식으로 올리니 20위권이 최고였습니다.

상품은 시장조사를 통해 만족할 만한 것으로 제조했습니다. 엄마들 사이에선 아이들의 자기주도 식사습관을 길러주는 것이 좋다라는 인식이 퍼져있었고, 안전한 실리콘식판을 사용하길 원하는 추세였습니다. 또 식판이 흐물거리지 않고 단단하게 고정되어 아이가 식판을 못 들게 하기를 원했습니다. 가격도 형성된 시장가격의 중간 정도로 책정하고, 이러한 것을 만족하는 식판을 만들었습니다.

하지만 판매는 부진했습니다. 제품력도 좋고 가격도 합리적이었지만, 브랜딩이 안 되어 있어 판매가 부진했습니다. 물건은 사입했고, 아무리 애를 써도 노출이 되지 않으니 절박한 마음에 김도균 대표님께 자문을 구했습니다.

대표님은 네이버 SEO 노출 로직과 파워블로그 브랜드 바이럴 그리고 섀도 마케팅에 집중하라고 알려주셨습니다. 이 3개만 하고 두 달 정도 이륙 과정을 거치고 나면 고도 비행은 문제없다고 절 잡아주셨습니다.

지금은 하루에 평균 20개 이상 주문이 들어오고 있습니다. 식판업계의 삼성전자인 '블루**'가 2년간 유지하던 1위 자리도 탈환해봤습니다.

[일반] 스마트스토어X링크샵스 상품 API 연동 안내 2019.10.25.			
입금대기 0 건	배송준비 0 건	취소요청 0 건	오늘정산 1,687,597 원
신규주문 0 건	배송중 88 건	반품요청 0 건	정산예정 863,797 원
오늘출발 0 건	배송완료 118 건	교환요청 0 건	충전금 0 원
예약구매 0 건			

김도균 대표님은 제가 순위가 좀 떨어져서 흔들릴 때면 '닥등'으로 초심을 잃지 말라고 다잡아주셨습니다. 사업 초반기에 이 길이 맞는지 확신이 없을 때, 그리고 한 단계 더 올라가려면 어찌해야 하는지를 모르고 헤맬 때 대표님은 진심을 다해 저를 코치해 주셨습니다.

대표님의 코치대로 2~3달만 하면 웬만한 대리 월급은 나옵니다. 전 그걸 두 번이나 경험해 보았습니다.

판매에 있어서 가장 중요한 것이
무엇이라고 생각하나요?

스마트스토어를 비롯한 온라인 판매에 있어서 가장 중요한 것은 멘탈이라고 생각합니다. 좋은 상품, 마진, 로직, 노출 모두 중요합니다. 뭐가 더 중요하다고 할 수 없을 정도로요. 하지만 본인 멘탈이 흔들리기 시작하면 이 중요한 요소들은 모두 쓸모없어집니다.

무슨 상품이든 판매가 이뤄져서 일정 수준의 매출이 유지되기까지는 물리적인 시간이 필요합니다. 그 시간까지는 시기마다 유경험자로부터 코치를 받아 가면서 흔들리지 말아야 합니다. 아무리 좋은 코치를 받더라도 판매자 스스로 멘탈이 흔들리면 모든 게 물거품이 됩니다.

판매에 자신감을 갖기 위해서는 멘탈을 먼저 무장해야 합니다. 판매가 되지 않는다고 너무 조급해할 필요 없습니다. 순위나 판매 개수만 바라보면서 노심초사하지 말고, 대표님의 말씀처럼 아이템을 연구하고, 바이럴, 블로그, 인스타 후기 등 다양한 채널에 제품을 노출시키면서 닥등으로 초심을 다 잡아야 합니다. 그러면 절대 실패하지 않을 것입니다.

저는 사업을 해본 적도 없고, 온라인에 관한 지식도 전혀 없는 1인 기업 사장입니다. 그렇기 때문에 상품이 상단에 올라가서 판매되는 것 이상으로 제 멘탈을 다잡아줄 수 있는 멘토가 필요했습니다. 돈 버는 방법만큼 중요한 것이 사업에 대한 마음가짐, 그리고 강인한 멘탈이라는 것을 알려주신 김도균 대표님께 감사하다는 말씀을 꼭 드리고 싶습니다.

셀러 인터뷰

시니어 셀러의 스마트스토어 도전기

셀러명: 박영관 대표

판매 카테고리: 전자담배 액세서리

**스마트스토어는
어떻게 시작하게 되었나요?**

자본금 없이 할 수 있는 사업을 찾다가 다른 사람의 제품을 팔아보려고 온라인 마케팅을 접하게 되었습니다. 그러다 보니 자연스럽게 이커머스(스마트스토어)를 배우게 되었습니다.

주변 사람들이 제게 놀라는 것이 두 가지가 있습니다. 하나는 배움에 대한 열정이고, 다른 하나는 그렇게 배웠는데도 여전히 '새싹'(스마트스토어 판매자 등급)이라는 사실입니다. 다행히도 1년 후에는 '파워' 셀러가 되었습니다.

어떤 대표님은 3개월 만에 '새싹'에서 '빅파워'로 등업되는 것도 봤고, 일반적으로 좀 열심히 하신 대표님들은 3~5개월 사이에 파워가 되는데 저는 좀 오래 걸린 편이죠.

제가 포기하지 않고 꾸준히 스마트스토어를 해올 수 있었던 것은 김도균 대표님을 만났기 때문입니다. 대표님를 만나지 않았다면 저는 아마 스마트스토어를 포기했을 겁니다. 그 당시 저는 키워드의 정체성에 대해 큰 혼란을 겪고 있었고, 아무것도 하기 힘든 진퇴양난의 시기였습니다. 그때 '스마트스토어 초보셀러 구하기'라는 입문 강좌를 소개받고 지푸라기라도 잡는 심정으로 맛보기 강좌를 들었는데요, 5분도 채 되기 전에 소름이 돋았습니다. 그리고 이해가 되지 않았습니다. 도대체 왜, 저분은 이런 강의를 입문 기초강좌에서 아낌없이 쏟아내는 것일까?

지금은 대표님의 비전(함께 가야 멀리 갈 수 있다)을 잘 알기 때문에 이해가 되지만, 그 당시에는 쇼킹 그 자체였습니다.

"온라인 셀러는 속도가 아니고 방향이다."
"네이버쇼핑은 제품을 파는 것이 아니라 키워드를 팔아야 한다."
"네이버의 랭킹 로직은 커머스 로직이 아니라 검색랭킹 로직이다."

강의 중에 네이버쇼핑의 핵심 로직을 듣고 폭풍우가 몰아치는 망망대해에서 등대의 불빛을 발견한 순간, 아 이제 살았구나 하는 느낌이 들었습니다. 그날 이후로 저는 마음이 편안해지고 자신감이 생겼습니다.

대표님의 강의는 제게 새싹이지만 빅파워 같은 자신감을 심어주기에 충분했습니다. 열정적인 강의뿐 아니라, 강의 중간중간에 동기부여와 목적의식을 고취하고, 끊임없이 우리를 독려하시는 모습이 서당의 훈장 선생님 같기도 하고 스승님 같기도 하여 항상 존경스러운 마음이 생깁니다.

상위노출 1위의 전략은
무엇이었나요?

모든 제품은 대표키워드와 세부키워드를 가지고 있는데, 네이버쇼핑에서는 '쇼핑인사이트'를 통해 세부키워드와 대표키워드가 반드시 연결되어 움직이기에, 고객이 검색해서 전환율이 높은 세부키워드를 공략하라는 대표님의 가르침대로 따라 했습니다. 전자담배청소 관련 세부키워드를 면밀히

검토한 후 상품명에 세팅하여 꾸준히 바이럴마케팅을 하니 9개의 키워드에서 상위노출이 되어 1개의 제품만 가지고도 '파워'가 되었습니다.

남보다 시간은 걸렸지만 이번 제품을 판매하면서 키워드의 중요성을 깨치게 되었고, 앞으로 자신감을 가지고 셀러의 길을 갈 수 있을 것 같습니다.

키워드	2019-11-05
전자담배청소	1 / 2 / 2 (0)
아이코스청소	1 / 1 / 1 (0)
아이코스멀티청소	1 / 1 / 1 (0)
아이코스청소킷	1 / 1 / 1 (0)
아이코스클리너	1 / 1 / 1 (0)
죠즈청소	1 / 1 / 1 (0)
jouz청소	1 / 1 / 1 (0)
아이코스듀오청소	1 / 1 / 1 (0)
아이코스3듀오	1 / 6 / 6 (0)

판매에 있어서 가장 중요한 것이 무엇이라고 생각하나요?

첫째는 스마트스토어를 운영하는 대표님들은 자신의 능력과 처지에 따라 중장기적으로 운영하는 것이 중요하다고 생각합니다. 함께 시작한 동료의 매출이 커가는 모습을 보면서 의기소침하기보다는 그 동료와 같은 상황이 되었을 때 그만한 매출이 나올 수 있도록 준비를 해두는 것이 중요합니다.

예를 들면, 실패해도 좋을 만큼 자본도 있고 스마트스토어에 대한 이해가 충분하다면 좀 과감하게 스토어를 운영하고, 저처럼 자본이 없는 대표님들은 때가 오길 기다리면서 자신의 실력을 갈고닦는 것(닥등)이 필요합니다.

둘째는 상품분석 및 키워드 분석을 통해 미래 상품을 발굴(단기, 중기, 장기 키워드 발굴)하는 것입니다. 자신이 당장 실행에 옮길 수 있는 키워드(일일 키워드)와 다음 시즌을 위한 키워드(차기 시즌 키워드), 그리고 연간 사용 키워드 분석을 틈틈이 그리고 꾸준히 해야 합니다. 이렇게 당장 사용할 키워드와 미래의 키워드를 발굴하여 차후에 준비할 나의 상품을 미리 생각해둘 필요가 있습니다.

그래서 일 년 내내 판매할 연중 상품과 봄, 여름, 가을, 겨울 시즌별로 판매할 시즌 상품, 그리고 설, 추석, 크리스마스 등 이벤트 데이에 판매할 싱품 등에 대한 자료를 준비해두면 셀러로서의 목적의식도 분명해질 것입니다.

'온라인 셀러는 속도가 아니라 방향'이라는 말처럼 스토어 운영의 방향을 정하고 한발 한발 최선을 다한다면 반드시 억대 매출의 빅파워가 될 것이라는 걸 확신합니다.

2장

네이버와 스마트스토어 이해하기

01 총성 없는 전쟁, 이커머스 시장

우리나라의 이커머스 시장은 1996년 국내 최초로 인터넷 쇼핑몰 '인터파크'가 출시되면서 본격적으로 열리게 되었다. 1998년에는 미국 '이베이'(1995년 출시)의 경매 시스템을 본떠서 만든 온라인 경매 사이트 '옥션'이 서비스를 시작하였고, 1999년에는 인터파크의 자회사인 'G마켓'이 출시되었다. 이로써 우리나라에 본격적인 오픈마켓 시대가 열렸다고 할 수 있다.[옥션은 2001년, G마켓은 2009년 미국 이베이(eBay)가 인수하여, 2011년 이를 합병한 후 이베이코리아가 운영하다가 2021년 이마트가 이베이코리아를 인수하여 운영하고 있다.]

그 후 2008년에는 SK텔레콤의 오픈마켓 자회사인 '11번가'가 서비스를 시작하여 2017년에는 G마켓을 제치고 총거래액 기준 1위의 자리에 올랐다.

2010년에는 '쿠팡'과 '티몬', '위메프' 등 이른바 소셜커머스 마켓이 등장하였다. 일정 수가 모이면 거래가 성사되는 일종의 공동구매 방식인 소셜마켓은 최저가와 빠른 배송 전략으로 소비자들을 공략하여 순식간에 이커머스 시장의 판도를 바꾸어 놓았다. 하지만 소셜마켓의 이러한 최저가 전략과 매출이 늘수록 인건비가 불어나는 사업구조는 수익성 악화를 가져오게 되었다.

2014년에는 그동안 소극적으로 서비스를 하던 이커머스 시장의 '잠룡'인 네이버의 '샵N'이 '스토어팜'으로 이름을 바꾸면서 본격적으로 움직이기 시작했다. 우리나라 포털 검색률 60%대를 점유하고 있는 네이버의 위력은 대단했다. 이 점유율을 무기로 네이버가 모바일 화면을 쇼핑 위주로 개편하면서 시장을 급속하게 장악하기 시작했다.

여기에 대형 유통기업인 '롯데'는 2020년 4월, 롯데쇼핑 계열 7개 유통사를 통합시킨 온라인 쇼핑 플랫폼 '롯데ON' 서비스를 출시하였다. 이는 총성 없는 이커머스 시장에서 충성고객을 확보하여, 오프라인뿐만 아니라 온라인에서도 유통업계 1위를 하겠다는 전략이었다. 아마존이 2014년 '아마존 프라임'으로 충성고객을 확보함으로써 급성장한 것을 떠올려볼 수 있는 대목이다.

'신세계'도 2018년 계열사를 통합시킨 'SSG닷컴'을 출시한 후 2019년 7월부터 온라인 전용 물류센터를 가동하면서 '새벽배송'을 하고 있다. 또한 '이마트'는 2021년 11월, G마켓, 옥션을 운영하고 있던 '이베이코리아'를 인수하여 국내 온라인 유통의 강자로 발돋움하였다.

2018년 1조 원 이상의 적자에 허덕이던 '쿠팡'도 소프트뱅크로부터 2조 원을 투자받아 1,222만

쿠팡앱 회원을 기반으로 하여, 온라인의 대세인 모바일 결제시스템 '쿠팡페이'와 '로켓배송', '로켓와우' 시스템을 운용하면서 급성장을 하였고, 2021년 3월에는 미국 뉴욕증권거래소(NYSE)에 상장하는 쾌거를 이루었다. 2022년부터는 흑자 전환에 성공하면서 국내 유통시장의 최강자로 군림하고 있다.

현재 우리나라의 이커머스 시장은 네이버, 쿠팡, 신세계, 롯데, 11번가 등이 저마다의 경쟁력을 앞세워 각축을 벌이면서 그야말로 전쟁터를 방불케 하고 있다.

이 총성 없는 이커머스 전쟁터에서 단연 두드러진 성장을 한 플랫폼이 네이버이다. 수많은 셀러와 C2C 기반, 네이버페이, 최저가 가격비교 검색 플랫폼을 기반으로 시장을 선도하면서 꾸준히 성장해 온 네이버쇼핑은 명실공히 우리나라 최고의 쇼핑 플랫폼이 되었다.

네이버쇼핑

Tip 네이버쇼핑과 스마트스토어

네이버쇼핑: 네이버에서 운영하는 이커머스 플랫폼

스마트스토어: 네이버쇼핑이 제공하는 쇼핑몰 솔루션. 스토어 개설부터 상품등록까지 무료로 이용할 수 있고, 네이버쇼핑에 내 상품을 노출시킬 수 있다.

02 네이버 스마트스토어를 반드시 해야 하는 이유

네이버쇼핑이 단기간에 온라인쇼핑 시장에서 자리를 잡을 수 있었던 이유는 구글의 '검색기능'과 아마존의 '이커머스 기능'을 한국 시장에 시의적절하게 내어놓아 소비자의 니즈(Needs)를 충족한 데서 그 원인을 찾을 수 있다.

한마디로 네이버의 강점인 '검색엔진 기능'의 장점을 살리면서 글로벌 이커머스를 주도하는 아마존의 '최신성 로직'과 타오바오의 '메신저'를 접목해 소비자가 원하는 '한국형 이커머스'를 만든 데 있다고 할 수 있다.

1 국내 1위 검색엔진 트래픽과 네이버 메인화면 노출

1999년에 시작한 네이버는 현재 회원수 4,200만 명을 거느린 국내 최대의 포털사이트이다. 하루 방문자 약 4,000만 명으로, 구글과 유튜브에 점유율을 도전받고 있지만 국내 포털사이트 트래픽의 약 60% 정도를 차지하고 있다. 일일 쇼핑 상품 검색은 3,000만 건에 달한다.

네이버는 이 유입률을 이커머스 시장과 연결함으로써 네이버쇼핑은 급성장을 할 수 있었다. 사람이 개입하여 노출을 결정하는 기존의 G마켓이나 11번가와 달리 네이버쇼핑은 오랜 기간 쌓아온 검색엔진 알고리즘의 노하우를 인공지능을 통한 네이버쇼핑 랭킹 로직에 접목하였다. 때문에 트렌드에 맞는 제품은 소비자의 선호도에 따라 무료로 네이버 메인에 노출되었으며, 이는 큰 매출로 이어졌다.

2 간편결제 시스템 네이버페이의 급성장

네이버는 2015년 6월 '네이버페이(Naver Pay)'를 출시하였다. 네이버페이는 네이버 ID로 간단하게 구매, 송금, 선물을 할 수 있는 결제수단이다. 네이버페이의 2023년 3분기 기준 거래액은 15조 2,000억 원으로 전년 같은 기간보다 22.6% 증가하였고, 간편 결제 서비스 매출액은 3,408억 원으로

15.1% 증가하였다. 네이버페이는 해를 거듭할수록 온라인 결제 시장을 주도하고 있다.

우리나라 사람 대부분이 가지고 있는 네이버 아이디를 통해 누구나 쉽게 결제를 할 수 있는 네이버페이가 네이버쇼핑에 연동됨으로써 판매자와 구매자 모두 손쉽게 스마트스토어를 이용할 수 있게 되었다. 네이버라는 익숙한 환경에 네이버페이라는 천군만마를 얻자 스마트스토어는 거침없는 성장을 하게 되었다.

3 업계 최저 판매수수료와 빠른 자금회전

최저가 치킨게임에 빠져 있는 이커머스 시장에서 개인 셀러는 한 푼이 아쉽다. 이런 셀러들에게 타 오픈마켓 대비 낮은 수수료는 스마트스토어의 가장 큰 매력이라고 할 수 있다.

플랫폼	판매수수료율	비고
스마트스토어	1.98~5.63%	네이버쇼핑 매출연동 수수료 2% 포함, 최대 5.63%까지 발생할 수 있음
G마켓	4~15%	도서, 음반은 15%, 상품권 1%
11번가	7~13%	디자이너 남성의류, 디자이너 여성의류, 디자이너 잡화 카테고리는 20% 렌탈/구독 1%
쿠팡	4~10.8%	면/라면 10.9%

* 판매수수료율은 플랫폼에 따라 카테고리별, 셀러별로 다를 수 있다.

■ 빠른정산

'빠른정산'은 스마트스토어에서 직접 진행하는 정산 서비스로, 구매확정을 기준으로 정산하는 일반정산과 달리, '집화처리(스마트스토어 기준) +1영업일째' 상품 결제금액의 정산예정금액(결제액 100%에 수수료, 혜택 정산 등 반영)을 선정산해주는 서비스다. 이후 빠른정산에 포함되지 않은 배송비, 리뷰적립 등은 구매확정+1영업일째 최종 정산한다.

빠른정산으로 인한 별도의 수수료는 없다.

신청은 스마트스토어센터에서 **정산관리 → 빠른정산**을 클릭하여 '빠른정산 신청하기' 버튼을 클릭하여 진행하면 된다.

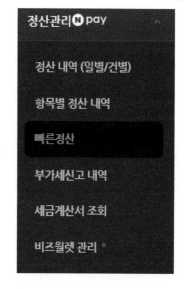

[신청 조건]
- 스마트스토어센터에 가입한 지 3개월 이상 된 국내 사업자.(가입 승인일 기준)

[승인 조건]
- **거래건수:** 신청월 직전 3개월 연속 월 20건 이상 (주문번호 기준, 정산 후 취소 반영하여 거래 건수 계산),
  예) 11월 2일 신청 시 8~10월 거래 건수 20건 이상
- **반품률:** 신청월 직전 3개월 연속 반품률 20% 미만 (상품주문번호 기준, 귀책사유 무관, 정산 후 취소, 반품 종료 기준),
  예) 11월 2일 신청 시 8~10월 반품률 20% 미만

[유지 조건]
- **거래건수:** 갱신 직전 3개월 거래건수 합계 10건 이상 (주문번호 기준, 정산 후 취소 반영하여 거래 건수 계산),
- **반품률:** 신청월 직전월 반품률 20% 미만 (상품주문번호 기준, 귀책사유 무관, 정산 후 취소, 반품 종료 기준),

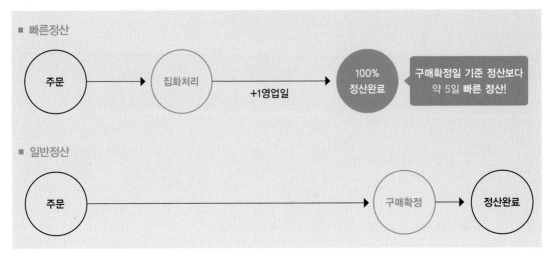

(출처: 네이버)

4 최신성 로직과 알고리즘 로직을 통한 상위노출 가능

판매자인 우리가 스마트스토어에 집중해야 하는 가장 큰 이유를 꼽으라면 새로운 제품을 상위노출 시켜주는 '최신성 로직'과 검색 SEO(search engine optimization, 검색엔진최적화)에 의한 '알고리즘 로직(algorithm logic)'이다.

'최신성 로직'이란 이미 노출되어 판매되고 있는 기존의 판매자 제품보다 새로 등록한 제품을 일정 기간 어드밴티지 랭킹 점수를 주어 순위상승과 노출에 도움을 주는 로직이다. 이는 신규셀러의 시장 진입을 용이하게 한다.

종종 네이버쇼핑에서 등록일이 얼마 되지 않아 판매와 리뷰수가 적은데도 불구하고 네이버 랭킹 상위권을 차지하는 제품들을 볼 수 있다.

위 화면에서 아이스조끼 검색 시 나오는 첫 번째 상품은 두 번째 상품보다 등록일이 늦고 리뷰수가 적어도 최신성 로직에 의해 상위노출이 되고 있다.

위 사례의 핫팩도 첫 번째 제품이 두 번째, 세 번째 제품보다 등록일이 늦어도 최신성과 고객선호도에 의해 상위노출이 되고 있다.

초보셀러도 소비자가 선호하는 아이템을 등록하고 최신성 로직을 이용하면 네이버 유료광고를 하지 않고도 상위노출이 가능하게 하는 것이 최신성 로직이다.

'알고리즘'이란 문제 해결을 위한 명령들로 구성된 일련의 순서화된 절차를 말한다. 정렬 알고리즘은 데이터를 일정한 규칙에 따라 재배열하는 것인데, 스마트스토어는 바로 이 알고리즘 로직에 의해 상품들의 정렬 순서를 정한다. 이와 같은 알고리즘 로직을 쓰는 대표적인 플랫폼이 미국의 아마존(Amazon.com)으로, 스마트스토어는 이 아마존을 벤치마킹했다고 할 수 있다.

반면 기존의 G마켓, 11번가 등 국내 주요 오픈마켓들은 '디스플레이 로직(display logic)'을 사용하고 있다. 디스플레이는 특정 계획과 목적에 따라 상품을 진열해서 보여주는 것으로, 이런 플랫폼은 플랫폼의 목적에 따라 상품을 진열하기 때문에, 광고를 하면 상위에 노출된다. 즉 광고를 하지 않으면 상위노출이 어렵다는 소리이다. 사람이 개입하는 로직으로, 이러한 로직의 대표적인 플랫폼이 미국의 이베이(eBay.com)이다.

아마존(1994)과 이베이(1995)는 비슷한 시기에 출범했지만 지금의 위상을 보면 시장의 흐름이 어떤 것인지를 알 수 있다.

이것만 봐도 여러분이 어떤 시장에 뛰어들어야 하는지를 알 수 있다. 알고리즘 로직에서는 여러분의 노력에 따라 상품을 상위에 노출시킬 수 있지만, 디스플레이 로직에서는 광고가 아니면 사실상 판매자가 해볼 만한 것이 없다.

		네이버쇼핑			11번가, G마켓
로직		알고리즘			디스플레이
배열 형태		세로 형태			가로 형태
사용자 환경		소비자 중심			판매자 중심
진열 상품 개수 (키워드에 따라 다를 수 있음)	PC	[기본 40개씩 보기] 한 페이지에 광고상품 2~4개 + 일반상품 20개 + 광고상품 2~4개 + 일반상품 20개			각 영역에 따라 진열
	모바일	한 페이지에 광고상품 2~3개 + 일반상품 3~4개			

네이버쇼핑의 알고리즘 로직은 판매자에게, 특히 가난하고 힘없는 초보셀러에게 기회의 평등을 의미한다. 초보자도 네이버가 원하는 SEO에 맞게 상품을 등록하면 상위에 노출될 수 있다. 수많은 상품들이 존재하는 오픈마켓에서는 노출 순위가 곧 매출이다.

네이버쇼핑

광고상품

일반상품

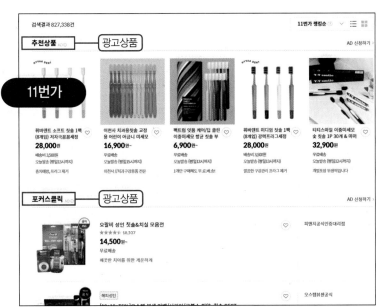

11번가

광고상품

광고상품

검색 결과 페이지 화면
네이버쇼핑은 PC에서는
한 페이지에 광고상품 3개
그 아래로 일반상품 20개,
그리고 다시 광고상품 3개
와 일반상품 20개가 진열
된다. (기본 40개씩 보기)
모바일에서는 광고상품 2개
와 일반상품 3개가 전시된다.
(* 키워드에 따라 진열 상품
개수 구성은 다를 수 있다.)
11번가와 G마켓에서는 광
고상품 위주로 진열된다.

다른 오픈마켓들이 대부분 광고상품 위주로 디스플레이를 하는 것과는 달리 스마트스토어는 오직 네이버쇼핑의 SEO 로직에 따라 노출 순위가 정해진다. 우리가 네이버쇼핑에서 '칫솔'을 검색하면 네이버의 SEO 로직에 따라 모든 상품에 점수를 매겨 순서화한 후 보여준다. 따라서 네이버쇼핑의 로직을 알고 그에 맞게 상품을 등록하면 상위에 노출될 수 있다. 물론 PC에서는 3개, 모바일에서는 2개의 광고상품이 우선적으로 노출되고 그 아래로 일반상품이 노출된다. 만일 칫솔과 같이 검색량이 많고 전환율이 좋은 대표키워드에서 1위에 오른다면(광고상품을 제외하고) 그야말로 대박이 나는 것이다.

이것이 다른 플랫폼과 비교되는 스마트스토어의 가장 큰 차이점이자 강점이다. 네이버쇼핑 SEO를 적용하여 알고리즘 로직에 맞게 페이지를 운영하면 판매자로 하여금 광고가 아니더라도 상위노출을 통해 매출을 올릴 수 있는 기회를 스마트스토어는 제공한다. 그래서 우리는 스마트스토어를 해야 하는 것이다.

5 에이아이템즈를 통한 타깃팅

네이버는 2018년부터 쇼핑 서비스에서 AI 추천 시스템을 강화하면서 신규 서비스도 여럿 선보였다. '에이아이템즈(AiTEMS)'를 비롯해 '포유(FORYOU)', '나의선호몰' 등 AI가 추천하는 개인화 서비스가 그것이다.

네이버가 AI 기술 경쟁력을 온라인 마켓으로 확산하는 데 성공함으로써 네이버에서 인공지능(AI) 추천을 통한 쇼핑 거래액이 크게 늘어났고, 유료결제가 일어나는 핵심 서비스에서 판매자와 이용자의 매칭이 보다 정교해졌다. 앞으로도 네이버쇼핑 경험은 AI추천을 통한 판매의 비중이 더 늘어날 것이다.

AiTEMS는 AI(인공지능)와 Items(상품)의 합성어로, 인공지능을 기반으로 한 쇼핑추천 기술을 말한다. 에이아이템즈는 사용자가 검색한 키워드나 구매한 상품, 찜한 상품, 클릭한 기사 등 사용자의 과거 활동을 데이터로 축적해 사용자의 관심사에 맞는 상품과 콘텐츠를 보여준다. 같은 네이버쇼핑 화면에서 '티셔츠'를 검색했을 때 30대 남성인 철수에게 보이는 화면과 20대 여성인 영희에게 보이는 화면이 다르다. 에이아이템즈가 철수와 영희의 과거 활동 내역을 분석해 그에 맞는 상품을 추천해주기 때문이다. 이처럼 인공지능은 ID 소유자의 검색패턴을 인지한 후 그에 맞는 상품을 보여준다.

이렇게 개인 사용자의 연령이나 성별, 취향, 구매이력, 관심사항 등을 고려하여 결과물을 보여주면 당연히 구매전환율이 높아진다.

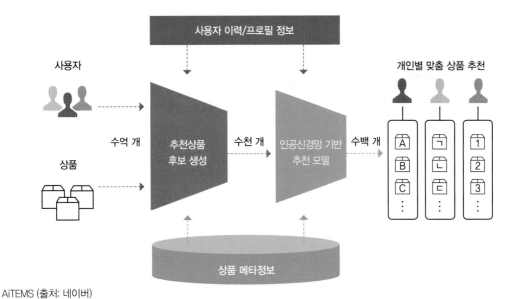

AiTEMS (출처: 네이버)

네이버가 AI 추천 강화로 인링크 서비스 매칭률을 높이면, 네이버 검색을 통해 아웃링크로 고객을 유입하는 경쟁업체는 효과가 떨어진다.

　AI를 이용한 빅데이터 기반의 상품추천 시스템은, 좋은 제품을 가지고 있는 셀러에게는 또 하나의 제품 타깃팅의 창구가 되어 추가적인 매출을 자동으로 일으키는 효과를 가져다 줌으로써 셀러는 매출을 극대화할 수 있다. 네이버쇼핑에 입점하여 등록한 셀러의 좋은 제품은 에이아이템즈의 쇼핑추천을 통해 타사 마켓보다도 더 많은 판매의 기회가 주어지는 것이다.

03 스마트스토어, 어떻게 운영할 것인가

판매를 처음 해보는 사람은 무엇을 어떻게 해야 할지 막막할 것이다. 아이템은 어떻게 찾고, 또 소싱은 어떻게 해야 하며, 어떻게 해야 상위노출을 할 수 있을지 모든 게 고민이다. 특히 아이템 없이 무작정 시작한 개인판매자는 더더욱 그럴 것이다. 개인판매자는 이 모든 걸 혼자서 고민하고 해결해야 한다. 다음은 이런 초보자들에게 참조가 될 만한 스토어 운영 지침이다.

① 자기만의 상위노출 로직을 완성하라.

스마트스토어는 상품에 관한 여러 가지 상태를 지수화한 점수를 가지고 노출 순위를 결정한다. 때문에 상품을 상위에 노출시키기 위해서는 매 요소에서 네이버가 원하는 것을 하면서 높은 점수를 얻어야 한다.

그러기 위해서 판매자는 자신만의 상위노출 로직을 만들어야 한다. 판매자는 저마다 능력이나 여건이 다르다. 상품 소싱에 강점이 있는 사람이 있는가 하면 상품페이지 제작이나 SNS 마케팅에 강점이 있는 사람도 있다. 강점이 있는 것은 최대한 살리고 부족한 부분은 보완하면서 온라인 판매전략을 상품등록 위주로 할지, 소싱 위주로 할지를 정하고 '선택'과 '집중'을 해야 한다.

초기 온라인 셀러는 자기의 셀러로서의 경험과 지식 그리고 주변 환경과 자본력에 따라 전략을 세워 '최대한 빨리' 매출을 일으켜야 시장에서 자리를 잡을 수 있다. 그러기 위해서는 잘하고 꾸준히 할 수 있는 것을 선택하고 집중해야 한다. 셀러는 판매를 통한 경험을 축적해야 한다. 셀러에게 판매만큼 좋은 스승은 없다.

② 아이템은 위탁 → 총판 → 제조 3단계 전략을 쓰라.

판매자라면 누구나 아이템을 고민한다. 아이템의 선택이 온라인 사업의 성패(成敗)를 좌우한다 해도 과언이 아니다.

아이템 한두 개를 잘 찾아 그야말로 로또를 맞는 판매자가 저자 주변에는 상당히 많다. 하지만 그런 판매자의 결과도 우연에 의한 것은 아니다. 아이템을 찾기 위해 몇십 번이고 부딪치고 시행착오를 겪는다. 세상에 쉬운 일이란 없다. 노력도 하지 않고 결과만을 바라는 사람은 정말 세상을 모르는 어리석은 사람이다.

아이템 소싱에 정답은 없다. 자기 나름의 트렌드를 읽고 자꾸 부딪치면서 스스로 체득해야 한다. 그런데 처음부터 총판이나 제조(사입)를 했다가 만일 판매가 되지 않으면 그 손실을 감당하기가 힘이 든다. 저자의 제자 중에도 초기에 무리한 판단을 하여 곤경에 처한 사람이 많이 있다.

그런 난처한 상황을 초래하지 않으려면 초보셀러는 위탁 판매로 시작해야 한다. 셀러들 중에는 독점이나 대량사입 등으로 판매를 해야 돈을 벌 수 있다고 생각하는 사람들이 많은데, 그렇지 않다. 위탁 판매만으로도 충분히 돈을 벌 수 있다. 저자의 경험에 비추어보면 월 5천에서 1억 원은 충분히 벌 수 있다.

저자는 아무리 대박이 날 상품이라고 하더라도 처음부터 사입을 하지는 않는다. 위탁으로 판매를 하면서 판매 현황과 시장 흐름을 지켜본 뒤 내 손에 딱 쥘 정도로 '내 것이다' 싶을 때 총판과 제조를 진행한다.

초보셀러는 처음에는 위탁으로 판매를 하면서 내공이 쌓이면 총판이나 제조를 통해 판매하는 것이 좋다. 그러면 설령 소싱을 잘못했다 하더라도 리스크를 최소화할 수 있다. 빅파워 셀러가 되기 위해서는 먼저 최대한 몸과 마음을 가볍게 해야 한다는 사실을 초보셀러는 명심해야 한다.

③ 종합몰과 전문몰로 세팅하라.

이제는 수많은 사람들이 온라인 판매를 하는 무한경쟁 시대에 돌입하였다. 지금은 초보셀러든 경험이 많은 셀러든 '나는 이것만을 팔겠다'고 카테고리를 고집해서는 안 된다.

초보자들 중에는 자신이 좋아하거나 잘 아는 제품 또는 주변 지인들을 통해서 쉽게 소싱할 수 있는 제품을 판매해보려고 스토어를 시작하는 경우가 많다. 물론 이것도 좋은 방법이긴 하다. 판매 상품에 대해 전문 지식이 있고, 소싱을 남들보다 쉽게 저렴한 가격으로 할 수 있다는 것은 상당한 경쟁력이다. 하지만 그 상품만을 고집해서는 안 된다. 상품의 특성에 따라 스마트스토어에서 판매가 잘되는 것이 있고 그렇지 않은 것이 있다. 그리고 아무리 싸고 좋은, 경쟁자가 적은 상품이라 하더라도 고객들의 검색량이 많지 않은(찾지 않는) 상품도 있다. 이러한 상품은 상위에 노출된다 하더라도 판매가 되지 않는다. 그렇기에 내 것만 팔겠다고 해서도 안 되고, 카테고리에 연연해서도 안 된다. 소비자가 원하는 것이면 뭐든지 팔아야 한다. 그래야 진정 훌륭한 셀러이다.

세상에 셀러 아닌 사람이 어디 있겠는가! 물건을 팔든, 기술을 팔든, 지식을 팔든, 감성을 팔든… 세상 모든 사람들은 자신이 가진 재능으로 돈을 버는 셀러이다.

이제 판매를 시작하는 여러분은 소비자에서 판매자로 마인드를 바꾸어야 한다. 내가 원하는 것이 아니라 고객이 원하는 것을 팔아야 한다. 그러기 위해서는 고객의 트렌드를 읽고 제품등록과 아이템 소싱을 통해 고객이 원하는 것이 무엇인지 현장에서 부딪치면서 알아내고 그것을 선택하고 집중해서 팔아야 한다.

초보자가 처음 스토어를 운영할 때는 고객이 찾는 모든 것을 판매하는 '종합몰' 성격으로 스토어를 운영하는 것이 좋다. 그러면서 자신이 정말 경쟁력을 가질 수 있는 아이템을 발견했다면 그것은 별도의 스토어를 만들어 '전문몰'로 운영하면 된다. 전문몰은 경쟁자가 적어 좀 더 안정적으로 스토어를 운영할 수 있다.

이렇게 종합몰과 전문몰을 좌우 날개처럼 같이 운영해야 지치지 않고 멀리 비행할 수 있다.

저자가 운영하고 있는 종합몰과 전문몰, 이 밖에도 저자는 판매 상품의 특성과 카테고리에 따라 여러 개의 종합몰과 전문몰을 운영하고 있다.

④ 배송, 반품, CS에 신경을 쓰라.

온라인 쇼핑은 빠른 배송과 반품처리, 그리고 CS(고객서비스)가 사업 성공의 지속성을 보장하는 핵심 요소이다. 개인 셀러일수록 고객에게 최선의 서비스를 해야 한다. 스마트스토어에서는 '오늘출발' 상품에 가산점을 준다. 따라서 셀러는 '오늘출발'을 할 수 있도록 상품관리에 신경을 써야 한다.

위탁으로 판매하는 경우 제조사에 연락하여 적정 재고를 유지해줄 것을 요청해야 한다. 그러려면 평소 제조사와 친분을 쌓아 신뢰 관계를 잘 형성하고 있어야 한다. 소싱을 통해 판매하는 경우는 하루 평균 판매량과 시장의 변화를 살펴보면서 적정한 양의 재고를 소싱해야 한다. 지금 잘 팔린다고 해서 시장의 흐름을 읽지 못하고 많은 양의 제품을 소싱했다간 낭패를 볼 수 있다.

반품이나 CS는 최대한 빠르게 고객이 만족할 만한 수준으로 처리해야 한다. 온라인 고객은 물건을 직접 보고 사는 것이 아니기 때문에 상품을 먼저 써본 사람들의 리뷰에 많이 의존한다. CS에 대한 불만이나 악플이 많이 달린 상품이 구매가 일어나지 않는 것은 자명한 일이며, 이것은 상품의 노출 순위에도 악영향을 미친다.

⑤ 재고, 고정지출, 인력을 컨트롤하라.

저자는 만나는 셀러분들에게 '재무적 사고'를 가지라고 신신당부를 한다. 우리는 돈을 벌기 위해서 온라인 사업을 하는데, 셀러들 중에는 물건 판매의 가장 중요한 목적인 '수익성'에 대한 재무적 사고가 부족한 분들이 너무나 많다.

스마트스토어를 운영하는 사람들은 처음에는 개인판매자로 시작하는 경우가 많다. 그러다 보니 사업가적인 사고를 하지 못하고 계획성 없이 주먹구구식으로 운영하는 경우가 허다하다.

스마트스토어는 누구나 쉽게 시작할 수 있지만, 누구나 쉽게 성공할 수 있는 것은 아니다. 처음부터 철저하게 준비하고 장기적인 목표와 플랜을 가지고 시작해야 한다. 동시에 고정지출이나 필요경비에 대한 세부적인 계획도 세워야 한다. 직원을 채용한다면 인력의 업무분장과 관리에도 신경을 써야 한다.

이러한 모든 계획과 활동은 재무적인 사고, 즉 '돈을 얼마나 벌 수 있느냐'에 기반을 두고 있어야 한다. 우리가 스마트스토어를 하는 이유는 돈을 벌기 위해서이다. 수익이 남지 않는 판매는 자선사업일 뿐이다.

04 스마트스토어, 어떻게 판매할 것인가

판매를 하는 사람들의 환경은 제각각이다. 제조를 하면서 직접 판매를 하는 사람도 있고, 도매나 총판, 독점권을 가지고 판매하는 사람도 있다. 물건을 직접 소싱하여 재고를 가지고 판매하는 사람도 있고, 위탁 발송을 통해 판매하는 사람도 있다. 이처럼 판매자의 환경은 제각각이지만 판매의 유형을 보면 대략 다음과 같다.

① **네이버 SEO를 통한 판매:** 키워드 마인드맵
② **네이버 내부채널을 통한 판매:** 브랜드 바이럴/CPC/블로그/카페
③ **네이버 외부채널을 통한 판매:** 인스타그램/페이스북/유튜브

1 네이버쇼핑 SEO를 통한 판매

네이버쇼핑은 고객이 상품을 검색하면 그것에 매칭된 모든 상품을 점수화하여 세로 정렬(위에서 아래로)해주는 알고리즘 로직이다. 가장 높은 점수를 받은 상품은 검색 결과의 1위에 노출되고, 점수에 따라 순차적으로 뒤로 밀리게 된다. 그래서 때로는 내 상품을 내가 검색으로 찾지 못하는 웃픈 일이 발생하기도 한다.(여기서 현명한 독자는 '매칭'과 '점수'라는 말에서 이미 뭔가를 캐치했을 수도 있을 것이다.)

SEO(Search Engine Optimization, 검색엔진 최적화)는 검색엔진이 자료를 수집하고 순위를 매기는 방식에 맞게 웹페이지를 구성해서, 검색 결과의 상위에 노출될 수 있도록 하는 작업을 말한다. 즉 네이버 SEO 판매전략은 네이버가 순위를 매기는 방식과 원하는 것이 무엇인지를 알고, 그것에 맞추어 높은 점수를 얻을 수 있도록 메타데이터를 넣어서 상품페이지를 만드는 것이다.

'메타데이터'는 고객이 검색을 하면 컴퓨터가 검색 조건에 맞는 데이터를 찾는 데 사용되는 데이터로, 데이터를 설명해주는 데이터라고 할 수 있다. '속성정보'라고도 하는 이 메타데이터를 알고 그것을 상품에 심어주는 것이 SEO 작업이다. 이것이 스마트스토어 판매의 기본이자 핵심이다. 앞으로 우리는 이 네이버쇼핑 SEO를 중점적으로 공부하게 될 것이다.

블로그나 카페 등 네이버 내부채널에서 상품을 알리면서 판매하는 방식이다. 포스팅에 링크를 걸어 판매를 유도하거나 공동구매 행사를 통해 판매한다. 이렇게 블로그나 카페를 통해 스토어나 상품을 알리면서 바이럴마케팅*을 하는 것이다.

또 CPC(cost-per-click)* 광고를 진행하여 블로그 체험단이나 유명 카페에 내 스마트스토어 링크를 걸어 판매할 수도 있다. 이때 스마트스토어는 하나의 결제 창 역할을 한다. 이런 방식으로 판매하는 사람들도 많이 있다.

블로그나 카페에서 상품을 홍보하고 공동구매 등을 통해 판매를 할 수 있다.

바이럴 마케팅(viral marketing)

소셜미디어를 통해 소비자에게 마치 바이러스처럼 확산되어 나가게 하는 마케팅 기법이다. 입소문 마케팅과 비슷하지만, 전파 방식이 정보 제공자 중심이 아닌 정보 수용자 중심으로 퍼져나간다는 것이 다르다. 바이럴은 소비자 스스로가 찾는 콘텐츠로, 자의에 의해 주변 지인이나 친구에게 전파한다.

CPC 광고

클릭한 횟수당 비용을 지불하는 광고. CPC(Cost-Per-Click)는 키워드 광고의 일종으로, 유저의 검색 결과에 연관된 내용의 광고 배너나 링크를 노출시켜 준다. 광고 노출 횟수와는 상관없이 클릭이 일어났을 때만 비용을 지불한다. 광고 대금은 대행사에 일정 금액을 예치시킨 후, 클릭당 차감해나간다.

③ 외부채널을 통한 판매

페이스북, 인스타그램, 유튜브 등 네이버 외부채널에 광고를 하고 고객을 유입시켜 판매하는 방법이다. 광고에 따른 비용은 지출해야 한다.

페이스북, 인스타그램, 유튜브 등 외부채널에 광고를 하여 스마트스토어로 고객을 유입한다.

판매자에게는 이 세 가지 판매방식이 다 필요하다. CPC와 외부채널을 이용한 광고는 광고를 할 때만 효과가 있고, 또 비용을 지출해야 하기에 장기적으로는 할 수 없는 방법이다.

따라서 네이버쇼핑 SEO 작업을 하는 것이 제일 우선이다. 이것이 제대로 되지 않으면 아무리 바이럴마케팅을 하고 광고를 해도 매출 증대를 꾀할 수 없다.

스마트스토어는 네이버 SEO에 맞게 상품을 세팅해야 처음부터 검색 결과의 상위에 포진할 수 있고, 그래야 판매가 일어난다. 여기에 다양한 내외부 채널을 통해 상품을 홍보하고 고객을 유입시키면 점점 순위가 위로 올라간다.

3장

스마트스토어
입성하기

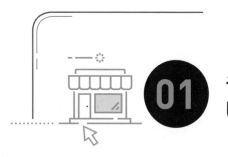

01 스마트스토어 이름과 URL을 준비하자

스마트스토어 가입을 진행하기 전에 먼저 스마트스토어의 이름과 URL 짓기에 대해서 알아보자. 스마트스토어 이름은 스토어 홈 화면의 상단에 노출되는 정보로, 사업자등록증의 상호명과 같지 않아도 된다. 스토어 이름은 하나의 브랜드를 만드는 것이기에 SNS 등에서 홍보하기에 좋은 이름으로 지으면 된다.

현재 네이버쇼핑에는 많은 판매자가 있다. 누가 봐도 듣기에 좋고, 기억하기 쉽고, 예쁘고, 판매상품과 연관 있는, 흔히 말하는 좋은 이름은 이미 다른 셀러가 사용하고 있는 경우가 많다. 그래도 고민을 해보면 독창적이고 좋은 이름을 찾을 수 있을 것이다.

1 스마트스토어 이름 짓기

다음은 스마트스토어의 이름을 짓는 요령이다. 이를 참조하여 자신만의 개성 있고 기억하기 쉬운 이름을 짓도록 하자.

① [제조사명이나 브랜드명] 제조사나 특정 아이템이 있는 사람은 제조사명이나 브랜드를 이름으로 하면 좋다. 이는 향후 자신의 스마트스토어를 브랜딩하기에 좋다. 오프라인과 마찬가지로 온라인

에서도 단골 고객이 있으면 안정적으로 가게를 운영할 수 있고, 판매를 예측할 수 있다. 내 스토어가 브랜딩이 되면 고객들은 스토어 이름을 기억하고 찾아오게 된다.

② [아이템과 연관성이 있는 이름] 아직 판매 아이템이 없는 사람이나 유통업자는 자신이 주력으로 판매하고자 하는 카테고리와 연관 있는 이름에서 찾으면 된다. 저자가 운영하는 스토어 중의 하나인 '비바채몰'은 건강 관련 상품을 판매하는 전문몰인데, "우리 몸의 독소를 '비우고', 잘못된 것을 '바로 잡고', 좋은 것으로 '채워서' 건강한 삶을 살자"라는 의미이다.

저자의 비바채몰은 현재 브랜딩이 되어 네이버쇼핑에서 '비바채몰'을 검색하여 들어오는 구매자의 비율이 꽤 높다. 이렇듯 스마트스토어의 이름은 향후 스토어의 브랜딩까지 생각해서 신중하게 지어야 한다.

스토어의 이름은 추후에 1회 수정할 수 있으나 내 스토어가 어느 정도 알려지고 인지도가 생겼을 때는 바꾸지 않는 것이 좋다. 만일 저자가 어느 날 '비바채몰'을 다른 이름으로 바꿔버리면 스토어 이름 검색으로 들어오던 구매자들이 혼란을 겪을 수 있고, 단골의 이탈로 이어질 수도 있기 때문이다. 따라서 스토어 이름을 지을 때나 변경할 때는 신중을 기해야 한다.

③ [정체성이 있는 이름] 만일 스토어가 브랜딩이 된 상태에서 전혀 다른 카테고리의 새로운 아이템을 판매해야 한다면 그때는 새로운 스토어를 개설할 것을 권장한다. 같은 스토어에 이것저것 잡다한 것을 다 때려 넣으면 구매자는 과연 이 사람이 진짜 제품을 제대로 알고 판매하는 것일까 하는 의구심을 갖게 된다. 즉 스토어의 정체성이 없어지는 것이다. 핸드백을 팔던 사람이 구두를 팔 수는 있지만, 어느 날 갑자기 컴퓨터도 팔고, 가구도 판다면 신뢰성이 떨어지는 것은 자명한 일이다.

이렇게 전혀 다른 아이템을 다루어야 한다면(대분류 카테고리가 다르다면) 새로운 계정을 만들어 판매하는 것이 좋다. 그런데 추가 계정을 만들기 위해서는 일정 정도의 조건을 만족해야 한다. 이제 시작한지 얼마 되지 않아 조건을 만족하지 못할 경우는 가족의 아이디로 만드는 것도 한 방법이다.

④ [확장성] 스토어의 이름은 브랜드 확장을 위해서 SNS 마케팅을 염두에 두고 지으면 좋다. 즉 스마트스토어 이름을 페이스북, 인스타그램, 블로그, 쇼핑몰 등의 이름과 같은 것으로 하면 연동을 하여 마케팅을 하기에 용이하다.

⑤ [독창성] 남들이 쓰지 않는 이름을 쓰는 것이 좋다. 즉 보편적이지 않은 이름이 좋다. 그래야 네이버에서 검색을 했을 때 내 스마트스토어와 관련된 사이트만 뜨게 된다. 사업자 판매자 계정일 때는 사이트 등록도 가능하다.

남들이 쓰지 않는 이름을 사용하면 구매자에게 혼란을 주지 않고, 브랜딩을 더욱 공고히 할 수 있으며, SNS와 연계하여 홍보하기가 좋다.

⑥ [5자 이내] 한글 5자 이내가 적당하다. 5자를 벗어나면 읽기에 부담이 될 수 있다. 스토어 이름은 5음절(글자 수) 이내, 2개 어절(띄어쓰기 단위) 이하로 구성하면 좋다.

⑦ [한/영, 띄어쓰기] 스토어 이름은 '한/영, 영문 대/소문자, 띄어쓰기'에 따라 다른 이름으로 인식하기에 이것을 고려하여 이름을 지으면 된다. 예를 들어 '비바채몰'과 '비바채 몰'은 다른 이름이다.

2 스마트스토어 URL

스마트스토어의 URL(Uniform Resource Locator)은 스토어 정보 자원의 종류와 위치가 기록되어 있는 것으로, 내 스마트스토어의 인터넷상 주소쯤 된다고 생각하면 된다.

예를 들어 URL을 humanhouse로 설정하였다면 내 스마트스토어의 주소는 https://smartstore.naver.com/humanhouse가 된다.

이 URL은 한 번 정하면 바꿀 수 없다. 스마트스토어의 이름에 비해서는 그 중요도가 조금 떨어지기는 하지만 이것 또한 판매 상품과 연관 있는 이름으로 지으면 좋다. 흔히 스토어 이름을 따르는 경우가 많다. 스토어 이름은 앞서 말씀드린 것처럼 중복 사용이 가능하나 URL은 '한글, 영문 대문자, 띄어쓰기'가 불가하다. 즉 'humanhouse'는 가능하지만 'human house', 'HUMANHOUSE', '휴먼하우스', '휴먼 하우스'는 등록할 수 없다.

02 판매자 가입하기

이제 스마트스토어 판매자 가입을 해보자. 스마트스토어는 사업자가 아니더라도 판매자로 가입할 수 있다. 다음의 과정을 따라 하면 누구나 쉽게 회원가입을 하고 판매를 시작할 수 있다.[입점 전 네이버쇼핑(https://shopping.naver.com)의 하단 '입점안내'를 클릭하여 '네이버쇼핑 입점 및 광고' 페이지 내용을 읽어보기 바란다.]

1. 인터넷 검색창에 '스마트스토어센터'를 검색하면 '네이버 스마트스토어센터(https://sell.smartstore.naver.com)'가 나온다. 클릭하여 스마트스토어센터에 들어간 후 **가입하기**를 클릭한다.

2. 스마트스토어에 가입하기 위해서는 먼저 '네이버 커머스 ID'에 가입해야 한다. 네이버 아이디와 이메일 아이디로 가입할 수 있는데, 여기서는 **네이버 아이디로 가입하기**를 선택하여 진행한다.(본인만이 스토어를 관리한다면 기존의 네이버 아이디로 가입을 해도 되지만, 직원이나 다른 사람들이 같이 아이디와 비번을 공유하여 관리해야 한다면 '이메일 아이디로 가입하기'를 눌러 새로운 아이디를 만들어 진행하는 것이 좋다.)

※ '개인판매자' 유형 가입은 2023년 7월 26일 이후 이메일 아이디로 가입이 불가하며, '네이버 아이디'로 가입해야 한다(개인판매자의 가품/직거래 유도를 통한 사기 거래 방지를 위해).

3. 팝업창에서 스마트스토어에 사용할 본인의 네이버 아이디를 입력하고 로그인한다. 그리고 본인 인증을 하고 약관 동의한 후 **가입**을 클릭하면 네이버 커머스 ID 회원가입이 완료된다. 그 후 '2단계 인증' 화면에서 인증을 완료한다.

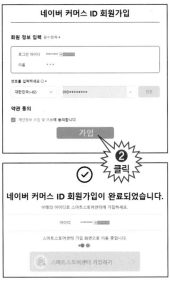

4. 이제 스마트스토어센터 가입 화면이다. 먼저 판매자 유형을 선택한다. 판매자 유형은 '개인', '사업자', '해외사업자' 중 자신에게 맞는 것을 선택하면 된다.

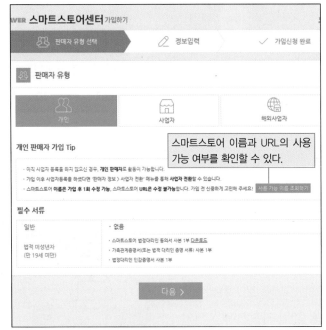

[가입 시 필요 서류]

개인판매자 – 성인
- 없음

개인판매자 – 법적 미성년자(만 19세 미만)
- 스마트스토어 법정대리인 동의서 사본 1부
- 가족관계증명서(또는 법적 대리인 증명 서류) 사본 1부
- 법정대리인 인감증명서 사본 1부

개인사업자
- 사업자등록증 사본 1부 (발급일 1년 이내)
- 대표자 혹은 사업자 명의 통장 사본 1부
- (해당하는 경우) 대표자 인감증명서 사본 1부 (발급일 3개월 이내)

법인사업자
- 사업자등록증 사본 1부 (발급일 1년 이내)
- 법인 명의 통장 사본 1부
- (해당하는 경우) 법인 인감증명서 사본 1부 (발급일 3개월 이내)

해외사업자
- 대표자 여권 사본 1부
- 사업자등록증 사본(미국의 경우 IRS 서류) 1부
- 해외에서 개설된 사업자 또는 법인 명의 통장(또는 해외계좌 인증 서류) 사본 1부

사업자등록증이 없는 사람은 개인판매자로 가입한 후 판매를 해보면서 경험을 쌓고, 아이템에 대한 확신이 생겼을 때 사업자등록증을 내고 사업자로 전환하면 된다.(가입 후 스마트스토어센터의 **판매자 정보 → 사업자 전환**에서 할 수 있다.) 사업자로 가입할 경우 필수 서류를 제출해야 하고 심사를 거쳐 가입 승인이 된다. 사업자로 스마트스토어를 이용하기 위해서는 통신판매업 신고가 필수이다.

개인판매자가 일정 조건이 되면 반드시 사업자를 내고 '통신판매업 신고'도 해야 한다.

판매자유형	개인판매자 (개인판매회원)	간이사업자	개인사업자 (일반사업자)	법인사업자
사업자 신고 기준 (복수 계정인 경우 총 합)	직전년도 누적 판매금액 4,800만원 이상 또는 당해년도 1월 1일부터 누적 판매금액 4,400만원 이상		–	
통신판매업 신고번호 입력기준 (복수 계정인 경우 총 합)	직전년도 구매확정 수 50건 이상 또는 당해년도 1월 1일부터 누적 구매확정 수 50건 이상	직전년도 누적 판매금액 8,000만원 이상 또는 당해년도 1월 1일부터 판매금액 8,000만원 이상	직전년도 구매확정 수 50건 이상 또는 당해년도 1월 1일부터 누적 구매확정 수 50건 이상	
기준 초과 시 안내	사업자 전환 안내 (로그인 팝업 알림/EMS 발송) * 매월 2일마다 안내	통신판매업 미신고 안내 (로그인 팝업 알림/EMS 발송) * 매월 2일마다 안내		

5. '네이버 비즈니스 서비스 연결하기' 화면에서 '네이버 쇼핑'과 '네이버 톡톡'을 활성화한다. 네이버 쇼핑은 네이버 검색에 상품이 노출되도록 하는 것이고, 네이버 톡톡은 구매자와 톡을 할 수 있도록 설정하는 것이다. 따라서 판매 활동에 도움이 되는 이 서비스는 반드시 '사용함'으로 설정하는 것이 좋다.(가입 완료 후 스마트스토어센터의 **스토어관리 → 서비스 연결 → 네이버 서비스 연결**에서 설정할 수 있다.)

6. 약관을 살펴보고 동의한 후 **다음**을 클릭한다.

7. '판매자 정보' 입력 화면이다. **주소찾기**를 클릭하여 주소를 설정한 후 **다음**을 클릭한다.

8. 스마트스토어 이름, URL, 소개글, 고객센터 전화번호를 입력하고 **다음**을 클릭한다.

소개글은 스토어 메인화면에 노출되며, 네이버 검색 결과의 사이트 설명글에도 활용된다.

9. 대표상품 카테고리, 판매 상품 및 상품 출고지, 반품/교환지 주소, 정산대금 입금계좌를 설정한다. 정산대금 입금계좌는 판매자명(휴대전화 인증을 받은)과 동일한 이름으로 개설된 은행계좌로 인증해야 한다. 그렇지 않으면 인증실패로 뜬다.

10. 이메일 주소도 **인증** 버튼을 눌러 인증을 완료한 후 **신청완료**를 클릭한다.

11. 판매자 가입이 완료되었다. **스마트스토어센터 가기**를 클릭한다.

12. 판매자의 스마트스토어센터 화면이다. 앞으로 이곳에서 판매자는 판매와 관련된 다양한 활동을 하게 된다. 상단의 스토어명을 클릭하면 판매자의 스마트스토어 페이지로 가게 된다.

13. 판매자의 스마트스토어이다. 상단 주소창에서 설정한 URL을 확인할 수 있고, 스토어 이름과 소개글 등 가입 시 설정한 정보들을 확인할 수 있다.

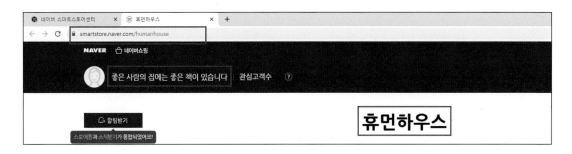

03 스마트스토어, 알고 판매하자

판매자 중에는 스마트스토어를 통해 온라인 판매를 처음 시작하는 사람도 있을 것이고, 다른 오픈마켓이나 자사몰에서 이미 판매를 하고 있으면서 채널 확장을 위해 스마트스토어를 하는 사람도 있을 것이다.

스마트스토어의 기본 정책과 판매방법은 타 오픈마켓과 대동소이하다. 그렇지만 타 사이트에서 판매 경험이 있는 사람이라도 스마트스토어의 판매 시스템과 운영정책을 꼼꼼히 살펴볼 필요가 있다. 특히 지적재산권과 관련된 것은 법적인 분쟁으로 이어지기 때문에 조심해야 한다. 저자의 교육생 중 한 사람은 캐릭터가 그려진 잠옷을 판매했다가 판매권자로부터 소송을 당해 엄청난 금액의 벌금을 물어야 했다. 또 제조사의 홈페이지나 타인의 블로그, 도매 사이트에 있는 사진이나 문구 등도 저작권이 있는 경우가 있으니 상품등록 전에 잘 알아보아야 한다.

지적재산권의 침해는 고의가 아니라 하더라도 구제받기가 쉽지 않으니 조심 또 조심해야 한다.

1 스마트스토어 고객센터

판매자 가입을 하였다면 먼저 스마트스토어센터 화면의 맨 하단에 있는 **고객센터**를 클릭하여 고객센터 페이지(https://help.sell.smartstore.naver.com/)에 있는 정보들을 살펴볼 것을 추천한다.

고객센터에는 '톡톡상담하기', '1:1 문의하기', '신고하기', '원격지원 서비스' 등의 기능을 비롯하여, 'FAQ', '공지사항' 등 스토어 운영에 관련된 다양한 정보들이 있다.

FAQ에는 회원가입, 상품관리, 판매관리, 정산관리, 문의/리뷰 관리, 노출관리, 통계, 지적재산권 신고관리 등 다양한 정보가 있으니 하나하나 클릭해가면서 확인해보기 바란다.

또 '스마트스토어센터 사용자 매뉴얼'을 클릭하면 스토어 운영에 관한 매뉴얼을 확인할 수 있고 PDF 파일을 다운받을 수 있다.

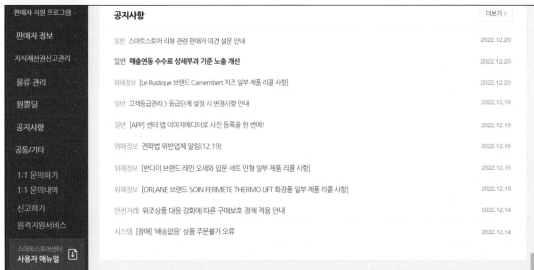

'1:1 문의'를 클릭하여 상담유형을 선택하고 궁금한 사항을 질문하면 답변을 받을 수 있다.

'신고하기' 메뉴를 통해서는 상품정보와 다른 상품이나 가품, 중복상품 위반, 부적합 판매행위 등 어뷰징이 있는 판매자를 신고할 수 있다. 이 말은 나뿐만 아니라 상대방도 나의 부적합 판매행위를 발견하면 쉽게 신고할 수 있다는 뜻이다. 그러니 처음부터 어뷰징 행위는 하지 말아야 한다. 노출 상위에 있다가 누군가가 나의 어뷰징 행위를 발견하고 신고하면 순식간에 내 상품은 사라져버릴 수 있다.

2 안전거래 가이드

스마트스토어센터의 맨 하단에 있는 **안전거래가이드**를 클릭하면 스마트스토어의 '안전거래 정책', '상품등록 정책', '서비스 이용규칙', '개인정보 보호정책', '안전거래 꿀팁' 등 네이버의 운영정책을 확인할 수 있다. 상품을 등록하기 전에 안전거래 가이드를 반드시 읽어보고 운영정책에 맞게 상품을 등록하여 판매로 인한 분쟁이 일어나지 않도록 해야 한다.

스마트스토어 안전거래 가이드 페이지

■ 취급불가상품

스마트스토어에서는 현행법령상 제조 및 유통이 제한된 상품이나 인터넷 판매가 금지된 상품군, 스마트스토어에서 정책적으로 취급하지 않는 상품군을 '취급불가상품'으로 정의하여 판매 행위를 금지하고 있다. 취급불가상품은 관리자에 의해 판매금지 처리되며, 직권으로 거래취소가 진행될 수 있다. 또한, 상품을 등록한 판매자는 서비스 이용이 정지될 수 있다.

다음은 취급불가상품 목록이다.

- 의약품
- 시력보정용 안경 및 콘택트렌즈
- 마약류
- 군복 및 군용장구
- 총포·도검·화약류 등
- 기타 취급불가상품

- 주류 및 담배

- 혈액(혈액증서)
- 야생동식물
- 음란물

3 수수료

스마트스토어를 통한 상품 판매로 인해 부과되는 수수료는 2가지 종류가 있다.

① 네이버쇼핑 유입수수료(매출연동 수수료)

다음 영역을 통해 판매가 되는 경우, '네이버페이 주문관리 수수료' 외 '네이버쇼핑 유입수수료'가 과금된다.(영역별 네이버쇼핑 유입수수료는 중복 과금되지 않는다.)

스마트스토어 상품을 네이버쇼핑 서비스에 노출하도록 연동하여 네이버쇼핑에 노출된 상품이 판매되는 경우 결제 금액의 2%가 네이버쇼핑 유입수수료로 부과된다. 만일 구매자가 외부채널 링크를 타고 들어왔거나 네이버쇼핑을 거치지 않고 스마트스토어에 바로 들어와서 구매를 하였다면 네이버쇼핑 유입수수료는 없다.

영역	수수료율(VAT 포함)
네이버쇼핑	2%
쇼핑라이브	3% (쇼핑라이브 캘린더에 등록된 라이브와 잼라이브 전문 인력 및 기술, 장비 등이 적용된 라이브는 5%)
네이버 선물샵	상품유형별 과금률 상이
네이버펫	3%
장보기	3%
브랜드 직영관	4%
패션타운	입점채널별 과금률 상이

네이버쇼핑 연동은 반드시 해야 한다. 그래야 네이버 검색에 상품이 노출된다. 고객들은 대부분 네이버에서 검색을 통해 상품을 찾는데, 여기에 노출되지 않는다면 판매를 기대하기 어렵다. 2%의 수수료 부담보다는 많이 파는 것이 중요하다.

Tip 네이버쇼핑 유입수수료

유입수수료는 배송비에는 부과되지 않으며, 원쁠템이나 기획전에 노출되어 판매되었을 때에도 부과되지 않는다.

② 네이버페이 주문관리 수수료

네이버페이 주문관리 수수료는 결제뿐 아니라 상품 주문/발송관리, 배송추적, 안심번호, 고객관리/마케팅 등 판매자센터를 통해 제공되는 모든 서비스를 포함하는 수수료이다.

네이버페이 주문관리 수수료는 고객이 실제로 결제한 금액(결제한 상품가격+배송비)에 따라 발생한다. 판매자가 할인가격을 설정한 경우는 할인가격을 기준으로 수수료가 부과된다.

그동안 네이버페이 수수료는 결제수단에 따라 수수료율이 다르게 적용(휴대폰 결제 3.85%, 신용카드 3.74%, 네이버페이 포인트 결제 3.74%, 계좌이체 결제 1.65%, 가상계좌를 통한 무통장입금이 1%)되어 왔는데, 2021년 7월 31일부터 결제수단별 차등을 없애고, 네이버페이 주문관리 수수료를 영세/중소/일반 등급별로 나누어 과금 체계를 변경하였으며, 2022년 1월 31일부터는 금융위원회의 인하안에 따라 낮아진 카드수수료 부담액을 반영하여 인하폭을 재산정하여 다음과 같이 적용하고 있다.

■ 스마트스토어 수수료율

구분		수수료율(VAT 포함)	
네이버쇼핑 유입수수료	네이버쇼핑 매출연동인 경우	2%	
	네이버쇼핑 매출연동이 아닌 경우	없음	
네이버페이 주문관리 수수료	매출액에 따른 구분	2021년 7월 31일~2022년 1월 30일	**2022년 1월 31일~**
	영세 ~3억 원	2.20%	**1.980%**
	중소1 3~5억 원	2.75%	**2.585%**
	중소2 5~10억 원	2.86%	**2.750%**
	중소3 10~30억 원	3.08%	**3.025%**
	일반	3.63%	**3.630%**

＊ 수수료율은 변동될 수 있다. 수수료율 변동에 관한 정보는 스마트스토어센터 공지사항에 중요 공지사항으로 안내된다.

＊ 수수료 등급은 국세청에 신고된 매출 등급 기준이다.

＊ 내 스토어의 국세청 등급은 **스마트스토어센터 → 정산관리 → 정산내역(일별/건별)** 메뉴 '수수료 과금 기준'에서 확인할 수 있다.

　　다음은 저자가 판매하고 있는 상품의 정산내역 상세보기 화면의 일부이다(스마트스토어센터 → 정산관리 → 항목별 정산 내역 → 결제대금 정산).

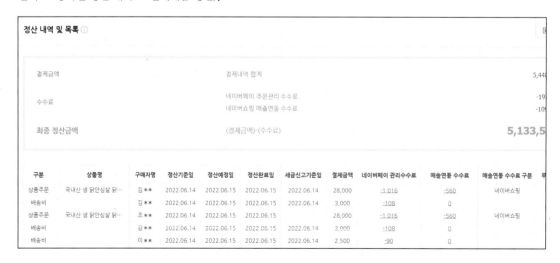

정산 상세 내역에서는 주문번호, 상품명, 구매자명, 정산완료일, 결제금액, 네이버페이 관리수수료, 매출연동 수수료 등을 확인할 수 있다.

'네이버페이 관리수수료' 항목의 금액을 클릭하면 해당 상품의 네이버페이 주문관리 수수료를 확인할 수 있다. 팝업창에서 수수료 기준금액 28,000원, 수수료율 3.63%, 수수료 금액 1,016원을 확인할 수 있다. 수수료율 3.63%는 '일반' 등급의 판매자에게 부과되는 수수료율이다. '매출연동 수수료' 항목의 금액을 클릭하면 매출연동 수수료를 확인할 수 있다. 배송비가 있는 경우 배송비에 대한 수수료도 확인할 수 있다.

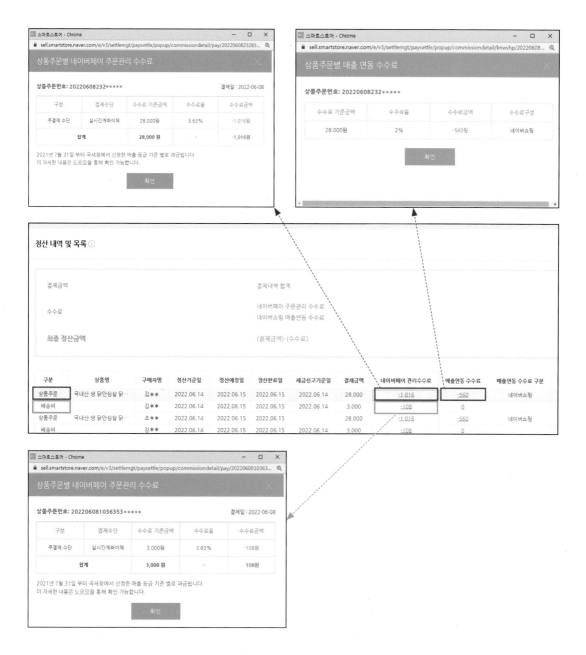

정산관리

(1) 판매대금 정산

판매대금을 정산받는 방식은 '입금계좌'와 '네이버페이 비즈월렛'이 있는데, 스마트스토어센터의 **판매자 정보 → 판매자 관리 → 판매자 정보 → 정산정보** 항목에서 변경할 수 있다.

판매자에게 있어 정산 시기는 자금의 회전과 관련이 있기 때문에 중요한 부분이다. 스마트스토어에서 **정산예정일은 '구매확정일 +1영업일'이다.** 예를 들어 10일에 구매확정 처리가 되었다면 11일에 판매자의 통장계좌로 입금된다. 충전금은 판매자가 설정해놓은 계좌로 출금 신청을 하면 그다음 날 계좌로 입금된다.

구매확정 처리는 '물건을 이상 없이 수령했으니 판매자에게 대금을 정산해주어도 좋다'는 구매자의 의사 표시이다. 이것을 물건을 수령한 즉시 구매자가 해주면 좋겠지만, 대부분의 구매자는 귀찮아서 잘 하지 않는다. 이럴 경우 배송완료일로부터 8일 후에 자동으로 구매확정 처리가 된다. 만일 10일에 배송이 완료되었다면 이로부터 8일 후인 18일에 자동구매확정 처리가 되고 그다음 날인 19일에 통장으로 입금된다.

정산에 관련된 현황은 스마트스토어센터의 **정산 관리 → 정산 내역(일별/건별)**에서 확인할 수 있다.

① **일반정산금액:** 구매확정일 기준으로 '구매확정일+1영업일'에 정산된 금액이다.

② **빠른정산금액:** 배송완료일 기준으로 '배송완료일+1영업일'에 빠른 정산된 금액이다.

③ **결제금액:** 상품가와 배송비를 포함하여 구매자가 결제한 총금액을 말한다. 금액을 클릭하면 세부 정산내역 및 목록을 알 수 있다.

④ **수수료 합계:** 네이버페이 관리수수료와 네이버쇼핑 연동수수료 등 판매로 일어난 수수료의 합계 금액이다.

⑤ **혜택정산:** 판매자가 발행한 쿠폰이나 적립금 등 고객 혜택으로 발생한 금액에 대한 정산이다. 클릭하면 세부 내역을 확인할 수 있다.

⑥ **일별공제/환급:** 판매자가 설정한 복수구매할인, 조건부 무료배송 등으로 판매가 되었다가 취소 및 부분취소/반품 등으로 발생하는 공제와 환급 금액이다.

⑦ **지급보류:** 특정 사유로 인해 지급이 보류된 판매대금이다. 지급보류 금액이 있으면 고객센터를 통해 해결할 수 있다.

⑧ **마이너스 비즈 월렛 상계:** 네이버페이 비즈 월렛은 스마트스토어 판매대금을 정산 받을 수 있는 예치금 수단이다. 충전 및 결제, 출금/환불 내역을 확인할 수 있다.

⑨ **반품안심케어비용:** 반품안심케어 대상 주문건에 대한 발생 비용 및 보상금(배송비)을 확인할 수 있다.

⑩ **우대수수료 환급:** 신규 사업자에 대한 우대수수료율 소급 적용에 따라 환급 또는 회수된 내역.

(2) 부가세 신고 내역 조회하기

사업자판매자는 스마트스토어에서의 매출금액에 따른 부가세를 신고해야 한다. **정산관리 → 부가세 신고 내역**에서 과세매출금액에 따른 자료를 확인할 수 있다.

스마트스토어의 부가세 신고내역은 판매자의 편의를 위해 제공하는 자료이므로 참고용으로만 활용하면 된다. '동영상 교육보기'를 클릭하면 부가가치세 신고에 대한 자세한 내용을 알 수 있다.

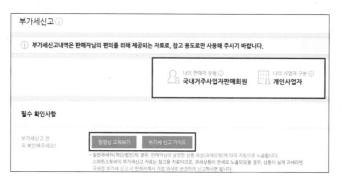

'나의 판매자 유형'은 스마트스토어 가입 시 입력한 정보가 나타난다. '사업자 구분'은 간이사업자, 개인사업자, 법인사업자로 구분된다. 개인판매자와 해외사업자 판매자는 사업자 구분 항목이 빈칸으로 나타난다. 만일 가입 후 판매자 유형이 변경되었다면 신고를 해야 한다(**판매자 정보 → 판매자 정보변경 → 정보변경 신청**).

'조회하기'의 '검색'을 통해 월별/월별 상세 내역 매출자료를 확인할 수 있고 엑셀 파일로 다운받을 수도 있다.

부가세 신고기간	과면세 구분		상세내역			
	과세매출금액	면세매출금액	신용카드 매출전표	현금영수증		기타
				소득공제	지출증빙	
합계	29,949,340	0	20,225,575	8,622,716	306,664	794,385
2019.08	13,808,290	0	9,258,509	4,049,746	49,984	450,051
2019.09	16,141,050	0	10,967,066	4,572,970	256,680	344,334

(3) 세금계산서 조회하기

정산내역 → 세금계산서 조회를 클릭하면 네이버에서 판매자에게 발행한 세금계산서를 확인할 수 있다. 이 세금계산서는 네이버페이 결제수수료 등 판매자가 스마트스토어에서 판매 활동을 하면서 네이버에 지불한 금액에 대한 전자세금계산서로, 네이버가 판매자에게 발행하는 것이다.(판매자가 발행하면 안 된다.) 매월 발행된 세금계산서는 판매자의 확인 여부와 상관없이 국세청으로 자동 전송 신고된다. **작성일자**나 **세금계산서 출력**을 클릭하여 출력할 수 있는 계산서는 전자서명이 된 것으로 거래 증빙자료로 사용할 수 있다.

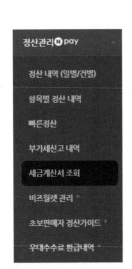

5 스타트 제로 수수료 프로그램

스타트 제로 수수료는 창업 초기 사업자에게 주문관리 수수료를 12개월간, 매출연동 수수료를 6개월간 무료로 지원하여 사업 안정화에 도움이 될 수 있도록 하는 프로그램이다.

스마트스토어센터의 **판매자 정보 → 판매자 지원 → 판매자 지원 프로그램**에서 조건을 확인하고 충족이 되면 신청할 수 있다.

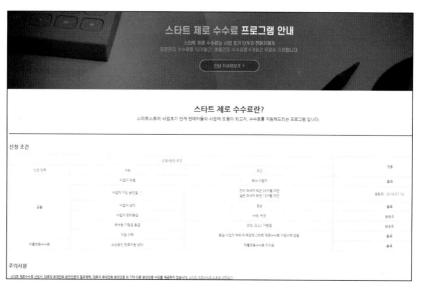

스타트 제로 수수료 프로그램		
신청 조건	사업자 유형	국내 사업자
	사업자 가입승인일	신청일 기준 일반과세자는 13개월 미만, 간이과세자 20개월 미만인 판매자(개인판매자에서 사업자 전환 시 개인판매자 가입일이 가입승인일 기준이 된다.)
	사업자 판매 등급	씨앗, 새싹
	국세청 가맹점 등급	연 매출 5억 원 이하인 영세, 중소1 사업자
유의사항		• 사업자만 신청할 수 있다. 개인판매자는 안 된다. • 하나의 사업자로 여러 개의 스토어를 운영하는 경우, 사업자 하위 전체 스토어가 신청 조건에 맞아야 신청할 수 있다. • 하나의 사업자로 여러 개의 스토어를 운영하는 경우, 1개 스토어만 신청할 수 있다. • 하나의 대표자가 여러 개의 사업자를 운영하는 경우, 1개 사업자의 1개 스토어만 신청할 수 있다. • 신청한 이후는 신청 내역을 변경하거나 신청을 취소할 수 없다.
지원 내용		• 매월 500만 원까지의 순결제 금액에 대해 최대 12개월간 주문관리 수수료 0% 적용 • 매출연동 수수료 최대 6개월간 0% 적용
신청 방법		스마트스토어센터 판매자지원프로그램 → 판매자 지원 프로그램에서 '스타트 제로 수수료 프로그램 안내'에서 신청/승인 조건 충족 여부를 확인한 후 신청하면 된다.

04 판매자 관리센터 살펴보기

스마트스토어에 가입하고 나면 판매자 관리센터인 스마트스토어센터에 로그인할 수 있다. 이곳에서 판매자는 상품등록, 주문확인, 배송처리 등 판매와 관련된 전반적인 일들을 하게 된다. 또 스토어 꾸미기와 상품 진열 등 스토어 설정에 관한 여러 가지 일들을 할 수 있다.

스마트스토어센터 화면 왼쪽에는 기본 메뉴가 있다. 메뉴를 클릭하면 하위 메뉴들이 나오는데, 누구나 어렵지 않게 운용할 수 있다. 여기서는 기본적이고 중요한 메뉴들 위주로 설명하도록 한다.

1 개인정보 관리

스마트스토어센터 우측 상단의 **'내정보'**를 클릭하면 '회원정보'가 나온다. '수정' 버튼을 클릭하여 이메일, 휴대폰 번호, 2단계 인증 정보를 변경할 수 있다.

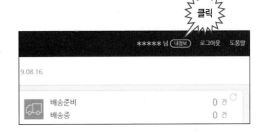

'서비스 정보' 탭에서는 권한 레벨을 확인할 수 있다. '이벤트·혜택 정보 수신 동의'에서 '동의'를 하면 네이버의 주요 공지사항을 받아볼 수 있다.

2 스토어 관리

스토어관리의 중분류 메뉴에는 **스토어 전시관리**, **스토어 설정**, **서비스 연결**이 있다. '스토어 전시관리'에는 '스마트스토어', '카테고리 관리', '쇼핑 스토리 관리', '쇼핑라이브 숏클립 등록' 등의 서브 메뉴가 있고, '스토어 설정'에는 '기본정보 관리', 'API 관리', 'SNS 설정' 서브 메뉴가 있다. '서비스 연결'에는 '쇼핑윈도 노출 신청', '네이버 서비스 연결', '가격비교 서비스 연결' 등의 서브 메뉴가 있다.(※ 2024년 4월 9일, 스마트스토어센터 메뉴 개편으로 유사한 성격의 메뉴는 통합, 이동되었다.)

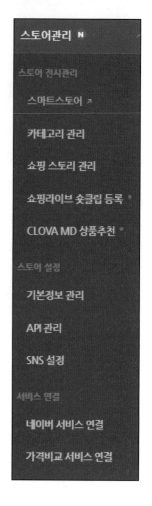

1) 스마트스토어

스토어 전시관리 메뉴는 내 스토어를 꾸미는 메뉴이다. 스마트스토어는 자체에서 스토어의 기본 레이아웃을 제공하여 사용자가 선택하도록 하고 있다. 사용자는 자신이 판매하는 상품과 스토어 콘셉트에 맞게 컬러 테마, 레이아웃, 컴포넌트 등을 설정할 수 있다.

스마트스토어센터에서 **스토어관리 → 스토어 전시관리 → 스마트스토어**를 클릭한다.

(1) 공통 관리

공통 관리에서 '컬러 테마'와 'PC GNB 위치'를 설정할 수 있다. 컬러 테마에서 스토어의 색상을 선택하면 화면에서 바로 스토어에 적용된 모습을 확인할 수 있다. 화면을 보면서 스토어의 성격에 어울리는 색상을 선택하면 된다. 'PC GNB 위치'에서는 메뉴 영역을 어디에 위치시키느냐에 따라 '상단형'과 '좌측형'을 선택할 수 있다. 상단의 뷰 모드 버튼에서 '모바일', 'PC', '전체보기'를 선택하면서 실제로 적용된 화면을 미리 볼 수 있다.

설정을 한 후에는 '전체 적용하기' 버튼을 클릭하면 된다.

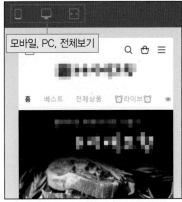

(2) 컴포넌트 관리

컴포넌트의 세부 내용을 관리하는 곳이다. 설정을 한 후에는 '전체 적용하기' 버튼을 클릭하면 된다. 화면 왼쪽의 컴포넌트 메뉴는 드래그 앤 드롭(Drag & Drop)으로 위치를 이동할 수 있다.

스토어 이름: '로고형'과 '텍스트형'을 선택하여 설정할 수 있다.

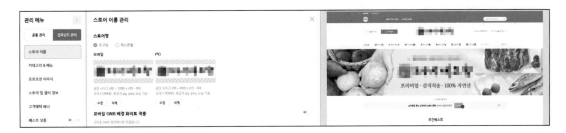

카테고리 & 메뉴: 스토어의 카테고리와 메뉴를 설정할 수 있다. 설정한 메뉴는 '스토어관리 → 스토어 전시관리 → 카테고리 관리' 메뉴에서 확인할 수 있다. 메뉴 관리, 공지사항, 판매자 정보 등 기본 메뉴의 관리 및 기획전, 묻고 답하기, 쇼핑스토리, 리뷰이벤트 등 메뉴의 관리 및 활성화 여부를 설정할 수 있다.

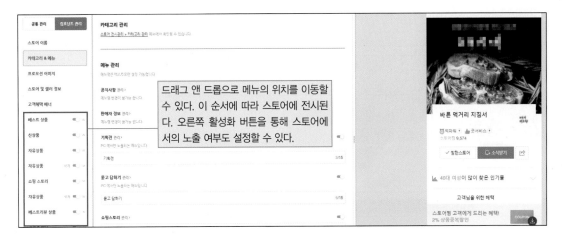

프로모션 이미지: 프로모션 배너 이미지를 등록하는 곳이다. 오늘만 무료배송, 오늘만 특가, 할인상품 모음전 등 프로모션이 있을 때 배너 이미지를 만들어 등록하면 스토어 상단에 프로모션 이미지가 나타난다. 최대 10개까지 설정할 수 있고, 지정한 순서에 의해 배너가 롤링으로 보여진다.

프로모션 이미지 영역은 스토어 최상단 중앙에 노출되기 때문에 이곳에 주력 상품의 대표이미지를 넣어도 되고, 스토어 홍보 이미지 등 가장 알리고 싶은 이미지를 넣어 효율적으로 사용할 수 있다.

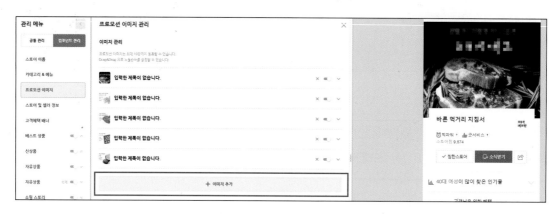

① +이미지 추가 버튼을 클릭하여 모바일 이미지(권장 사이즈 750×600), PC 이미지(권장 사이즈 1920×400)를 등록한다.

② 이미지 링크에서 '상품' 'url', '링크없음'을 선택할 수 있다. 이렇게 상품과 URL을 지정하면 스토어에 롤링되는 이미지를 클릭하면 해당 상품이나 URL로 이동하게 된다. 스토어 최상단에 설정한 프로모션 배너가 전시된다.

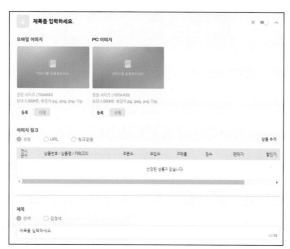

설정한 순서대로 프로모션 이미지가 롤링된다.

스토어 및 셀러 정보: Today 방문자수, Total 방문자수, 스토어 데이터랩, 스토어 등급의 노출 여부를 설정할 수 있다. 내 스토어 정보를 노출시키지 않으려면 비활성화(OFF)하면 된다.

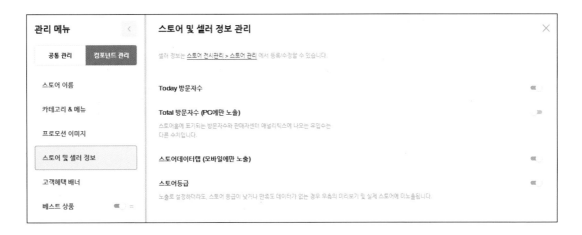

베스트 상품: 베스트 상품을 관리하는 곳이다. '제목'과 '썸네일 타입'을 설정할 수 있고, '노출 방식'에서 노출 유형을 4개 또는 1개를 선택할 수 있다. '기본 유형'을 실시간 베스트, 일간 베스트, 주간 베스트, 월간 베스트 중에서 선택할 수 있다. 선택한 기간별 베스트 상품이 최대 4개까지 자동 선정되어 전시된다. 'PC GNB 위치'를 '좌측형'으로 설정한 경우는 상위 3개 상품만 전시된다. 전시 상품은 선택된 기준으로 자동추출되며, 수동으로 선정할 수 없다. 원하는 상품을 자유롭게 선정하고 정렬하려면 '자유상품' 컴포넌트를 이용하면 된다.

내 스토어의 '베트스 상품' 정보를 노출하고 싶지 않으면 메뉴를 비활성화(OFF)하면 된다.

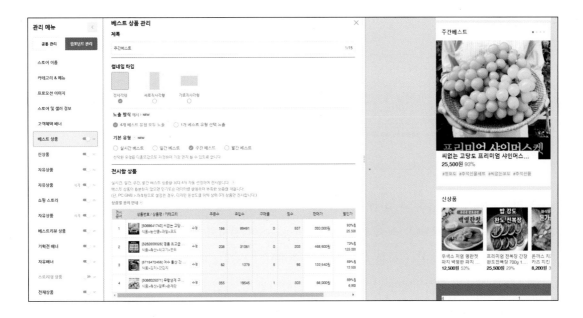

신상품: 최신등록순으로 상품을 자동선정하여 정렬한다. 전시상품은 자동추출되며, 수동으로 선정할 수 없다.

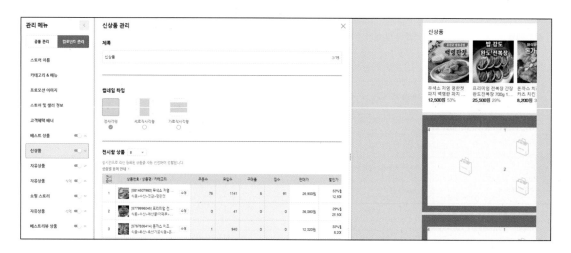

자유상품: 셀러가 원하는 상품을 전시할 수 있도록 설정하는 곳이다. '제목'과 '디자인 유형'을 입력하고, 상품관리에서 전시할 상품을 선택하면 된다.

베스트리뷰 상품: '자동등록'과 '직접등록'이 있다. 자동등록은 평점 기준으로 상위 상품을 최대 6개 추출하여 자동으로 전시한다. 최소 4개 상품이 선정되어야 전시되며, 3개 이하이면 영역 전체가 노출되지 않는다. 직접등록은 원하는 상품을 직접 추가하고 드래그 앤 드롭으로 순서를 변경할 수 있다. 최소 4개 상품이 선정되어야 전시되며, 3개 이하이면 영역 전체가 노출되지 않는다. 평점이 3점 미만인 상품은 자동으로 노출 제외된다.

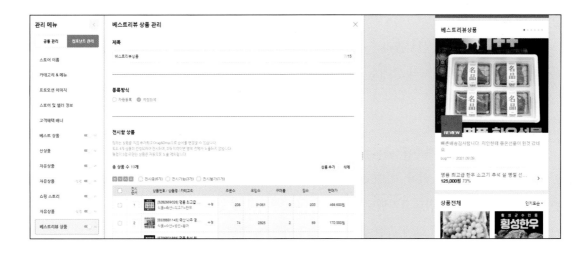

기획전 배너: '프로모션 관리 → 기획전 관리'에서 등록한 기획전이 자동으로 노출된다.

자유배너: 자유 배너는 주요 상품이나 이벤트 등 마케팅 배너로 활용할 수 있는 배너이다. 1개만 설정할 수 있다. 배너 이미지를 등록하고 상품 추가를 통해 관련 상품을 추가하거나 링크를 걸면 된다.

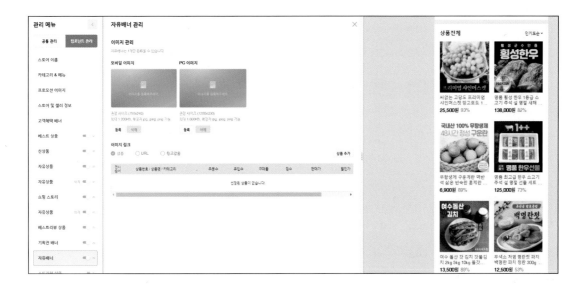

전체상품: 전체상품을 인기도순, 최신등록순, 낮은 가격순, 높은 가격순, 할인율순, 누적 판매순, 리뷰 많은순, 평점 높은순 등으로 지정하여 전시할 수 있다. 선택한 상품 선정기준과 전시할 상품 개수에 따라 자동으로 선정하여 정렬된다.

푸터: 스토어 로고 이미지를 등록할 수 있다. PC홈 하단에 노출된다. 이미지 권장 사이즈는 (30~660)×(30~30) 픽셀, 용량은 2,000KB 이하, jpg, jpeg, png 이미지여야 한다.

+컴포넌트 추가: '자유상품', '자유배너' 등 컴포넌트를 추가할 수 있다. 각 컴포넌트는 최대 5개까지 추가할 수 있다.

2) 카테고리 관리

스토어관리 → 스토어 전시관리 → 카테고리 관리를 클릭하면 스토어의 상품 카테고리 전시 방식을 설정할 수 있다. '카테고리 그대로 전시'와 '나만의 카테고리 전시' 방식이 있다.

(1) 카테고리 그대로 전시

상품등록 시 지정한 대분류/중분류/소분류/세분류에 따라 자동으로 해당 카테고리에 등록된다. 카테고리명은 변경할 수 없다. 카테고리의 이동은 이동하고자 하는 대분류, 중분류를 선택하고 이동 버튼을 클릭하면 된다. 카테고리별로 '정렬 순서'와 '전시타입'을 설정할 수 있다. 대분류의 정렬 순서, 전시타입을 설정하면 그에 속한 중분류의 설정이 함께 변경된다.

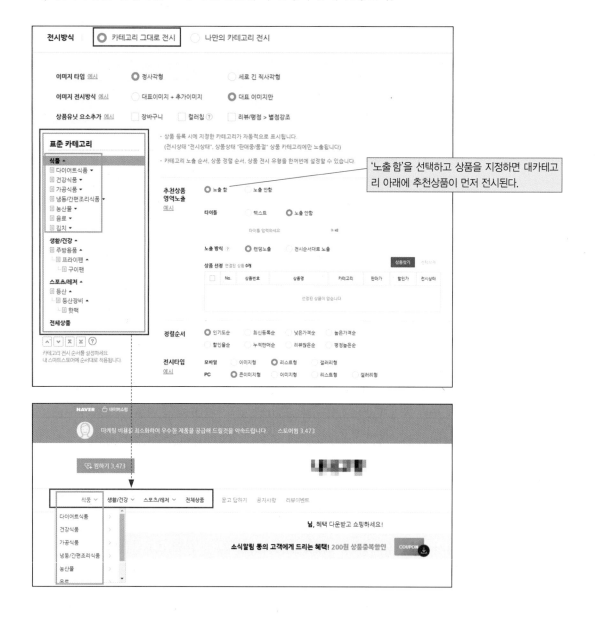

(2) 나만의 카테고리 전시

판매자가 직접 만든 카테고리에 상품 카테고리를 연결하여 전시하는 것이다. 상품등록 시 설정한 카테고리와 상관없이 판매자가 원하는 대로 분류를 하고 카테고리명을 변경할 수 있으며, 카테고리명을 이미지로 디자인하여 노출할 수도 있다.

이 방법은 이벤트 등 특정 테마에 따라 카테고리를 만들어 상품을 보여줄 수도 있다는 장점이 있다. 예를 들어 '겨울 핫 아이템'이라는 카테고리를 만들어 여기에 장갑, 목도리, 난로, 난방텐트, 크리스마스 트리 등 겨울 시즌 관련 상품만을 전시할 수 있다.

1. '나만의 카테고리 전시'를 선택한 후 **카테고리 추가**를 클릭한다. 카테고리명을 입력하고 **저장**을 클릭한다.

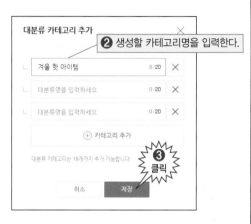

2. 카테고리명이 생성되었다. '상품 연결'은 카테고리 단위로 할 수도 있고 개별상품 단위로 연결할 수도 있다. **상품찾기**를 클릭하여 상품을 연결한다.

추천상품을 노출하고자 할 때는 '노출 함'을 선택한 후 **상품찾기**를 통해 추천상품을 설정해주고 **적용하기**를 클릭하면 된다.

3. 내 스토어에 설정한 카테고리명이 생성되었다. 카테고리명을 클릭하면 설정한 대로, 추천상품이 먼저 나오고, 그 아래로 상품이 전시된다.

3) 쇼핑 스토리 관리

'쇼핑 스토리'는 내 스토어의 새로운 소식이나 현장 이야기, 상품 상세에 다 보여주지 못한 이미지와 사용 정보 등을 전달할 수 있는 공간이다. 의류 판매자는 데일리, 시즌별, 아이템별 코디 세트를 스토어 상품으로 구성하여 코디 추천을 할 수도 있고, 식품 판매자는 판매 식품으로 요리할 수 있는 레시피 등을 올려 쇼핑 스토리를 꾸밀 수 있다. 이 밖에 인테리어, 상품 사용법 등 판매자의 상품과 관련되는 스토리를 올리면 차별화된 스토어를 꾸밀 수 있다. '새 쇼핑 스토리 등록' 버튼을 클릭하여 관련 상품을 설정하면 '컴포넌트 관리'에서 설정한 위치의 '쇼핑 스토리' 항목에 전시된다.

4) 쇼핑라이브 숏클립 등록

스토어관리 → 스토어 전시관리 → 쇼핑라이브 숏클립 등록 → 스토어를 선택하고 '관리 페이지로 이동' 버튼을 클릭하면 '쇼핑라이브 컨텐츠 관리' 화면이 나온다. '라이브 등록', '새 라이브 예고 페이지 등록' 등을 할 수 있는 쇼핑라이브 관리툴이다. 예고 페이지는 라이브 방송에 관한 소개 페이지로 라이브 '알림받기'와 사전 이벤트, 라이브에서 제공되는 각종 혜택 안내를 담을 수 있다. 예고 페이지는 '쇼핑라이브 웹 관리툴(https://tool.shoppinglive.naver.com/)'에서도 할 수 있다.

숏클립은 최대 2분 가량의 짧은 라이브 영상 콘텐츠이다. 숏클립을 등록하여 상품과 연동하면 상품상세 대표이미지 영역에 숏클립을 노출할 수 있다.

5) 스토어 기본정보 관리

스토어관리 → 스토어 설정 → 기본정보 관리를 클릭한다.

① **스토어명:** 가입 시 입력했던 스토어명이 나타난다. 스토어명은 1회만 수정이 가능하다. 스토어명은 내 쇼핑몰의 이름이자 브랜드이니 심사숙고하여 꼭 필요하다고 판단될 때 변경하기 바란다. 한번 변경하고 나면 [변경] 버튼은 사라진다.

② **스토어 대표이미지:** 내 스토어를 말해주는 간판과 같은 것으로, 주로 회사의 로고나 대표상품 이미지를 등록한다. 이미지의 수정은 담당 부서의 검수가 완료되어야 변경된다(1~2영업일 소요).

　　• 스토어 프로필 화면과 네이버쇼핑 검색 시 노출된다.

　　• 이미지 크기는 최소 160*160 이상, 가로 세로 정비율 이미지만 등록할 수 있다. 권장 사이즈는 가로 1300px 이상이며, 최대 20MB까지 가능하며, 파일 형식은 jpg, jpeg, gif, png만 가능하다.

③ **스토어 소개:** 스토어에 대한 간략한 소개글로 한글은 50자, 영문은 150자까지 가능하다. 입력란을 클릭하여 직접 입력하고 '저장'을 누르면 변경된다.

④ **스토어 URL:** 가입 시 입력한 URL이 나타나 있다. 개인도메인을 사용하고자 한다면 선택하고 직접 입력하면 된다.

⑤ **고객센터 전화번호:** 고객의 문의를 받는 전화번호로, 인증을 받아야 한다.

　　• 고객센터 전화번호는 스마트스토어/쇼핑윈도 판매자정보와 쇼핑윈도 INFO에 상시 노출되고, 구매자 결제내역의 '주문상세정보'에도 노출된다.

3 판매자 정보

'판매자 정보'에서는 판매자 정보를 설정 및 수정할 수 있다. 매니저 관리, 판매자 등급, 사업자 전환, 판매자 지원 프로그램, 공지사항 등의 메뉴가 있다.

1) 판매자 정보

판매자 정보 → 판매자 관리 → 판매자 정보를 클릭한다.

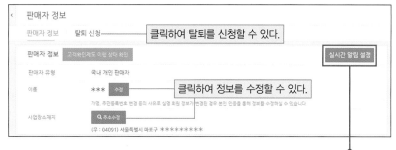

[**실시간 알림 설정**]을 클릭하고 **이동하기**를 클릭하면 판매자 '판매자 모바일 알림 설정' 팝업창이 뜬다. **수정** 버튼을 클릭해 알림을 설정하고 **저장**하면 된다.

'SMS 알림 수신 설정'을 선택하고 '주문 및 고객 문의'를 설정하면 10분 간격으로 주문, 취소, 교환, 반품건을 취합하여 알려주며, 주문내역의 '판매자 문의하기'는 실시간으로 알려준다. '에티켓 모드'는 21시부터 다음 날 09시까지는 알림이 전송되지 않으며, 이 시간 동안 발생한 주문내역은 오전 9시에 취합하여 알려준다. SMS 알림은 판매자 정보에 설정된 담당자의 휴대폰번호로 발송된다.

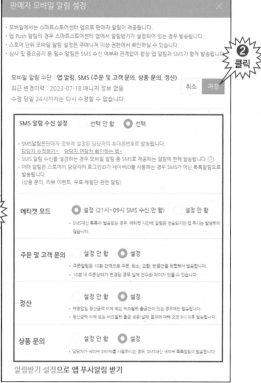

[정산정보]에서는 수령방법 및 입금계좌를 변경할 수 있다. '네이버페이 비즈월렛'은 정산대금을 예치금으로 쌓아두고 필요할 때 통장으로 인출하는 것이다.

[배송정보]에서는 **주소록**을 클릭하여 출고지와 반품/교환지를 신규 등록할 수 있고, 기존 주소지의 정보를 수정, 삭제할 수 있다.

2) 정보변경 신청 – 스토어 추가하기

　스마트스토어 운영자는 조건이 충족되면 추가 스토어 개설을 요청할 수 있다. 기존 보유 중인 계정을 포함하여 총 3개까지 보유할 수 있다. 기본적으로 사업자 회원에게만 주어지는 기능이기 때문에 개인판매자에게는 메뉴가 나타나지 않는다.

1. 판매자 정보 → 판매자 정보변경 → 정보변경 신청을 클릭한 후 **스마트스토어 추가**를 클릭한다.

2. 팝업창이 뜨면서 조건 충족 여부가 표시된다. 모든 조건이 충족되면 **스마트스토어 추가 요청**을 클릭한다. 기존 계정과 소분류 카테고리가 다른 경우만 허용된다.

 Tip 스마트스토어 계정 추가 요건

추가 계정을 개설하기 위해서는 다음의 조건을 만족해야 하는데, 기존 계정과 상품군(소분류 카테고리 기준)이 다른 경우에만 허용한다. 스토어 추가는 2개까지 할 수 있어, 사업자 판매자라면 기존 것을 포함하여 총 3개까지 스토어를 운영할 수 있다.

① [회원가입일자] 회원가입일로부터 6개월 이상
② [매출액] 최근 3개월 총매출액 기준 금액 800만 원 이상
③ [판매만족도] 최근 3개월 구매만족 기준 4.5점 이상
④ [징계여부] 최근 3개월간 이용정지 이력이 없어야 하며, 이용정지 계정 또한 존재하지 않아야 함.

3. 회원정보에서 답변받을 이메일 주소와 답변 알림 요청 전화번호를 입력한다. '문의 유형'을 선택하고 '문의 내용'에서 추가할 스토어 정보를 입력한다. 그리고 **문의하기**를 클릭한다. 그러면 심사가 진행된 후 이용 여부에 대한 답변이 온다.

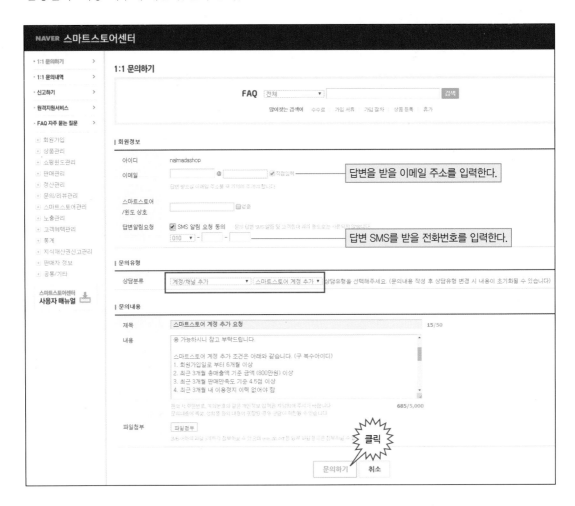

3) 판매자 등급

판매자 정보 → 판매자 관리 → 판매자 등급을 클릭하면 나의 '판매자 등급'과 '굿서비스', '구매자 평점', '페널티 점수' 등을 확인할 수 있다.

(1) 판매자 등급

판매자 등급은 '씨앗'부터 최고 등급인 '플래티넘'까지 총 6단계가 있다. 등급을 결정하는 필수조건인 '판매건수'와 '판매금액'의 산정 기준은 **최근 3개월간(1일~말일) 구매확정 건**을 기준으로 한다. 예를 들어 4월달의 등급은 1월 1일~3월 31일까지 구매확정된 건으로 산정하여 결정한다. 등급 업데이트는 매월 2일 00시에 된다.

판매건수 및 판매금액은 기간 동안 구매확정된 것에서 취소 및 부정거래 건은 제외한 것으로 산정한다. 판매건수는 수량에 관계없이 하나의 상품주문번호를 1건으로 집계하고, 추가상품은 제외된다. 판매금액은 수수료가 포함된 결제금액(즉시할인 등 혜택이 제외된 실제 결제금액)을 말하며, 일반상품과 추가상품을 포함하며, 배송비는 제외된다.

쇼핑윈도는 연결된 스마트스토어의 등급이 그대로 적용된다.

판매자 등급 아이콘은 '쇼핑 검색 목록'과 '스마트스토어 셀러 정보', '쇼핑 윈도 스토어 정보'에 노출되는데, '새싹'과 '씨앗' 등급은 등급명 및 아이콘이 노출되지 않는다.

플래티넘, 프리미엄은 굿서비스 조건을 충족할 경우 부여되며, 불충족 시 빅파워 등급으로 부여된다.

등급표기		필수조건		
등급명	아이콘 노출	판매건수	판매금액	굿서비스
플래티넘	🛡️	100,000건 이상	100억원 이상	조건 충족
프리미엄	🏅	2,000건 이상	6억원 이상	조건 충족
빅파워	🏅	500건 이상	4천만 이상	-
파워	🏅	300건 이상	800만원 이상	-
새싹	-	100건 이상	200만원 이상	
씨앗	-	100건 미만	200만원 미만	

(2) 상품의 등록 한도 수

판매자 등급에 따라서 판매할 수 있는 상품수가 제한된다. 네이버에서는 대량등록 시스템을 이용하여 무작위로 상품을 올리는 판매자들로 인한 폐해를 막고자 2019년 4월부터 등급별로 상품한도 수를 조정하였다. 이는 양질의 스토어를 운영하고자 하는 네이버의 정책으로 보면 된다.

상품한도 수를 초과하면 신규 등록이 되지 않기 때문에 이때는 기존 상품을 삭제하거나 판매 중지로 변경한 후 신규 등록을 해야 한다. 만일 5만 개를 등록해서 판매하고 있던 '파워' 등급 셀러가 달이 바뀌면서 '새싹'으로 등급 하향이 되었다면, 상품을 1만 개 미만으로 삭제 또는 판매 중지로 변경한 후 신규 상품을 등록할 수 있다.

등급명	판매건수 (최근 3개월 누적)	판매금액 (최근 3개월 누적)	상품등록 한도 수
플래티넘	100,000건 이상	100억 원 이상	
프리미엄	2,000건 이상	6억 원 이상	
빅파워	500건 이상	4천만 원 이상	5만 개
파워	300건 이상	800만 원 이상	
새싹	100건 이상	200만 원 이상	1만 개
씨앗	100건 미만	200만 원 미만	

※ 상품수: 상품번호(판매중/판매대기) 기준

(3) 굿서비스

굿서비스는 최소 판매건수 20건 이상인 판매자를 대상으로, 선정 기준을 모두 충족하는 판매자에게 부여된다. 전월 1개월(1일~말일)을 기준으로 산정하며, 매월 2일에 업데이트된다.

굿서비스 아이콘은 검색 결과 및 스마트스토어의 판매자 정보에 노출되며, 구매자의 구매결정에 도움을 주는 요소이다.

Tip 굿서비스 선정 기준

① 구매만족: 리뷰 평점 4.5 이상
② 빠른 배송: 결제완료 후 영업일 2일 이내 배송완료가 전체 배송건수의 80% 이상
   * 배송완료 계산방법: 결제완료일로부터 2영업일 이내 배송완료(또는 구매확정)된 상품주문번호의 건수/배송완료(또는 구매확정)된 상품주문번호의 건수×100
③ CS 응답[(답변문의건/전체문의건)×100]: 고객문의 1일 이내 응답률 90% 이상(판매자 문의 기준, 상품 문의 제외)
④ 판매건수: 최소 판매건수 20건 이상(구매확정 상품주문번호 기준, 직권취소 제외)

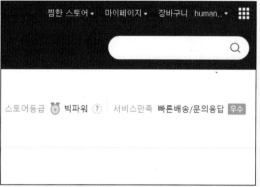

굿서비스의 일부 조건만 만족할 경우 '서비스 만족'으로 표기되면서 우수 항목을 보여준다.

(4) 전체 구매자 평점

실제로 상품을 구매한 구매자들의 평가를 나타내는 '구매자 만족도'이다. 굿서비스 자격을 얻기 위해서는 평균 구매 평점이 4.5점 이상이 되어야 한다.

전체 구매자 평점	
4.69점 ★★★★★ 평균 구매 평점	
전체 평가 건수	950 건
5점	80% (758건)
4점	12% (117건)
3점	6% (58건)
2점	1% (14건)
1점	0% (3건)

(5) 판매관리 프로그램

스마트스토어는 판매자와 구매자 간의 건전하고 안전한 전자상거래를 위하여 판매관리 프로그램을 운영하고 있다. 소비자의 권익을 해칠 수 있는 판매 활동이 확인되는 경우 '판매관리 페널티'가 부여되며, 점수가 누적되면 단계적으로 제재를 받게 되어 서비스 이용제한 또는 계약이 해지될 수 있다. '고의적 부당행위'가 발견될 경우에도 규제가 진행된다.

판매관리 프로그램 페널티 정책		
판매 페널티	제재 단계	점수조회
3점 / 1%	-	기간별 페널티 조회

성장지원포인트 산정 기준 성장지원포인트 프로그램 안내 포인트 확인			
최근 3개월 평균 거래액	사업단계	지급 포인트	월별 거래액
-	-	-	월별 거래액 조회

판매관리 페널티

발송지연, 품절, 클레임 처리 지연 등 판매 활동이 원활하게 이루어지지 않을 경우에 부과되는 것으로 최근 30일 동안 부여된 페널티를 기준으로 이용 제재를 한다.

▶ 판매관리 프로그램 페널티 부과 기준

항목	상세 기준	페널티 부여일	발송유형별 페널티 점수		
			일반배송	오늘출발	정기구독
발송처리 지연	발송유형별 발송처리기한까지 미발송 (발송지연 안내 처리된 건 제외)	발송처리기한 다음 영업일에 부여	1점	1점	1점
	발송유형별 발송처리기한으로부터 4영업일 경과 후에도 계속 미발송 (발송지연 안내 처리된 건 제외)	발송처리기한 +5영업일에 부여	3점	3점	3점
	발송지연 처리 후 입력된 발송예정일로부터 1영업일 이내 미발송	발송예정일 다음 영업일에 부여	2점	3점	3점
품절 취소	취소 사유가 품절	품절 처리 다음 영업일에 부여	2점	2점	3점
반품처리 지연	수거 완료일로부터 3영업일 이상 경과	수거완료일 +4영업일에 부여	1점	1점	1점
교환처리 지연	수거 완료일로부터 3영업일 이상 경과	수거완료일 +4영업일에 부여	1점	1점	1점

- 발송처리 지연 페널티는 발송처리기한 1영업일, 4영업일 경과 일수에 따라 점수가 중복 부과된다.
- 발송 기한 내에 발송 처리가 어려운 경우에는 '발송지연 안내' 처리를 반드시 진행해야 한다.
- 기한 내 반품/교환 처리가 불가한 경우, 보류 설정을 해야 한다.

▶ 발송처리기한과 페널티 예시

발송유형별 발송처리기한은 상이하게 설정된다.

- 일반 발송 상품: 결제완료일로부터 3영업일
- 오늘 출발 상품: 오늘출발 결제시한까지 결제 시 오늘이 발송처리기한
  오늘출발 결제시한 후에 결제완료 시 내일이 발송처리기한

	월(2/1)	화(2/2)	수(2/3)	목(2/4)	금(2/5)	토(2/6)	일(2/7)	월(2/8)	화(2/9)	수(2/10)	목(2/11)
일반 출발 상품	결제완료일			발송처리기한	발송지연 페널티 +1점					발송처리기한 +4영업일	발송지연 페널티 +3점
				미발송							
오늘 출발 상품	결제시한까지 결제완료 발송처리기한	발송지연 페널티 +1점			발송처리기한 +4영업일			발송지연 페널티 +3점			
	미발송										
	결제시한 후 결제완료	발송처리기한	발송지연 페널티 +1점					발송처리기한 +4영업일	발송지연 페널티 +3점		
	미발송										

▶ 판매관리 페널티 단계별 제재

최근 30일간 판매관리 페널티 점수가 10점 이상이며, 판매관리 페널티 비율(판매관리 페널티 점수의 합/결제건수의 합)이 40% 이상인 경우에는 적발 횟수에 따라 단계별로 판매 활동이 제한된다.

1단계: 주의 ▶ 2단계: 경고 ▶ 3단계: 이용제한

1단계: 주의

- 최근 30일 동안 페널티 점수의 합이 10점 이상이며, 판매관리 페널티 비율(판매관리 페널티 점수의 합/결제건수의 합)이 40% 이상이 최초로 발생된 상태

2단계: 경고

- '주의' 단계를 받은 판매자 중 최근 30일 동안 페널티 점수의 합이 10점 이상이고, 판매관리 페널티 비율(판매관리 페널티 점수의 합/결제건수의 합)이 40% 이상인 경우 '경고'를 받게 된다. 경고 단계를 받은 날로부터 7일간 신규 상품 등록이 금지된다.

3단계: 이용제한

- '경고' 단계를 받은 판매자 중 최근 30일 동안 페널티 점수의 합이 10점 이상이고, 판매관리 페널티 비율(판매관리 페널티 점수의 합/결제건수의 합)이 40% 이상인 경우 '스마트스토어 이용정지' 처리되어 판매 활동 및 정산이 제한된다.

4) 매니저 관리 - 매니저 초대하기

매니저 초대하기 기능을 통해 직원이나 다른 사람에게 스토어를 관리할 수 있는 권한을 부여할 수 있다. 이렇게 하면 굳이 스토어의 아이디와 패스워드를 공유하지 않아도 여러 명이 하나의 스토어를 관리할 수 있다.

1. 판매자 정보 → 판매자 관리 → 매니저 관리를 클릭한 후 **매니저 초대** 버튼을 클릭한다.

2. '초대하기' 화면에서 초대할 사람의 이름과 휴대폰 번호를 입력하고 **확인**을 클릭한다. 그러면 초대된 사람의 휴대폰으로 초대 링크 문자 메시지가 간다. 이 링크를 클릭하여 스마트스토어 ID를 발급받아야 부매니저로 활동이 가능하다. (스마트스토어 ID는 사업자가 아닌 개인으로 등록 가능하다.)

[매니저 권한별 접근 권한]

- **통합 매니저, 계정 주매니저:** 상품관리, 쇼핑윈도 관리, 판매관리, 정산관리, 문의/리뷰관리, 스토어 전시관리, 혜택관리, 통계, 판매자정보 등 모든 메뉴 관리와 접근 가능.
- **계정 부매니저:** 상품관리, 문의/리뷰관리, 스토어 전시관리 가능. 판매자 정보 메뉴 부분 허용.

▶ 초대받은 사람의 진행 과정

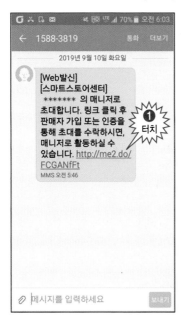

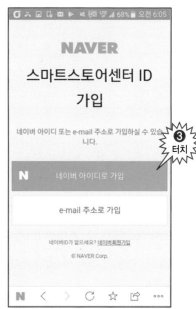

3. 이렇게 하면 초대받은 사람은 자신의 네이버 ID로 초대받은 스마트스토어에 로그인하여 스토어를 운용할 수 있다.

만일 초대받은 사람이 로그인하는 네이버 ID로 자신의 스마트스토어를 가지고 있다면 자신의 스마트스토어에 **'스토어 이동'**이라는 버튼이 생긴다. 이것을 클릭하면 초대된 스토어로 들어갈 수 있다. 이렇게 매니저 초대하기 기능을 통해 별도의 로그인 없이 여러 스토어를 편리하게 관리할 수 있다.

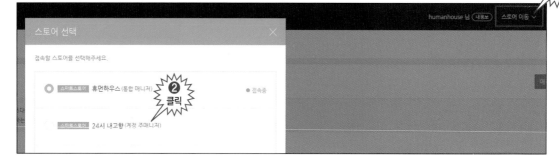

5) 사업자 전환하기

처음에 개인으로 가입을 하였더라도 매출이 늘어나고 규모가 커지면 사업자로 전환해야 한다. 온라인에서 판매를 하는 사람은 '통신판매업 신고'를 해야 하는데, 이때 사업자등록증이 필요하다.

사업자등록 없이 개인판매자를 유지할 경우 세금계산서의 교부가 불가능하며, 관련 매입세액을 공제받을 수 없다. 또 「조세범처벌법」 등 관련법규에 따라 가산세 부담 등의 불이익을 당할 수 있으니, 어느 정도의 규모가 되면 사업자로 전환하는 것이 좋다. 그리고 무엇보다 고객들은 개인판매자보다는 사업자 판매자를 더 신뢰한다.

1. 판매자 정보 → 판매자 정보변경 → 사업자 전환을 클릭한다. 사업자 정보와 배송·정산 정보를 입력한다. 통신판매업 신고를 하지 않았다면 '통신판매업 미신고'를 선택한다.

 Tip 통신판매업 신고

온라인에서 물건을 판매하는 사업자는 「전자상거래등에서의 소비자보호에 관한 법률」에 따라 통신판매업 신고 의무가 있다. 통신판매업 신고가 완료되면 '통신판매업 신고번호'를 스마트스토어센터의 판매자 정보 → 판매자 정보변경 → 정보변경 신청에서 등록하면 된다.

※ 통신판매업 신고 면제 기준에 대한 고시 [시행 2020. 7. 29.] [공정거래위원회고시 제2020-11호, 2020. 7. 29. 일부개정]
　제2조(통신판매업 신고 면제 기준): ① 직전년도 동안 통신판매의 거래횟수가 50회 미만인 경우
　　　　　　　　　　　　　　　② 「부가가치세법」 제2조제4호의 간이과세자인 경우
　　　　　　　　　　　　　　　(①, ② 중 하나만 해당되면 면제 대상이다.)

※ 스마트스토어의 경우 간이사업자가 통신판매업 신고를 진행하지 않을 경우 사업자 회원으로 신규가입 및 사업자 회원으로 전환이 불가할 수 있다.

2. 사업자등록증, 통장 사본, 통신판매업 신고증 등 관련 서류를 이미지 파일(JPG, JPEG, GIF, PNG) 형식으로 만들어 업로드하고 **신청**을 클릭하면 된다.

3. 이렇게 신고를 한 후 **판매자 정보 → 판매자 관리 → 판매자 정보**에 가면 **구매안전서비스 이용확인증** 버튼이 생성된 것을 확인할 수 있다. 이것을 클릭하여 '구매안전서비스 이용확인증'을 출력하여 통신판매업 신고 시 제출하면 된다.

4 공식 블로그와 교육 프로그램

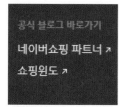

공식 블로그 바로가기
네이버쇼핑 파트너 ↗
쇼핑윈도 ↗

네이버쇼핑 파트너와 **쇼핑윈도** 공식 블로그에서는 기획전, 프로모션 등 판매 활동에 관한 다양한 정보를 얻을 수 있고, 제안서를 제출할 수 있다.

블로그에서 제안하는 이러한 무료 행사에 제안서를 제출하여 선정이 되면 네이버쇼핑 메인에 상품을 무료로 노출할 수 있다.

네이버쇼핑 공식 블로그

네이버 쇼핑윈도 공식 블로그

교육 프로그램 바로가기
온라인 교육 ☑
쇼핑 라이브 교육 ☑

온라인 교육, 쇼핑 라이브 교육에서는 스마트스토어 창업 및 운용에 관한 다양한 교육 프로그램이 있으니 스마트스토어를 처음 시작하는 사람은 신청을 하여 들어보면 많은 도움을 받을 수 있다.

네이버 비즈니스 스쿨

5 / 노출 관리

1) 노출 서비스 관리 설정하기

　　스토어관리 → 서비스 연결 → 네이버 서비스 연결을 클릭하면 '네이버 쇼핑', '네이버 톡톡', '웹사이트 검색등록'을 설정할 수 있다. 이 세 가지 서비스는 판매자라면 기본적으로 '사용함'으로 설정해 놓는 것이 좋다.

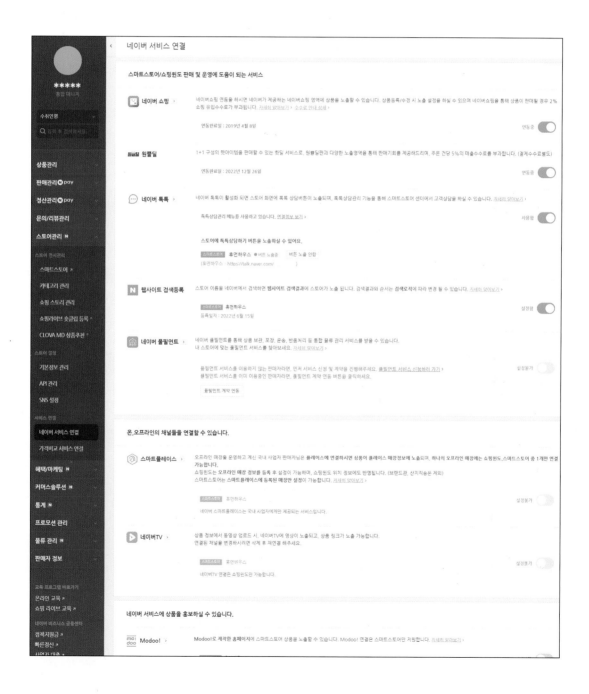

(1) 네이버 쇼핑

네이버 쇼핑을 '사용함'으로 설정해놓아야 통합검색의 '네이버쇼핑' 영역에 상품이 노출된다. '사용함'으로 설정하여 네이버쇼핑 연결이 완료되면, 상품등록이나 수정 시 '가격비교 사이트 등록' 항목에서 필요에 따라 상품을 개별적으로 노출 설정을 할 수 있다.

만일 연동을 '사용안함'으로 하면, 네이버쇼핑 검색 결과에 상품이 노출되지 않으므로 판매를 기대하기 어렵다. 검색에 노출되지 않는다면 고객이 내 상품명이나 스마트스토어 주소를 치고 들어오거나 외부 링크를 타고 들어와야 되는데, 그런 일이 얼마나 있겠는가? 그러니 물건을 판매할 생각이라면 반드시 '사용함'으로 설정해야 한다.

고객들의 네이버쇼핑 검색 결과에 상품이 노출되고, 이것을 클릭하여 판매로 이어지면 결제금액의 2%에 해당하는 금액이 네이버쇼핑 매출연동 수수료로 부과된다.

(2) 원쁠딜

원쁠딜은 1+1 구성의 핫아이템을 판매할 수 있는 핫딜 서비스로, 원쁠딜판과 다양한 영역에 노출된다. 모든 상품이 1+1, 1+@로 구성되어야 하고, 모든 상품이 무료배송 상품이어야 제안할 수 있다. 원쁠딜에 제안하기 위해서는 여기서 먼저 '연동중'으로 설정해야 한다.

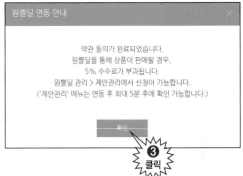

(3) 네이버 톡톡

네이버 톡톡은 판매자와 구매자가 간 실시간 채팅 서비스이다. 스마트스토어에서 상품을 보다가 궁금한 것이 있으면 고객은 톡톡으로 판매자에게 문의를 할 수 있고, 답변을 얻을 수 있다. 이렇게 실시간으로 고객 응대가 이루어지면 고객의 구매 결정에 긍정적인 영향을 끼칠 수 있기 때문에 특별한 경우가 아니라면 '사용함'으로 설정해놓아야 한다.

이 기능은 카톡과 달리 '친구추가'를 하지 않아도 채팅이 가능하기 때문에 누구나 부담 없이 궁금한 점을 판매자에게 문의할 수 있다. 톡톡이 활성화되면 스토어 화면에 '톡톡문의' 버튼이 활성화되며 '톡톡상담관리' 메뉴에서 고객과 톡톡 상담을 할 수 있다.

톡톡 상담하기 버튼을 노출/노출 안함으로 설정할 수 있다. '버튼 노출 안함'으로 설정하면 '톡톡문의' 버튼이 나타나지 않는다.

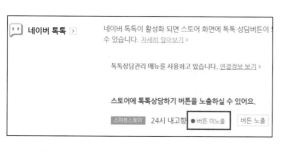

(4) 다른 아이디로 톡톡 설정하기

1. 다른 아이디로 톡톡을 설정하려면 **스토어관리 → 서비스 연결 → 네이버 서비스 연결 →** '네이버 톡톡' 항목의 **연결정보 보기**를 클릭한다.

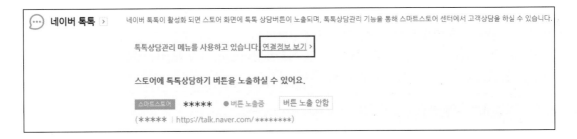

2. 팝업창에서 **네이버 아이디 인증하기**를 클릭한다.

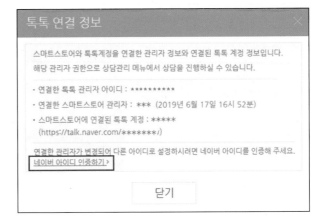

3. 연결할 새로운 네이버 아이디를 입력하고 **로그인** 버튼을 클릭한다. 그러면 새로운 네이버 아이디로 톡톡 정보가 변경된다.

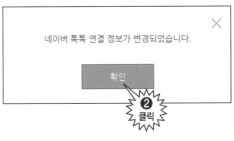

(5) 웹사이트 검색등록

네이버 통합검색에서 스토어 이름을 검색하면 '웹사이트' 검색 결과에 스토어가 노출되도록 설정하는 것이다. 판매하고 있는 상품이 있어야 검색 결과에 노출된다.

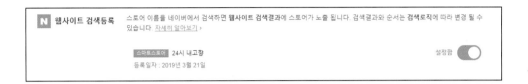

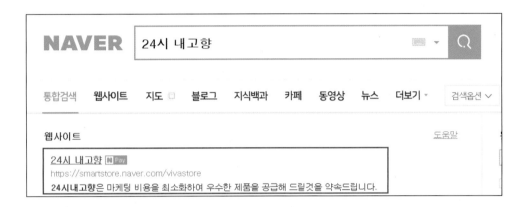

검색 결과와 순서는 검색 로직에 따라 변경된다. 웹사이트 검색 결과는 다른 사이트뿐만 아니라 웹문서도 함께 노출된다. 스토어명이 흔한 이름일 경우 다른 웹사이트에서도 사용할 수 있기 때문에 노출 우선순위가 매번 달라질 수 있다. 그래서 스토어 이름을 지을 때는 자신만의 독특한 이름을 짓는 것이 좋다.

웹사이트 검색 결과는 웹문서/사이트의 이용도, 사용자의 선호도, 검색어와의 연관성 등을 종합적으로 판단하여 측정한 값을 기반으로 자동으로 노출되고 제어된다. 따라서 웹표준에 맞춰 꾸준하게 웹페이지를 관리하고 양질의 콘텐츠를 생산하는 것이 좋은 검색 결과를 얻는 지름길이다.

(6) 스마트플레이스

스마트플레이스 서비스는 지도 검색에 업체를 등록할 수 있는 무료 서비스로, 네이버 스마트플레이스 페이지(https://new.smartplace.naver.com)에서 등록신청을 할 수 있다.

오프라인 매장이 있는 판매자는 플레이스에 연결하면 상품이 플레이스 매장 정보에 노출된다. 쇼핑윈도는 '스토어관리' 메뉴에서 '오프라인 매장 정보'를 등록한 후 전시 중인 상품이 있어야 설정할 수 있으며, 스마트스토어는 스마트플레이스에 등록되어 있는 매장만 연결 가능하다.

하나의 오프라인 매장에는 쇼핑윈도, 스마트스토어 중 1개만 연결 가능하다.

■ 스마트플레이스에 업체 등록하기

1. 네이버 스마트플레이스 페이지(https://new.smartplace.naver.com)에서 **업체 신규 등록**을 클릭한다. (**업체 찾기**를 클릭하여 등록된 업체를 조회할 수 있다.) 네이버 아이디로 **로그인**을 한다.

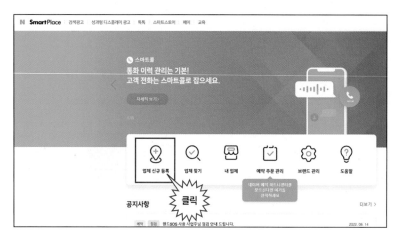

2. **직접 입력하기**를 클릭한다. **간편 등록하기**를 클릭하면 사업자등록증을 업로드하여 간편하게 진행할 수 있다.

3. 업체명, 업종, 전화번호, 주소를 입력하고 **조회하기**를 클릭한다.

4. 신규등록을 클릭한다.

5. 등록신청이 완료된다. 스마트플레이스에 지역정보를 등록하면 업무일 기준 약 5일 이내에 결과를 이메일로 알려준다. 이렇게 스마트플레이스를 설정하면, 네이버 통합검색의 플레이스에 업체 정보가 노출된다.

■ 노출 서비스 관리 설정하기

1. 네이버 스마트플레이스에 매장 정보 및 업체가 등록되었다면 이제 스마트스토어의 **스토어관리**
→ **서비스 연결** → **네이버 서비스 연결**에서 '스마트플레이스' 항목의 '설정안함' 버튼을 클릭하여 매
장 정보를 연결한다.

- 스마트플레이스 등록까지 영업일 기준 최대 10일이 소요된다.
- 스마트플레이스 OFF는 오직 상품 연동만 OFF된다.
- 스마트플레이스 삭제는 스마트플레이스 파트너센터에서 가능하다.

2. 심사가 완료되면 네이버에서 스마트플레이스에 판매자의 스마트스토어가 노출된다.

2) SNS 연결하기

스마트스토어는 네이버에서 제공하는 다양한 내외부 채널을 이용하여 마케팅을 진행할 수 있다. 기본적으로 네이버 블로그와 페이스북, 인스타그램이 제공된다. 이들 채널을 이용하고 있는 판매자는 연동을 통해 자신의 스마트스토어를 홍보할 수 있다.

1. 스마트스토어센터에서 **스토어관리 → 스토어 설정 → SNS 설정**을 클릭한다. 현재는 '설정안함'으로 되어 있는 상태이다.

2. 네이버블로그의 **설정안함**을 클릭하면 로그인 창이 뜬다. 연결할 네이버 블로그 아이디와 비밀번호를 입력하고 **로그인**을 클릭한다. 저장되었다는 팝업창이 뜨면 **확인**을 클릭한다.

3. 내 스마트스토어와 네이버 블로그가 연동되었다. 연결 블로그 정보가 표시된다.

4. 페이스북과 인스타그램도 같은 방법으로 쉽게 연동할 수 있다.

이렇게 연결된 SNS는 스마트스토어의 프로필 영역에 노출된다. PC에서는 스마트스토어의 맨 하단에 아이콘이 노출되고, 이것을 클릭하면 해당 SNS로 가게 된다. 이렇게 판매자가 운영하고 있는 SNS 계정을 스마트스토어와 연결함으로써 마케팅 도구로 활용할 수 있다.

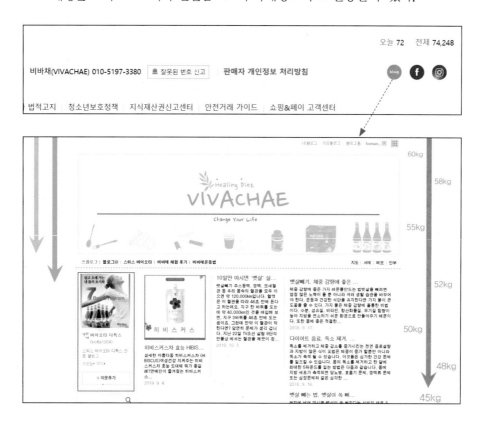

6 톡톡상담관리

1) 톡톡 상담하기와 쇼핑챗봇 설정

스마트스토어센터에서 **문의/리뷰관리 → 톡톡상담관리 → 톡톡 상담하기**를 클릭하면 고객의 톡톡 메시지를 확인하고 답변을 할 수 있다.

'쇼핑챗봇'은 판매자가 고객을 직접 응대하지 않아도 스스로 답변을 해주는 인공지능 메신저 플랫폼이다. 챗봇이 설정되어 있는 톡톡 계정과 고객이 대화를 시도하면 미리 준비된 시작 메시지가 자동으로 팝업된다. 고객은 여기서 필요한 메시지를 선택하여 원하는 정보를 빠르게 확인할 수 있다.

챗봇메시지는 챗봇에디터에서 편집할 수 있다. 고객들이 많이 질문하는 배송, 주문취소, 교환 및 반품 등에 대한 답변을 설정해놓으면 챗봇이 문의에 응대를 한다. 이를 통해 고객과의 상담에 들어가는 시간을 줄일 수 있다.

■ 톡톡 쇼핑챗봇/AI FAQ 설정

1. 스마트스토어센터에서 **문의/리뷰관리 → 톡톡상담관리 → 쇼핑챗봇/AI FAQ 설정**을 클릭한다.

2. 별도의 편집작업 없이 기본값으로 쇼핑챗봇을 사용하고자 한다면 각 항목의 버튼을 활성화하면 된다. 평균배송일, 배송현황, 인기상품추천, 교환/반품, 주문취소, 배송지변경 등의 항목이 있는데, 개별적으로 활성/비활성을 설정할 수 있다. '미리보기'를 클릭하여 챗봇에서 어떻게 구현되는지를 확인할 수 있다. 또 '안내 메시지 직접 입력'이 있는 항목은 클릭하여 별도의 메시지를 추가할 수 있다.

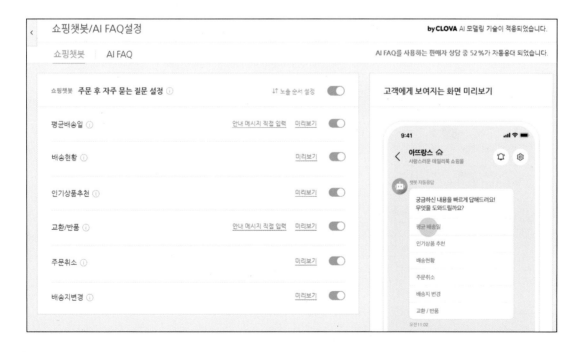

2) 톡톡 파트너센터

톡톡의 계정 관리를 위해서는 톡톡 파트너센터(https://partner.talk.naver.com/)에 들어가야 한다. 처음으로 톡톡 파트너센터에 들어갈 때는 휴대폰 인증을 해야 한다.

톡톡 파트너센터는 톡톡 상담관리뿐만 아니라 단체 메시지 보내기, 자동메시지 설정, 챗봇 설정 등 톡톡과 관련된 다양한 설정을 할 수 있다.

(1) 톡톡 파트너센터 들어가기

1. 스마트스토어센터의 화면 맨 아래에 있는 **톡톡 파트너센터**를 클릭한다.

2. 휴대폰 번호 인증 팝업창이 뜬다. **인증번호 전송** 버튼을 클릭하여 휴대폰 인증을 완료한 후 **다음**을 클릭한다.

3. 톡톡 파트너 앱 설치 링크를 문자로 보냈다는 안내가 나온다. **확인**을 클릭한다. 확인 후 **닫기**를 클릭한다.

4. 톡톡 파트너센터 계정에 들어왔다. 사용 중인 내 계정을 확인하고 계정관리를 클릭한다.

5. 그러면 톡톡 계정관리 홈 화면이 나온다. 여기서 상담하기, 마케팅관리, 자동응대관리, 설정 등 톡톡과 관련된 여러 가지 작업을 할 수 있다.

(2) 나만의 챗봇 만들기

챗봇에디터를 이용하여 나만의 챗봇을 만들 수 있다. 챗봇에디터에서 '공지사항'이나 '자주 묻는 질문' 등을 설정하여 챗봇이 알아서 대답해주도록 할 수 있다. 뿐만 아니라 기간별 세일, 행사 소식 등을 알려주어 마케팅 도구로 활용할 수도 있다. 또 인기상품이나 신상품 등 상품정보를 톡톡에 연결해서 구매를 유도할 수도 있다.

챗봇에디터에는 '챗봇시나리오'와 '바로가기 메뉴' 탭이 있는데, 먼저 '챗봇시나리오'를 설정한다.

■ 챗봇시나리오 만들기

1. 톡톡 파트너센터 → 자동응대관리 → 커스텀챗봇에디터를 클릭한다. **챗봇 편집하기**를 클릭한다.

2. 챗봇 시나리오는 구조를 파악하는 '트리구조 영역'과 내용을 작성하는 '편집 영역', 그리고 다양한 템플릿을 제공하는 '템플릿 변경 영역'으로 이루어져 있다. **템플릿 변경**을 클릭하여 원하는 템플릿을 선택한다.

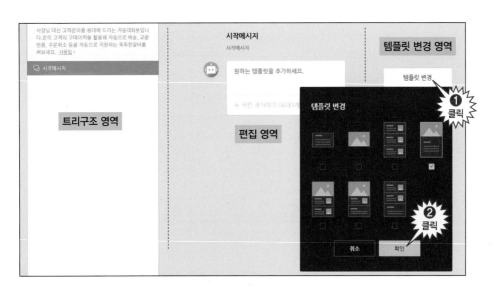

3. 먼저 '시작메시지'를 등록한다. **'이미지 등록'**을 클릭하여 원하는 이미지를 업로드하고 '제목'과 '설명'을 클릭하여 내용을 입력한다.

4. 시작메시지 아래로 내용을 추가할 수 있는 메시지 버튼을 생성한다. 하위 버튼은 최대 3개까지 생성할 수 있다. 편집 영역에서 **버튼 추가하기**를 클릭한다. 4가지 타입을 선택할 수 있다.

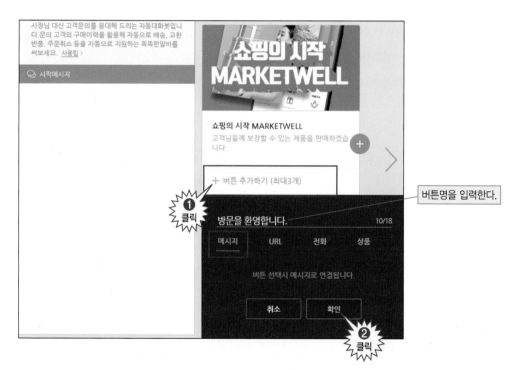

- 메시지 버튼은 다양하고 많은 분량의 내용을 연결하여 추가할 수 있는 버튼이다.
- URL 버튼은 URL을 등록하여 해당 사이트로 바로 방문할 수 있도록 하는 버튼이다.
- 전화 버튼은 전화번호 등록 시 바로 전화로 연결할 수 있는 버튼이다.
- 상품 버튼은 해당 스토어에 등록되어 있는 상품을 불러와 적용할 수 있는 버튼이다.

5. 좌측의 트리구조 영역에 생성된 메시지형 버튼을 클릭하여 해당 메시지 버튼의 편집 공간으로 이동한다.

6. 우측의 템플릿 공간에서 기본 템플릿인 '이미지+텍스트'를 선택한 후 이미지 영역을 클릭하여 원하는 이미지를 업로드하고, 제목과 설명을 입력하면 해당 메시지형 버튼의 상세 내용이 등록된다. 여기서 + 버튼을 클릭하면 동일한 유형의 메시지를 최대 10개까지 슬라이드 형태로 작성할 수 있다.

7. 다음으로 상품형 버튼을 만들어보자. 상품형 버튼은 스마트스토어 계정과 톡톡이 연결되어 있으면 스토어의 상품을 메시지로 불러와 내용을 등록할 수 있는 버튼이다. 금방 만든 메시지형 버튼 하단의 **버튼 추가하기**를 클릭하여 상품 탭을 선택하고 버튼명을 입력한 후 **확인**을 클릭한다.

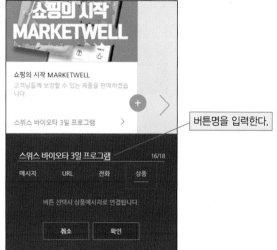

8. 해당 상품형 버튼의 이름을 클릭하여 편집 영역으로 이동한다. 우측의 **상품 등록/수정**을 클릭한다. 팝업창에서 원하는 상품을 체크한 후 적용을 클릭하면 상품이 슬라이드 형태로 나열된다. (상품형 버튼은 템플릿 변경과 하위버튼 생성이 불가하다.)

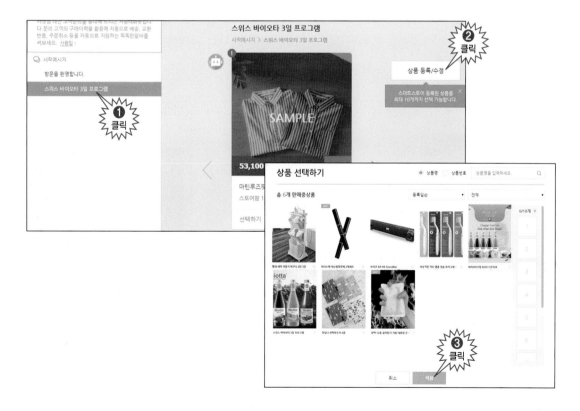

9. '미리보기'를 클릭하여 확인한 후 **저장하기**를 클릭하면 챗봇이 저장된다.

• 시작메시지에 있는 '쇼핑챗봇'의 버튼을 ON으로 하면 시작메시지 하단에 평균배송일, 배송현황, 인기상품추천, 주문취소/배송지 변경, 교환/반품 안내 버튼이 추가된다. 이것은 자동화된 봇이기에 내용 편집은 불가능하다. 고객의 구매 이력에 따라 쇼핑챗봇의 응대 내용이 달라진다.

■ 바로가기 메뉴 만들기

　바로가기 메뉴는 챗봇시나리오에서 만든 주요 메시지를 연결하여 바로 이동할 수 있도록 해주는 기능이다. 따라서 챗봇시나리오가 먼저 완성되어 있어야 한다.

1. '1단계' 편집영역에서 **메뉴 추가하기**를 클릭한다. 팝업창에서 4가지 타입의 메뉴 버튼을 확인할 수 있다. 챗봇시나리오에서 작성한 메뉴 중 원하는 메뉴를 불러와 메뉴에 적용할 수 있는 버튼이다. 메시지형 메뉴 탭에서 메뉴명을 입력한 뒤 하단의 **연결된 메시지 선택하기**를 클릭하여 챗봇시나리오에서 등록한 메시지를 선택하고 **확인**을 클릭한다. 그러면 메시지형 바로가기 버튼이 생성된다.

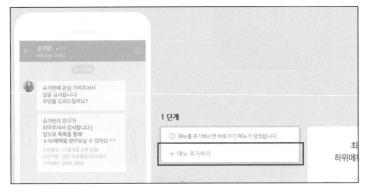

2. 하위 메뉴 버튼을 생성한다. 하위 메뉴 버튼은 메뉴를 1, 2, 3단계까지 연결하여 자연스럽게 하위 메뉴를 유도해주는 버튼이다. 1단계 편집영역 하단의 버튼에서 **메뉴 추가하기**를 클릭한다. 하위 메뉴 탭에서 메뉴명을 입력한 뒤 **확인**을 클릭한다. 그러면 2단계 하위 메뉴 버튼이 생성된다.

3. 3단계에서 **메뉴 추가하기**를 클릭하여 '메시지' 탭에서 상세 내용을 작성하면 1, 2, 3단계의 하위 메뉴 버튼이 생성된다.

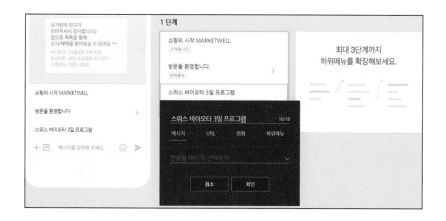

4. 시나리오와 바로가기 메뉴의 제작이 완료되었다. **저장하기**를 클릭한다. **반영하기** 버튼을 클릭하여 챗봇시나리오와 바로가기 메뉴가 반영되도록 한다. **미리보기** 버튼을 클릭하면 완성된 챗봇을 미리 확인할 수 있다.

05 스마트스토어 운영을 위한 필수 프로그램과 사이트

(1) 크롬

네이버에서는 스마트스토어의 안정적인 운용을 위해서 '크롬' 브라우저를 이용할 것을 권장하고 있다. 크롬은 구글에서 만든 웹브라우저로, 포털 사이트에서 '크롬'을 검색하면 쉽게 다운로드하여 설치할 수 있다.

상품페이지에 배송건수가 나오지 않는 상품의 월평균 판매량을 분석할 때는 크롬 브라우저에서 해야 한다. 뿐만 아니라 익스플로러보다는 크롬 환경에서 유용하게 할 수 있는 작업들이 있기 때문에 크롬 설치를 권장한다.

(2) 웨일

네이버에서 만든 인터넷 브라우저이다. 웨일은 PC에서 '모바일 화면 보기'를 지원한다. 스마트스토어는 모바일 판매 비중이 80%에 육박한다. 따라서 상품 분석도 모바일 화면에서 하는 것이 좋다. 웨일은 PC에서 모바일 화면을 볼 수 있기 때문에 자신의 상품이나 경쟁상품을 볼 때 유용하게 사용할 수 있다.

포털사이트에서 '웨일브라우저'를 검색한 후 https://whale.naver.com을 클릭하면 웨일브라우저를 다운로드하여 설치할 수 있다.

웨일에서 **설정** 아이콘을 클릭한 후 **모바일창**을 클릭하면 모바일 화면이 열린다.

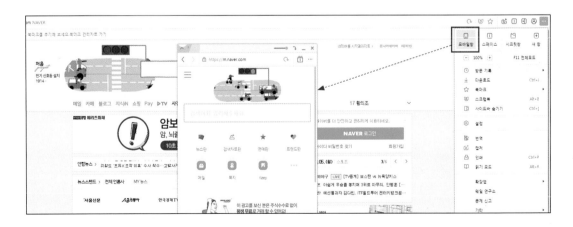

(3) 포토샵 & 포토스케이프

스마트스토어에 상품을 등록할 때 대표이미지 및 상세페이지에 들어갈 이미지를 편집하기 위해서는 그래픽 프로그램이 있어야 한다.

포토샵(Photoshop)은 그래픽 툴 중에서 가장 유명하고 대중적인 프로그램으로, 미국 어도비(Adobe)사에서 만든 상업용 소프트웨어이다. 이미지의 합성과 편집뿐만 아니라 기본적인 드로잉 툴과 필터의 기능을 활용하여 그림을 그릴 수도 있다. 픽셀을 기본 단위로 하는 비트맵 방식의 툴이다.

포토스케이프(PhotoScape)는 우리나라의 MOOII Tech가 개발한 그래픽 편집 프로그램으로, 이미지의 색상 조절, 자르기, 보정, 인쇄, GIF 애니메이션 등의 일반적인 이미지 편집 기능을 실행할 수 있다. 포털사이트에서 검색하면 무료로 다운받을 수 있다. 포토샵 프로그램이 없는 사용자는 포토스케이프를 이용하여 섬네일 작업이나 상세페이지의 이미지 작업을 쉽게 할 수 있다.

(4) 마인드맵 프로그램

저자는 하나의 상품을 판매하기 위해 상품의 키워드 분석부터 소싱, 상품명, 상세페이지, 해시태그, 마케팅 등 일련의 판매 과정을 마인드맵 프로그램을 이용하여 마인드맵을 한다. 이렇게 계획을 세워 치밀하게 분석하고 전략적으로 움직여야 판매가 일어난다. 마인드맵 프로그램을 활용하여 판매상품에 대해서 마인드맵을 할 것을 권장한다. 포털사이트에서 '마인드맵 프로그램'을 검색하면 무료 프로그램을 다운로드할 수 있다.

(5) 데이터랩

네이버 데이터랩(https://datalab.naver.com/)은 네이버의 검색 트렌드 및 쇼핑 카테고리별 검색 트렌드를 제공하는 사이트이다. 판매자는 하루에 한 번씩은 데이터랩에 들어가서 트렌드를 읽고 키워드를 찾는 연습을 해야 한다. 특히 쇼핑 관련 데이터가 있는 '쇼핑인사이트'에 들어가서 각 카테고리별 '인기검색어'와 '클릭량'을 살펴보면 아이템을 찾는 데 도움이 된다.

(6) 키랩 프로그램

키랩은 저자가 개발한 블루키워드 추출 프로그램으로 **키랩 사이트**(https://www.keylab.co.kr)에서 유료로 사용할 수 있다(**회원가입을 하면 2주간 무료로 사용할 수 있다**).

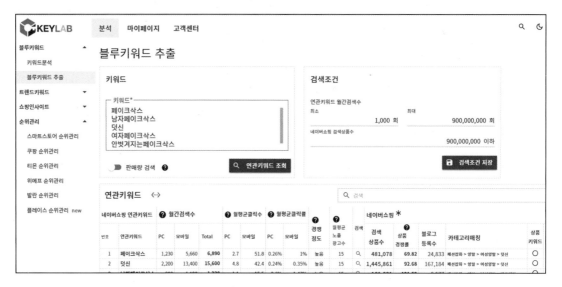

블루키워드
- 네이버쇼핑의 연관키워드 조회, 월간 검색수, 월평균 클릭수, 검색상품 수, 상품경쟁률, 카테고리 매칭 등을 조회할 수 있다.

---

* '카테고리매칭' 데이터는 네이버 '데이터랩'에서 제공하는 분야별 카테고리 대/중/소분류에 표시되는 '인기검색어 TOP 500' 키워드 90만 개 이상의 데이터를 '카테고리 - 키워드' 형태로 수집, 정리하여 엑셀로 저장한 뒤 '키랩'용 DB로 전환하여 노출시켜준다.

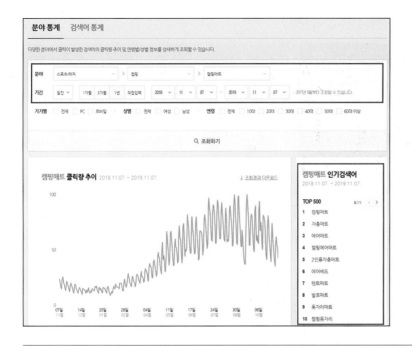

(7) 네이버 광고 사이트 가입하기

'네이버 광고'는 검색 사용자에게 판매자의 사이트나 상품, 콘텐츠를 정보로 제공하여 연결하는 비즈니스 플랫폼(파워링크, 쇼핑검색광고 등)이다. 키워드 광고를 하기 위해서는 네이버 광고에 가입해야 한다. 또 내 상품의 판매 데이터를 확인하기 위해서도 필히 가입해야 한다.

1. 네이버 초기화면 맨 하단에 있는 **네이버 비즈니스**를 클릭한다.

2. 상단의 **광고**를 클릭한 후 **검색광고**를 클릭한다.

3. **네이버 아이디로 로그인**을 클릭한 후 팝업창에서 아이디와 비밀번호를 입력한 후 **로그인**을 한다.

4. '네이버 통합 광고주센터 회원 가입'에서 **네이버 아이디로 회원가입**을 클릭한다. 약관 동의하고 인증을 하면 '네이버 통합 광고주센터' 회원 가입이 완료된다.

5. 이제 네이버 검색광고 계정을 생성해야 한다. 약관 동의 후 생성유형을 선택한다. 여기서는 '개인 광고주'를 선택하였다.

6. 전화번호 입력, **휴대전화번호 인증** 버튼을 눌러 인증을 받고, 주소를 입력하고 **가입**을 클릭한다. 그러면 가입이 완료된다.

(8) 구글 트렌드 살펴보기

구글 트렌드(https://trends.google.com)에서는 전 세계 사용자들의 검색 동향을 살펴볼 수 있다. 각 나라별로 올해의 인기검색어, 최근 인기검색어 등을 살펴볼 수 있으며, 특히 여러 검색어를 입력하여 비교 분석을 할 수 있다. 판매자는 구글 트렌드에도 수시로 들어가서 전 세계의 트렌드를 살펴봐야 한다. 트렌드가 곧 아이템이다.

(9) 썸트렌드

썸트렌드(http://www.some.co.kr/)는 특정 주제, 이슈에 대한 다각적 소셜 미디어 분석 결과를 확인할 수 있는 인사이트 리포트를 제공한다. 트위터, 블로그, 인스타그램, 뉴스 등을 대상으로 분석한 자료를 제공한다. 온라인에서 화제가 되는 실시간 트렌드나 키워드, 이슈, 떠오르는 해시태그를 확인할 수 있다. 검색키워드의 언급량 추이, 연관어, 감성 분석 등을 통해 SNS상의 반응을 파악하기에 좋은 곳이다.

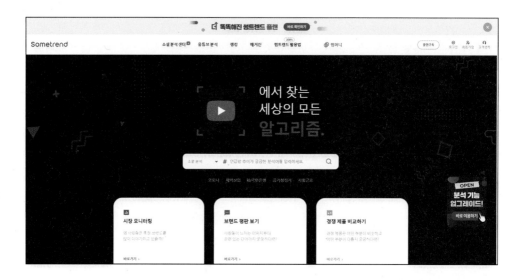

(10) 블랙키위

블랙키위(https://blackkiwi.net)는 키워드 검색량 조회, 분석 사이트로 키워드 등급, 검색 광고 효율, 월간검색량, 월별 콘텐츠 발행량, 연관 키워드, 섹션 배치 순서, 연령별, 성별 검색 비율, 정보성/상업성 비율 등 키워드에 따른 다양한 자료를 제공한다.

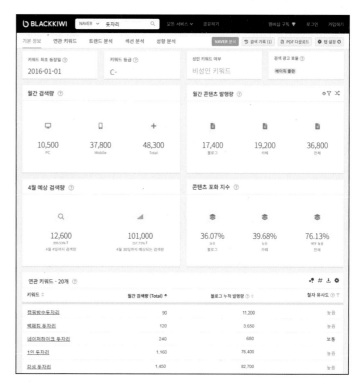

(11) 아이템스카우트

아이템스카우트(https://itemscout.io/)는 스마트스토어 및 이커머스 셀러를 위한 분석 툴로, 많은 셀러들이 사용하고 있다. 키워드 분석, 트렌드 데이터 분석 기능을 제공한다. 특히 아이템 발굴과 랭킹 추적 기능은 위탁 판매자들이 아이템 발굴과 시장조사를 할 때 유용하게 사용할 수 있는 기능이다.

 Tip 키워드 조회 사이트와 분석 툴

포털사이트에서 '키워드조회사이트'를 검색하면 많은 무료 사이트와 프로그램이 나온다. 사이트마다 각각의 특성이 있으니 이를 잘 활용하면 된다.

- 판다랭크(https://pandarank.net/): 온라인 사업자를 위한 All in One 이커머스 마케팅 플랫폼. 제품 상세분석 기능, 키워드 찾기, 순위추적, 상품소싱 사이트 소개.
- 쇼피트렌드(https://shopitrend.co/): SNS, 블로그, 플레이스, 쇼핑 마케팅 솔루션. 네이버쇼핑 검색 알고리즘을 기준으로 분석. 네이버쇼핑 시장분석, 블로그 지수, 인스타 게시물 분석.
- 카똑똑: 카카오톡에서 '카똑똑' 검색, 친구추가 후 #키워드를 입력하면 키워드에 대한 검색량을 조회할 수 있다.

(12) REMOVE.BG 사이트

리무브BG(https://www.remove.bg/) 사이트는 이미지의 배경을 투명하게 만들 수 있는 사이트이다. 상세페이지 작업을 할 때 배경이 투명한 이미지가 필요할 때가 있다. 투명 배경의 이미지는 합성 이미지, 연출 이미지를 만들 때 여러모로 활용도가 높다.

1. 리무브BG(https://www.remove.bg/) 사이트에서 **이미지 업로드**를 클릭해 이미지 파일을 불러오거나 마우스로 파일을 끌어다 놓는다.

2. 그러면 배경이 제거된다. **다운로드**를 클릭해 이미지를 다운로드하여 사용하면 된다.

(13) Fatkun 확장 프로그램

Fatkun은 간단하게 이미지를 일괄 다운로드할 수 있는 크롬 확장 프로그램이다. 도매몰의 상품을 위탁으로 판매하는 경우 도매몰에 있는 상품 이미지(사용을 허락한)를 다운로드하여 사용하기에 유용하다. 크롬에서 Fatkun을 검색하여 설치하면 된다.

(14) 미리캔버스

미리캔버스(https://www.miricanvas.com/)는 웹디자인 템플릿을 제공하는 사이트로, 무료 회원가입을 한 후 이용할 수 있다. 로고/프로필, 소셜미디어 정사각형, 카드뉴스, 유튜브(섬네일, 채널아트), 상세페이지 등 다양한 템플릿을 제공한다. 템플릿을 선택한 후 텍스트를 변경하고, 자신의 이미지로 교체한 후 다운로드하면 누구나 쉽게 웹용/인쇄용 결과물을 얻을 수 있다(JPG, PNG, PDF 파일). 이미지의 크기도 쉽게 조절할 수 있어 섬네일이나 상세페이지 이미지 작업에 아주 용이하다.

06 쇼핑윈도 개설하기

쇼핑윈도는 온라인에서 오프라인 매장의 정보를 제공하는 O2O(online to offline) 서비스로, 오프라인 소상공인들이 온라인을 통해 좋은 상품을 알리고 판매할 수 있도록 2014년에 네이버에서 만든 플랫폼이다.

현재 네이버쇼핑에는 뷰티윈도, 리빙윈도, 푸드윈도, 키즈윈도, 펫윈도, 플레이윈도, 아트윈도 등이 있다.

네이버쇼핑에서 상품을 검색하면 쇼핑윈도에 입점해 있는 상품은 별도의 아이콘으로 표시되어 입점 여부를 확인할 수 있다.

쇼핑윈도는 지역적인 한계로 매출이 제한적인 오프라인 판매자가 온라인을 통해 전국으로 판로를 확대할 수 있는 서비스이다.

온라인 판매를 하면서 오프라인 매장이 있다는 것은 대단한 경쟁력이다. 온라인 판매의 한계가 고객이 직접 실물을 확인할 수 없다는 것인데, 쇼핑윈도를 통해 매장의 상품을 직접 보여주고, 재배 및 제작 과정 등 오프라인에서만 보여줄 수 있는 생생한 모습들을 보여주면 고객들의 신뢰를 한층 끌어올릴 수 있다.

쇼핑윈도에 입점하게 되면 스마트스토어와는 별도로 스토어가 추가로 생기게 되고, 쇼핑윈도 상설관에도 노출이 된다.

　상품등록이나 관리도 스마트스토어센터에서 스마트스토어 상품과 같이 관리할 수 있기 때문에 별도로 손이 많이 가는 것도 아니라서 매장이 있는 판매자라면 꼭 신청을 해서 노출채널을 확대하는 것이 좋다.

1 쇼핑윈도 신청하기

1. 스마트스토어센터에서 **스토어관리 → 서비스 연결 → 쇼핑윈도 노출 신청**을 클릭한다.(쇼핑윈도는 사업자등록증이 있어야 하기 때문에 개인판매자는 메뉴가 나타나지 않는다.)

2. 먼저 **개설조건**을 클릭하여 자신이 개설하고자 하는 윈도의 개설조건을 확인한다. 개설조건은 윈도마다 다르니 신청 전에 반드시 확인하고 조건이 만족하면 신청하도록 한다.

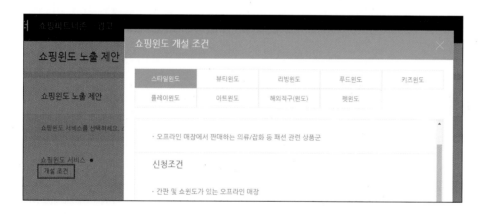

3. 개설 조건에 이상이 없으면 본인의 카테고리를 선택하고 매장 정보를 입력한다. 윈도에 따라 선택 항목도 다르다.

4. 오프라인 매장 이름과 주소, 영업시간, 쇼핑원도 이름 등 매장 정보를 입력한다.

5. 스토어 대표이미지와 전화번호, 매장 사진, 사업자등록증, 통신판매업신고증 등 제출해야 할 사진을 업로드한 후 **채널 추가 요청**을 클릭한다. 그러면 심사를 거쳐 3영업일 이내에 심사 결과를 알려준다. 네이버 승인이 완료되면 스마트스토어 상품등록과 동일하게 상품을 등록하면 된다. 여러 개의 매장을 신청하였다 하더라도 1개의 매장만 선택하여 노출할 수 있다.

2 쇼핑윈도 운영하기

■ 상품등록

쇼핑윈도는 스마트스토어에 등록한 상품을 쇼핑윈도라는 별도의 채널에 노출하는 것이기 때문에 따로 등록 작업을 할 필요는 없다.

쇼핑윈도에 입점하게 되면 스마트스토어에 상품등록 시 쇼핑윈도에도 동시에 등록할 수 있게 된다. 하지만 스마트스토어와는 달리 쇼핑윈도는 관리자의 심사를 거쳐(2영업일 이내) 상품이 노출된다. 심사 결과는 '쇼핑윈도 상품 조회/수정'에서 확인할 수 있다.

상품등록 시 노출 채널을 선택하면 채널별 특성에 따라 추가 정보를 입력할 수 있다.

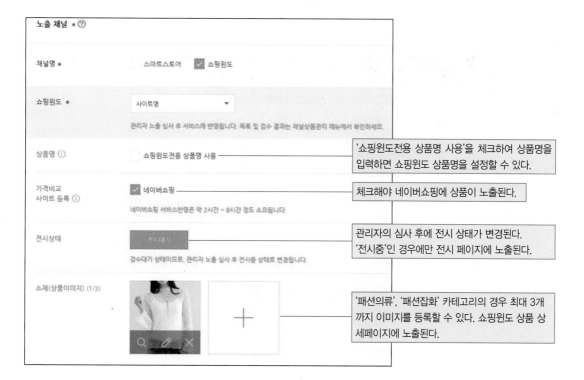

■ 상품관리

등록 상품의 조회 및 수정은 **쇼핑윈도 관리 → 쇼핑윈도 상품 조회/수정**에서 확인할 수 있다.

■ 쇼핑윈도 화면

스마트스토어와 쇼핑윈도는 운영자가 같기 때문에 '친구추가'는 동일하게 적용이 되고, '찜하기'는 별개의 채널이기 때문에 다르게 적용된다.

판매자의 쇼핑윈도 화면은 'CATEGORY', 'COORDI', 'INFO', 'NEWS' 등으로 구성할 수 있다. 카테고리에서는 전체상품 및 카테고리별로 상품을 볼 수 있고, 최신순, 인기순 등으로 정렬하여 볼 수 있다. 카테고리는 판매자가 임의로 정할 수 없다.

네이버쇼핑의 모바일 화면에서는 쇼핑윈도 상품과 기획전이 수시로 진행된다. 기획전에 참가하기 위해서는 네이버 쇼핑윈도 공식 블로그(https://blog.naver.com/n_shopwindow)에서 확인하고 제안을 하면 된다(스마트스토어센터 → 공식 블로그 바로가기 → 쇼핑윈도).

쇼핑윈도 블로그의 기획전 안내 화면

첫째
마당

네이버쇼핑 상위노출을 위한 이륙 로직

이제 본격적으로 스마트스토어를 파헤쳐보자.

여기서 알아볼 내용은 저자가 이 책에서 '이륙'이라고 말하는 과정으로, 팔릴 만한 아이템을 찾아, 네이버 SEO에 맞게 상품을 등록하는 일련의 과정이다.

이 이륙 과정을 잘해야 등록 후 바로 순위가 잡히고, 그래야 1페이지로 올라갈 수 있다. 이륙은 곧 '아이템'을 '키워드'로 포장하는 작업이다.

4장

이륙을 위한 준비과정

01 네이버 쇼핑검색 랭킹 로직

상위노출은 판매자의 최대 고민이다. 네이버쇼핑에는 나와 같은 상품을 판매하는 사람이 수없이 많다. 그들과 경쟁하여 내 상품이 검색 결과의 상위에 노출되어야 판매가 일어난다. 직관적으로 이야기하면 1페이지에 내 상품이 노출되어야 판매가 일어난다. 좀 더 폐쇄적으로 이야기하면 모바일 화면에서 광고상품 2개를 제외하고 3등 안에 들어야 좋은 판매를 기대할 수 있다. 그러니 판매자마다 노출에 머리를 싸맬 수밖에 없다.

네이버는 사용자가 검색어를 입력하면 판매자가 제공하는 상품정보와 네이버에서 수집하는 사용자 로그를 종합적으로 평가하여 검색 결과를 정렬하여 보여준다. 이러한 검색 결과의 쇼핑검색 랭킹을 결정하는 검색 알고리즘은 '적합도', '인기도', '신뢰도'이다. 즉, 네이버쇼핑의 상위노출은 셀러가 등록한 상품페이지와 스토어의 적합도 지수, 상품의 인기도 지수, 신뢰도 지수 등을 점수화하여 정렬한다. 단, 광고상품은 별도 기준에 따라 상단 정렬을 한다.

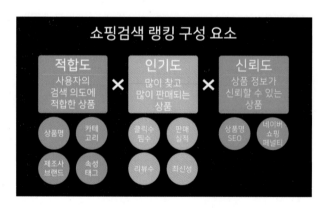

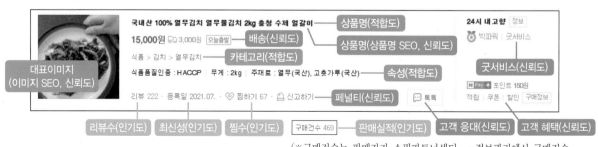

(※구매건수는 판매자가 쇼핑파트너센터 → 정보관리에서 구매건수 노출 여부를 설정하는 것에 따라 노출 또는 비노출 됨.)

다음은 네이버쇼핑에서 제공하는 **[네이버쇼핑에서 검색이 잘되기 위한 좋은 상품 정보]** 작성 가이드이다.

- 각 항목의 오른쪽 상단에 표시된 숫자가 클수록 중요하지만, 다양한 요소에서 골고루 좋은 점수를 얻어야 좋은 검색 결과를 제공하여 상위노출에 유리하게 작용한다.
- 중요도가 마이너스로 표시된 요소를 위반하면 다른 요소와 상관없이 랭킹에 불이익을 받게 된다.

네이버 쇼핑검색 제공 정보			쇼핑몰 상품 정보	
상품정보	부가정보	인기도	상품정보	만족도
상품명 +3	카테고리 +3	구매평 +2	태그 메타정보 +1	결제 +1
이벤트 필드 +1	브랜드 제조사 +3	구매 데이터 +3	구매옵션 +1	배송 +1
상품 이미지 +3	속성 +2	신용정보 -3	모바일 대응 +2	고객대응 +1
	가격비교 +2	SPAM ABUSE -3	상품정보 구성 +1	

네이버 지식쇼핑 제공 정보
네이버 지식쇼핑에 제공하는 상품 최적화 가이드

상품정보

상품명	표준 상품명 준수하여 공식적인 상품 정보를 사용하여 50자 이내로 작성 중복 단어, 특수기호, 관련 없는 키워드 제외
이벤트필드	상품과 관련된 이벤트, 판매조건, 할인 가격, 쿠폰, 적립 등 판매 정보는 상품명에 기입하지 않고 이벤트 필드를 사용
상품 이미지	상품을 정확히 표현할 수 있는 선명하고 고해상도의 이미지를 제공. 이미지 내 텍스트/워터마크/도형 노출 금지

부가정보

카테고리	상품과 관련된 정확하고 세부적인 카테고리를 선택 카테고리 명칭과 관련된 키워드로 검색 가능
브랜드/제조사	공식 브랜드/제조사명을 해당 필드에 입력 해당 키워드 검색 시 관련성이 높은 것으로 분석되어 랭킹에 유리하고 필터링 기능 제공
속성	카테고리별 상품에 적합한 속성을 선택 속성 키워드 검색 시 관련성이 높은 것으로 분석되어 랭킹에 유리하고 필터링 기능 제공
가격비교	공식 상품코드 및 상품명을 사용하여 가격비교 상품으로 매칭. 가격 경쟁력이 있을 경우 상위 노출이 가능

인기도

구매평	EP 가이드를 준수하여 구매평 정보를 제공 만족도가 높은 구매평 제공 시 랭킹에 유리 상품평 많은 순과 같은 정렬 옵션 제공
구매데이터	판매지수/CPA 같은 구매 데이터 제공 시 상품의 랭킹 인기도로 반영되고 랭킹에 매우 유리하게 작용
신용정보	네이버페이 가맹점의 경우 신용정보(배송/결제/사후처리)가 나쁠 경우 페널티를 부여함
SPAM/ABUSE	상품과 관련 없는 정보를 상품정보에 포함할 경우, 처리 규칙에 따라 랭킹에 불이익 부여

쇼핑몰 상품 정보
개별 쇼핑몰의 상품 페이지에 담긴 정보의 최적화 가이드

상품정보

태그/메타정보	상품 페이지 내 검색이 가능한 태그나 메타 키워드를 입력
구매옵션	하나의 상품 페이지에는 대상 상품만을 판매 색상/사이즈 등의 간결한 구매 옵션을 제공
모바일 대응	모바일에 최적화된 화면 및 정보 구성 1초 이내의 빠른 페이지 로딩 속도
상품정보 구성	이미지와 텍스트로 구성된 상품 설명 하나의 이미지로 작성된 상품 설명은 피함

만족도

결제	네이버페이와 같은 간편한 결제 서비스 제공
배송	정확하고 빠른 배송 및 사후 처리
고객대응	고객 문의 및 이슈 발생 시 공정한 대응

'적합도'는 사용자가 입력한 검색어가 상품명, 카테고리, 제조사/브랜드, 속성/태그 등 상품정보의 어떤 필드와 연관이 높은지, 검색어와 관련하여 어떤 카테고리의 선호도가 높은지를 산출하여 반영하는 것을 말한다. 즉 검색어와 상품이 얼마나 매칭이 잘되는가를 보는 것이다.

① 필드 연관도

검색어가 '나이키'라면 나이키는 브랜드 유형으로 인식되기 때문에 상품명에 '나이키'가 있는 것보다 브랜드에 '나이키'가 있는 상품이 상위에 노출된다.

② 카테고리 선호도

예를 들어 '블라우스'의 경우 여러 카테고리에서 검색되지만 '패션의류 〉 여성의류 〉 블라우스/셔츠' 카테고리의 선호도가 가장 높다. 그래서 검색 알고리즘은 이 카테고리의 상품을 먼저 보여줄 수 있게 추가 점수를 준다. 만일 블라우스를 '패션의류 〉 여성의류 〉 원피스'나 '패션의류 〉 여성의류 〉 티셔츠' 등 다른 카테고리에 등록했다면 카테고리 선호도 순위에서 뒤로 밀리게 된다. 때문에 상품등록을 할 때 카테고리 선택을 잘 해야 한다.

'강아지캐리어'의 경우 '생활/건강 〉 반려동물 〉 이동장/외출용품 〉 이동장/이동가방', '생활/건강 〉 반려동물 〉 패션용품 〉 가방', '생활/건강 〉 반려동물 〉 기타반려동물용품' 등에 등록할 수 있다. 그런데 이 키워드의 매칭 카테고리는 '생활/건강 〉 반려동물 〉 이동장/외출용품 〉 이동장/이동가방'이다. 따라서 이 카테고리에 등록해야 카테고리 선호도에서 추가 점수를 받게 된다.

키워드는 때에 따라서 선호 카테고리가 변경되기도 하니 등록 전에 네이버쇼핑에서 해당 키워드를 검색하여 검색 결과 상위 업체의 카테고리를 확인한 후 카테고리를 결정해야 한다.

카테고리 매칭은 대카테고리를 벗어나면 안 되고, 되도록 소카테고리, 세부카테고리까지 일치시켜 주어야 순위가 올라간다. 이것이 카테고리 선택의 키포인트이다.

2 인기도

'인기도'는 해당 상품의 클릭수, 상품
찜 수, 판매실적, 구매평 수, 최신성 등
의 요소를 카테고리 특성을 고려하여
반영하는 것이다. 즉 많이 찾고 많이 판
매된 상품에 점수를 더 준다는 뜻이다.

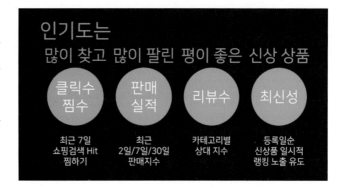

① 클릭수

최근 7일 동안 쇼핑검색에서 발생한 상품 클릭수를 지수화한다. 고객은 내 상품페이지를 검색이
나 링크를 통해서 들어오는데, 링크보다는 검색을 통해서 들어와야 클릭수 점수가 올라간다.

② 상품찜 수

상품의 찜수를 카테고리별로 상대지수화한 것이다. 상품찜은 검색 결과 페이지나 상품 상세페이
지에서 할 수 있다. 찜수는 노출 순위에 영향을 미치는 요소이므로, 판매자는 쿠폰 발행 이벤트 등을
통해 고객들의 찜을 유도해야 한다. 찜수가 인기도에서 차지하는 비중은 그렇게 크지 않다.

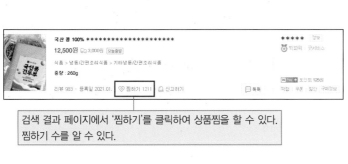

검색 결과 페이지에서 '찜하기'를 클릭하여 상품찜을 할 수 있다.
찜하기 수를 알 수 있다.

상세페이지에서 찜하기를 클릭할 수 있다.

③ 판매실적

최근 2일/7일/30일 동안 쇼핑검색에서 발생한 판매수량과 판매금액을 지수화한 데이터이다. 스
마트스토어의 판매실적과 리뷰수는 네이버페이를 통해 자동 연동된다. 부정 거래가 있을 시에는 페
널티가 부여된다. 인기도에서 차지하는 비중이 가장 크다고 할 수 있다.

판매지수는 상품의 랭킹을 정하는 데 사용되는 기본적인 요소이다. 같은 상품이라도 판매지수가
높은 상품이 검색 결과나 '쇼핑BEST' 등의 랭킹 영역에서 상위로 올라간다. 이것은 어쩌면 당연한
이야기일지도 모른다. 스마트스토어는 판매자의 수수료를 이익으로 취하는데, 판매가 많이 되어야

이익도 많이 남게 된다. 그래서 잘 판매되는 상품, 많이 판매된 상품을 상위에 노출시켜줘 더 잘 팔리게 하는 것이다. 즉 잘 팔리는 상품을 밀어주는 것이다. '매출이 깡패'라는 말이 여기서 나온다.

④ 구매평 수(리뷰수)

개별 상품의 리뷰수를 카테고리별 상대적으로 환산하여 지수화한다. 리뷰 작성 시에는 상품 후기와 평점 정보를 입력해야 한다. 포토/동영상이 추가된 리뷰에는 더 많은 점수를 준다.

리뷰는 고객이 상품 구매를 최종적으로 판단하는 데 영향을 미치는 요소 중 하나이다. 좋은 리뷰가 많이 달린 상품은 타 상품에 비해서 가격이 조금 비싸더라도 구매를 하는 경향이 있다.

⑤ 최신성

상품 등록일을 기준으로 상대적으로 지수화하여 최신성 점수를 준다. 신상품일수록 일시적으로 랭킹 상승을 유도해준다.

3 신뢰도

'신뢰도'는 상품의 신뢰성 정도를 보는 것이다. 네이버쇼핑 페널티, 고객 혜택, 상품명 SEO, 이미지 SEO 등의 요소를 평가해 해당 상품이 고객들에게 신뢰를 줄 수 있는지를 산출한다.

① 네이버쇼핑 페널티

배송 만족도, 상품 만족도, 구매평/판매실적 어뷰징, 상품정보 어뷰징 등에 대해서 상품과 스마트스토어에 페널티를 부여한다.

② 고객 혜택

쿠폰, 추가할인, 카드할인, 무료배송, 카드 무이자, 포인트 적립 등 고객 혜택 정보가 있을 경우 부가적인 점수를 준다.

③ 상품명 SEO

상품명 작성 가이드라인을 벗어난 상품에 대해서는 페널티를 부여한다. 상품등록 시 상품명, 카테고리, 제조사, 브랜드, 속성 등 정확한 상품정보를 제공해야 한다. 상품명을 작성할 때 특수문자 등 금지하는 단어는 사용하지 말아야 한다. 또 상품과 관련이 없는 카테고리에 등록을 해서도 안 된다. 이것은 어뷰징 행위로, 이렇게 하면 검색 결과에서 하위로 밀리게 된다.

④ 이미지 SEO

이미지 작성 가이드라인을 벗어난 상품에 대해서는 페널티를 부여한다. 특히 대표이미지는 네이버에서 요구하는 조건과 권장 사이즈 등에 맞게 작성해야 한다.

검색 결과에서 상위노출은 곧 매출과 직결된다. 아무리 가격과 품질이 좋은 상품이라 하더라도 노출이 되지 않으면 구매자가 상품을 찾을 수 없고, 그러면 판매가 일어나지 않는다. 그렇기 때문에 상위노출만이 살 길이며, 판매의 전부라고 할 수 있다.

고객들의 검색 결과에서 상위노출이 되기 위해서는 검색랭킹 알고리즘의 구성요소인 적합도, 인기도, 신뢰도 이 3가지 항목에서 모두 좋은 점수를 받아야 된다. 어느 한 가지 항목에서만 뛰어나다고 해서 노출상위로 올라갈 수는 없다.

판매자는 모두 노출이 중요하다는 것을 알고 있다. 그래서 각종 불법 프로그램이나 자동화된 툴을 통해 자신의 상품을 상위에 노출시키려는 악의적인 행위가 행해지기도 한다. 이러한 어뷰즈(abuse) 행위는 검색 품질을 훼손하고 고객들의 불편과 손해를 초래하기 때문에 네이버에서는 철저히 감시하면서 차단하고 있다.

네이버는 어뷰즈가 있는 상품은 검색 결과에서 하위로 밀어낸다. 따라서 네이버의 검색 알고리즘을 알고 위에서 설명한 기본 요소에서 좋은 점수를 받을 수 있도록 해야 한다. 또한 어뷰즈한 행위는 절대 하지 말아야 한다. 만일 여러분의 상품이 검색 결과 1위에 꽂혀 있어 판매가 잘되고 있을 때 네이버가 어뷰징을 발견하거나, 누군가가 신고를 한다면(반드시 신고하는 사람이 있다) 한순간에 어디로 갔는지도 모르게 날아가 버릴 것이다.

Tip 어뷰징(abusing)에 관하여

어뷰징은 오용, 남용, 폐해 등을 뜻하는 말로, 포털사이트에서 검색을 통한 클릭수를 늘리기 위해 동일 제목의 콘텐츠를 지속해서 전송하거나 인기검색어를 올리기 위해 클릭수를 조작하는 것 등을 말한다. 시스템을 이용해 불법적인 이익을 취하려는 일련의 행위를 어뷰징이라 한다. 그런데 이런 것을 생각해보자. 내 스토어의 클릭수를 높이기 위해 하루 1000명의 방문자를 유도했다고 하자. 그런데 이 사람들의 체류시간, 스크롤 등 검색 패턴이 모두 똑같다면 네이버는 어떻게 생각할까? 또 클릭수 대비 구매전환율이 다른 상품에 비해 현저히 차이가 난다면? 네이버는 이러한 부자연스러운 행위를 어뷰징으로 본다. 클릭수를 높이기 위해 상품 링크를 알려주면서 방문을 유도하는 작업이 오히려 어뷰징 행위가 될 수 있다. 이처럼 우리가 생각지도 못하는 것이 어뷰징이 되어 상위노출을 저해하는 요인으로 작용할 수도 있다. 네이버의 어뷰징 필터링 로직은 날로 진화하고 있다.

앞서 네이버의 검색랭킹 알고리즘은 '**적합도**', '**인기도**', '**신뢰도**'를 바탕으로 하여 노출 순위를 보여준다고 하였다. 그렇다면 이 3가지 요소에서 점수를 높일 수 있는 방법은 무엇일까? 저자는 이것을 '**이륙**', '**비행**', '**착륙**' 로직으로 이 책에서 설명할 것이다.

구분	검색랭킹 구성요소	SEO 핵심요소	해야 할 일
이륙 로직	적합도	• 아이템 • 카테고리 • 상품명 • 이미지 • 속성/태그	• 블루키워드 찾기 • 아이템 찾기 • 상품명 정하기 • 카테고리 매칭하기 • 상품 등록하기
비행 로직	인기도	• 판매건수 • 판매금액 • 클릭수 • 상품찜 수 • 리뷰수	• SNS 마케팅 • 클릭수 높이기 • CPC 광고 • 리뷰 요청 • 고객 불만 처리
착륙 로직	신뢰도	• 네이버쇼핑 페널티 • 고객 혜택 • 상품명 SEO • 이미지 SEO	• 페널티 관리하기 • 재구매 유도하기 • 쿠폰 발행하기 • 이벤트하기 • 상대지수 높이기

1 이륙 로직

'적합도'에서 높은 점수를 받기 위해서는 제일 중요한 것이 **아이템, 카테고리, 상품명, 상세페이지**이다. 내 제품을 상위노출 하기 위해서는 상품을 업로드하는 제품등록의 로직을 정확하게 알고 등록을 해야 한다. 그래야 상위노출을 위한 전략을 짤 수가 있다. 이 항목에서 네이버가 원하는 것에 맞추어 등록하여 높은 점수를 받아야 처음부터 검색 결과의 상위에 포진할 수 있다. 저자는 이것을 '이륙' 로직이라고 한다.

처음 시작을 100페이지에서 하는 것과 2페이지에서 하는 것은 천양지차이다. 100페이지에 있는 상품을 1페이지로 끌어올리기는 쉽지 않지만, 2~3페이지에 있는 상품은 조금만 노력하면 1페이지로 끌어올릴 수 있다(1페이지 중간쯤에 순위가 잡혀야 가장 이상적인 이륙이다). 1페이지 1등을 하기 위해서는 등록 시 최대한 순위를 앞으로 끌어놓아야 하는데, 이것이 이륙 작업이다.

네이버쇼핑 SEO에 맞게 등록하면 내가 노출하고자 하는 블루키워드에서는 최신성 로직과 맞물려 2~5페이지에 쉽게 노출될 수가 있다.

극단적인 예로, 만일 여러분이 아무런 전략과 무기도 없이 무턱대고 상품명에 '원피스'를 넣어 등록하였다고 하자. '원피스'를 검색하면 2024년 4월 현재 네이버쇼핑에 약 2,300만여 건의 상품이 검색된다. 그러면 PC 검색 화면에서 '40페이지씩 보기'로 했을 때 57만 5,000페이지에 여러분의 상품이 전시된다고 볼 수 있다. 이런 일이 현실이 되지 않도록 우리는 이륙 작업에 모든 정성을 쏟아야 한다.

이륙 로직에 맞추어 상품을 등록하였다면 노출 순위를 알아봐야 한다. 상품명에 포함된 키워드로 순위 검색을 해봤을 때 만일 순위가 잡히지 않는다면 이륙 작업에 문제가 있었다는 소리다. 카테고리 매칭이나 상품명, 섬네일, 상세페이지에 잘못된 것이 있는지 살펴봐야 한다. 이 경우 구매가 일어나지 않았다면 잘못된 것을 수정하든지, 아니면 삭제를 하고 7일 후에 재등록을 하는 것도 방법이다. 상품을 재등록하면 최신성 점수를 받을 수 있다. 네이버에 상품등록을 하면 New 배지가 붙는데, 이것이 붙어 있는 동안(7일~9일)은 최신성에서 가산점을 준다.

2 비행 로직

이륙에 성공하여 내가 원하는 제품 키워드에서 앞 페이지에 노출되면 그다음은 세부키워드와 대표키워드 상위에 노출되어 구매가 이루어지게 해야 하는데, 이 과정을 '비행'이라고 한다.

비행은 제품 페이지로의 유입과 구매 트래픽을 일으키기 위한 마케팅이라 할 수 있다. 내가 등록한 제품페이지가 판매 키워드의 상단에 노출되면 판매가 일어나고 리뷰가 하나둘씩 달리는데 이 시

점부터를 '비행'이라고 할 수 있다. 이때에는 '인기도' 항목의 점수를 올리는 데 신경을 써야 한다. 즉 **판매건수, 판매금액, 클릭수, 상품찜 수, 리뷰수**를 올릴 수 있도록 관리를 해야 한다. 경쟁자보다 클릭수(유입률)와 체류시간, 상품찜, 리뷰수에서 더 좋은 점수를 받아야 더 상위로 올라갈 수 있다.

이때는 판매와 관여도가 있는 채널에 마케팅을 해 사람을 유입시키고 구매를 일으켜야 한다. 적정한 효율성을 고려하여 CPC, 바이럴마케팅 등 초기에 집중도 있게 마케팅을 집행해야 할 시점이다.

이렇게 유입률이 올라가고 판매실적이 올라가면 순위는 상승한다. 구매자에게 리뷰 작성을 요청하는 연락도 지속적으로 하고, 고객의 불만 사항에 신속하게 대처하여 악플이 달리지 않도록 해야 한다. 이렇게 인기도 항목의 구성요소에서 점수를 높게 되면 순위는 또 한 번 쑥쑥 올라가게 된다.

3 착륙 로직

비행에 성공하여 상위노출 되면 판매량도 많아지고 리뷰와 찜수도 많이 달리게 된다. 이렇게 상품이 1페이지 상위에 포진하게 되었다면 이제는 그 자리를 지키는 것이 문제이다.

상위노출보다 어려운 게 상위노출을 유지하는 것이다. 수많은 경쟁자들이 그 자리를 뺏기 위해 기를 쓰며 올라오고 있다. 이를 방어하는 전략, 즉 1페이지 1위를 '지키는 전략'이 곧 '착륙' 로직이다.

사실 이것이 제일 어렵다. 이때는 그야말로 프로들의 싸움이다. 경쟁 상대 모두가 판매건수, 리뷰건수, 찜 등에서 나와 비슷한 강력한 무기를 장착하고 있다.

노출 순위를 결정하는 검색 알고리즘의 구성요소 중 하나인 '신뢰도'는 **네이버쇼핑 페널티, 고객혜택, 상품명 SEO, 이미지 SEO** 등을 평가하는 항목인데, 이때는 이 신뢰도 항목에 중점을 두어야 한다.

쿠폰이나 적립금 등 고객에게 감동과 혜택을 주는 이벤트를 벌여야 하고, 단골들의 재구매를 유도해야 한다. 또 빠른 고객 응대와 CS 처리, 빠른 배송으로 신뢰도에서 높은 점수를 받도록 해야 한다. 또한 상대 지수를 높일 수 있는 클릭수나 리뷰수, 찜수를 올리는 일도 꾸준히 해야 한다. 물론 이 자리를 지키기 위해서는 상품명이나 이미지 SEO에 어뷰징이 없어야 하고 페널티도 없어야 한다.

이상 세 가지의 작업 중에서 저자는 이륙 작업을 가장 강조한다. 실질적으로 판매자 스스로의 힘으로 할 수 있는 것이 이륙 작업이다. 비행이나 착륙 로직에 필요한 클릭수, 체류시간, 상품찜, 리뷰수, 이벤트, 배송, 재구매, C/S 등은 판매자 스스로가 점수를 높이는 데 한계가 있다. 이러한 것은 내가 아니라 고객이 해주어야 하는 것이다. 따라서 판매자는 오롯이 스스로 할 수 있는 일, 이륙 작업에 모든 걸 쏟아야 한다. 결과적으로 이륙 시 등록한 쇼핑검색 SEO가 최적화가 되어 있으면 비행의 퍼포먼스와 맞물려 착륙을 위해 서로 유기적으로 연결되면서 순위를 상승시키고 유지시킨다.

5장

상품명을 결정짓는 키워드 찾기

01 판매자의 유형
– 나는 어떤 판매자인가?

모든 판매자들의 고민은 아이템이다. 지금 잘 나가는 아이템도 영원할 수는 없으며, 여름이 되면 겨울 아이템을 고민해야 하고, 겨울이 되면 봄·여름 상품을 준비해야 한다. 또 그때그때 트렌드를 선도하는 아이템도 찾아야 한다. 먹이를 찾아 산기슭을 어슬렁거리는 하이에나처럼 판매자의 숙명은 아이템 찾기이다.

아이템을 찾는 방법은 판매자의 판매 유형에 따라 달라진다. 아이템이 없는 상태에서 아이템을 발굴하여 판매하는 사람이 있는가 하면, 팔아야 할 아이템이 이미 정해져 있는 사람도 있다. 스마트스토어에서의 판매 유형은 다음 두 가지로 나누어 볼 수 있다.

① 키워드를 찾은 후 제품을 소싱하여 판매하는 방법 (종합몰)
② 제품이 있는 상태에서 키워드를 홍보하여 판매하는 방법 (전문몰)

첫 번째는 시장에서 팔릴 만한 키워드를 찾은 후 제품을 소싱하여 판매하는 것으로, 아이템이 없는 사람들이 판매하는 방법이다.

저자는 빅파워 셀러의 제품을 서치하여, 팔리는 아이템의 키워드를 찾아 시장조사를 한 후 소싱하는 방법을 자주 이용한다. 근래 저자가 관심 있는 분야 중 하나가 패션잡화인데, 최근 소싱하여 판매가 잘되고 있는 제품인 '페이크삭스'도 키워드를 분석하고 제품을 소싱하여 판매에 성공한 케이스이다. 현재 하루 200개 이상 판매가 되고 있고, 여름 시즌이 되면 하루 1,000개 이상의 판매를 예상해본다.

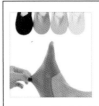

안벗겨지는페이크삭스 실리콘덧신 남자페이크삭스 남자덧신양말	블루하트샵 정보
ⓘ팔고 **1,900원**	🥇빅파워
패션잡화 > 양말 > 여성양말 > 덧신	NPay 포인트 57원
리뷰 961 · 등록일 2019.08. · ♡찜하기 270 · 🔒신고하기	배송비 2,500원
	적립 쿠폰 할인 구매정보

이 방법은 키워드 검색량과 판매량을 파악하여 시장에서 팔릴 만한 키워드를 찾아 아이템을 소싱하는 것이다. 따라서 어느 정도 시장성이 검증된 아이템을 찾아서 소싱하는 것이라서 굳이 마케팅을 많이 하지 않아도 된다.

마케팅보다는 철저한 시장 분석을 통해 팔릴 만한 아이템을 캐치하는 혜안이 필요하다. 같은 아이템이라도 그것을 분석하고 블루키워드를 캐치하는 것은 제각기 다르다. 그래서 같은 아이템을 가지고도 판매자마다 실적이 달라진다.

저자의 경우 아이템 하나를 찾기 위해 3일 밤낮을 꼬박 새워가며 '블루키워드'를 찾고 또 그것을 분석하는 작업을 한다. 그렇게 해서 아이템을 선정해도 시장에서의 결과는 장담할 수 없다.

두 번째는 제품이 이미 있는 상태에서 키워드를 홍보하여 판매하는 방법이다. 오프라인 매장을 가지고 있거나 팔아야 할 제품이 이미 있는 사람들은 상품에 관련된 키워드를 꾸준히 홍보하여 판매가 일어나도록 해야 한다.

이런 경우는 제품과 관련된 최적화된 키워드가 무엇인지를 찾는 것이 중요하며, 이 키워드를 블로그나 카페, 인스타그램, 페이스북 등 SNS를 통해 홍보하는 판매전략을 세워야 한다.

저자의 교육생 중에 '속눈썹영양제'를 판매하는 셀러가 있다. 이 셀러가 스마트스토어를 한 이유는 오프라인 매장의 한계성을 느끼고, 이미 만들어진 물건을 온라인 마켓에서 팔기 위해서였다.

이렇게 팔아야 할 물건이 정해져 있을 때는 판매하는 제품과 관련하여 고객이 이미 알고 있는 대표키워드인 '속눈썹영양제'를 네이버 스마트스토어에 등록하여 세팅하고, 브랜드명인 '미라스떼 속눈썹영양제' 키워드를 지속적으로 바이럴마케팅을 통해 대중에게 알리는 작업을 병행해야 한다.

블로그나 카페, 인스타그램, 페이스북 등 외부채널을 통해 지속적으로 스마트스토어에 유입을 시키다 보면 브랜드 홍보가 판매로 연결되면서 스마트스토어의 랭킹도 자연히 올라가는 이중효과를 볼 수가 있다.

현재 위 제품은 4개월 정도의 마케팅으로 브랜드 키워드 검색량이 늘어나고 스마트스토어 랭킹도 상위에 반영되어 꾸준히 판매되고 있다. 현재의 페이스대로 마케팅을 지속해서 한다면 상당히 좋은 결과가 나올 것으로 예상하고 있다.

당장 팔아야 할 물건이 있는 사람은 이러한 방법으로 자신의 물건을 판매하는 한편, 첫 번째 방법처럼 새로운 아이템을 찾는 작업도 병행해야 한다. 굳이 내 물건만 팔겠다고 카테고리를 한정할 필요는 없다. 스마트스토어에는 고객이 원하는 상품이 무궁무진하다. 그것을 찾아서 판매하는 셀러가 진정으로 훌륭한 셀러이다.

02 키워드의 정의와 종류

아이템 찾기의 핵심은 '키워드'이다. 키워드는 고객이 검색창에 입력하는 핵심 검색어를 말하는 것으로, 이는 고객의 Wants와 Needs가 담겨 있는 중요한 정보이다. 판매자는 여기에 담긴 고객의 정보를 파악하여 상품과 연관성 있는 키워드를 찾아내어야 한다. 고객이 어떤 의도로 키워드를 검색하는지를 파악하고 가치 있는 키워드를 찾아내는 통찰력이 있어야 훌륭한 판매자가 될 수 있다.

뒤에서 설명하겠지만, 스마트스토어 상위노출의 90%는 '상품명'이다. 네이버는 고객이 상품을 검색하면 먼저 검색어와 매칭되는 카테고리를 찾은 후 상품명이 검색어와 가장 최적화된 것을 상위에 보여준다. 그래서 상품명을 잘 지어야 하는데, 그 상품명을 구성하는 것이 바로 키워드이다. 스마트스토어는 곧 상품명의 싸움이고, 이는 곧 키워드의 싸움이라고 할 수 있다. 어떤 키워드를 선택하고 구성하느냐에 따라 승패(勝敗)가 결정된다. 즉 좋은 키워드를 찾는 것이 좋은 아이템을 찾는 것이다.

키워드는 그 성격에 따라 다음과 같이 분류해볼 수 있다.

□ **키워드의 분류**

분류 구분		설명	예시
주제	대표키워드	• 하나의 상품군을 대표하는 키워드 • 흥미 위주의 키워드	원피스, 칫솔, 돗자리
	세부키워드	• 세분화된 키워드 • 목적성을 띤 키워드	시폰원피스, 치과칫솔, 캠핑용돗자리
의도	정보성 키워드	• 정보 검색이 목적인 키워드	코성형, 강남 맛집, 키크는 법
	상품성 키워드	• 상품 구매가 목적인 키워드	청바지, 양말
	다의성 키워드	• 상품성＋정보성인 키워드	다이어트, 아토피, 오일만주스
검색량	블루키워드	• 검색량이 많고 상품수가 적은 키워드 • 전환율이 좋은 키워드	암막양산, 안벗겨지는 페이크삭스, 발핫팩
	레드키워드	• 검색량이 많고 상품수도 많은 키워드 • 시장이 이미 포화상태인 키워드	원피스, 핫팩, 칫솔, 온풍기

여기서 우리가 주목해야 할 키워드는 **세부키워드**, **상품성 키워드**, **블루키워드**이다.

정보성, 상품성, 다의성 검색어

네이버쇼핑에 제품을 등록할 때 상품명에 팔고자 하는 제품과 관여도가 있는 쇼핑검색어를 설정하는 게 가장 중요한데, 대부분의 셀러들은 이 부분을 너무나도 안일하게 생각한다.

키워드를 사용자의 검색 의도에 따라 분류해보면 '정보성', '상품성', '다의성'(상품성+정보성) 검색어로 나누어볼 수 있다. 이 중에서 우리가 상품을 소싱할 때 눈여겨봐야 할 것은 '상품성'과 '다의성' 검색어이다. 즉 고객이 '상품'을 찾기 위해 검색하는 키워드를 찾아야 한다. 검색량이 아무리 많은 키워드라도 정보성 검색의 키워드라면 상품 판매와는 관여도가 떨어질 수가 있다.

네이버 메인에는 뉴스, 쇼핑투데이, 연예, 스포츠, 경제, 건강 등 많은 주제판이 있다. 유저는 키워드를 검색한 후 자기가 검색하는 의도에 따라 주제판으로 이동을 한다.

'양말'을 검색하는 사람의 의도와 패턴은 양말을 구매하기 위해서 쇼핑 주제판으로 이동을 하고, '강남 대치동맛집'을 검색하는 사람은 대치동 맛집에 관한 정보를 얻기 위한 주제판으로 이동을 한다.

키워드를 검색하는 유저는 키워드를 검색하기 전 이미 의도가 정해져 있기에, 우리는 제품 등록 시 반드시 쇼핑판으로 이동할 수 있는 유저의 상품성 키워드를 명확하게 파악해야 한다.

시장에는 지금도 새로운 콘텐츠의 키워드가 무수히 양산되고 있다.

'다의성' 키워드란 검색하는 사람의 정보량에 따라 상품성과 정보성이 공존하는 키워드인데, 주로 최신 유행하는 키워드에 많다. 뜨는 상품성 키워드를 처음 접하는 유저가 검색 키워드의 정보를 얻기 위해 정보 주제판으로 이동을 한 후, 반드시 쇼핑판으로 이동하기 때문에 유행성 키워드인 다의성 키워드를 제품 관여도에 맞추어 상품명에 작성토록 해야 한다.

2 대표키워드와 세부키워드

정보 탐색의 주제에 따라 '대표키워드'와 '세부키워드'로 나눌 수 있다. 대표키워드가 '원피스', '칫솔' 등 우리가 흔히 알고 있는 대카테고리의 상품명이라면 세부키워드는 '시폰원피스', '나시원피스', '교정용 칫솔' 등 좀 더 세분화된 상품명이라고 할 수 있다.

예를 들어 고객이 '요즘 유행하는 원피스'라고 검색을 했다면 '원피스'는 비목적형 소비자의 흥미 위주의 정보 탐색(suefer) 키워드로, 대표키워드이다. '저렴한 시폰원피스'라고 검색을 했다면 '시폰원피스'는 뚜렷한 목적을 가지고 정보를 찾는(searcher) 키워드로, 세부키워드이다.

소비자의 키워드 탐색 로직을 보면 서핑(surfing) → 서퍼(surfer) → 서처(searcher)의 과정을 거친다. 소비자는 대표키워드로 검색을 하다 최종 세부키워드로 구매를 결정한다. 이 목적성을 띤 세부키워드가 바로 소비자의 검색 의도이며, 상품명이다.

★ 목적성 세부 키워드 = 쇼핑 제목명

제품	대표키워드 서퍼(surfer)	세부키워드 서처(searcher)
	원피스	시폰 원피스 린넨 원피스 가을 원피스 나시 원피스 오프 솔더 원피스 하객룩 원피스

03 블루키워드, 레드키워드, 프리미엄 키워드

사용자의 검색량에 따라서는 '블루키워드', '레드키워드', '프리미엄 키워드'로 나누어볼 수 있다.

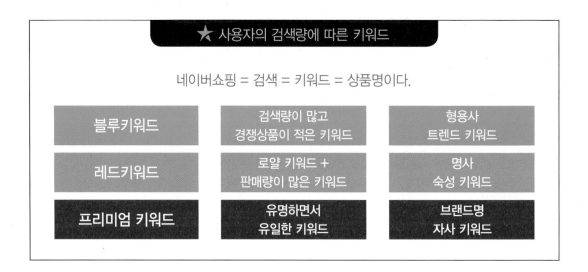

블루키워드는 검색량이 많으면서 경쟁상품이 적은 키워드를 말한다. 키워드에 따라 다르겠지만 네이버 월간 검색량이 1000 이상이 되어야 상품명에 사용했을 때 어느 정도 구매전환율이 일어난다. 여기에 검색량 대비 상품수가 적으면 블루키워드이다.

블루키워드는 소비자의 니즈에 맞춘 키워드이고, 레드키워드를 점령하기 위한 발판이 되는 키워드이고, 돈이 되는 키워드이다.

레드키워드는 검색량도 많고 상품수도 많은 키워드이다. 레드키워드는 월간 검색량이 10,000은 넘어야 한다. '칫솔'은 2024년 4월 현재 네이버 월간 검색량이 48,220(PC 7,320+모바일 40,900)건으로 많고, 네이버쇼핑 상품수도 2,658,117개이다. 이러한 키워드를 레드키워드라고 한다. 원피스, 하이힐 등이 대표적인 레드키워드로, 대부분의 대표키워드는 레드키워드이다.

레드키워드 시장은 이미 포화상태이고 경쟁자가 너무나 막강하기 때문에 초보자는 진입하기가 쉽지 않다. 원피스에 이미 23,300,717개의 상품이 있는데, 초보자가 '원피스'라는 상품명으로 등록하면 어떻게 노출이 되겠는가? 노출은 고사하고 판매자 자신조차 검색으로는 자신의 상품을 찾지 못할 것이다. 그런데 어떻게 고객이 찾아서 구매를 하겠는가? 때문에 처음 시장에 진입할 때는 블루키워드를 상품명에 써서 노출시키는 전략을 써야 한다. 경쟁이 적은 블루키워드 시장에서 순위를 올려 판매를 하고, 리뷰 지수를 늘리고, 힘을 기른 후에 궁극의 목표인 레드키워드를 공략해야 한다.

블루키워드 전략으로 가면 설사 레드키워드를 공략하지 못한다 하더라도 판매가 일어나고 수익을 올릴 수 있다. 물론 처음부터 레드키워드 전략으로 가는 아이템이 있을 수도 있다. 그런 아이템은 레드키워드이면서 블루키워드인 경우이다. 검색량이 많은 대표키워드이지만 상품수가 적은 아이템이다. 그런 아이템이 대박 아이템이다.

프리미엄 키워드는 유명하면서도 유일한 키워드이다. 나이키, 구찌, 스타벅스 등 유명 브랜드명이나 자사에서 브랜딩하여 만든 키워드를 말한다.

판매자가 자사의 브랜드를 상표등록을 하고 널리 알려 브랜딩을 하면 프리미엄 키워드로 만들 수 있다. 자사의 키워드가 프리미엄 키워드가 되면 사람들은 그 키워드를 검색하여 구매를 하게 된다. 이것이 궁극적으로는 판매자가 취해야 할 방법이다. 즉 **자신의 브랜드를 만드는 것이 판매자의 최고의 전략이며 궁극적인 목표이다.** 그렇게 되면 유사상품을 파는 경쟁자로부터 자유로울 수 있다.

저자의 제자 중에 선풍기를 판매하는 사람이 있는데, 이 셀러는 선풍기 제조사와 계약하여 자신만의 모델명을 만들어 판매하였다. 이 전략으로 선풍기 카테고리에서 1위를 하였다.

**04 블루키워드를
찾는 방법**

　　내가 판매하고자 하는 상품과 관련된 블루키워드는 어떻게 찾아야
할까? 판매는 어떤 아이템을 찾고 어떻게 키워드를 마인드맵 하느냐가 중요하다. 이는 결국 검색량
이 많으면서 상품수가 적은 블루키워드를 찾아 상품명에 구현하는 작업이다.

　　다음은 블루키워드를 찾는 과정이다.

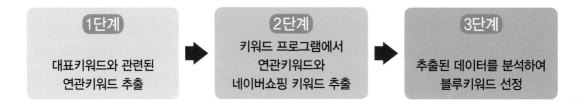

1 [1단계] 연관키워드 추출하기

　　여기서 중요한 것이 1단계인 연관키워드를 추출하는 작업이다. 이것은 판매하고자 하는 상품의
대표키워드와 연관된 키워드를 수집하는 과정으로, 이렇게 수집한 키워드는 '키워드 프로그램'에서
블루키워드를 찾는 검색 소스(검색대표 키워드)가 된다.

　　인터넷에서 대표키워드를 검색하면 보이는 연관키워드 화면은 누구에게나 같지만, 그중에서 키워
드 도구 프로그램에 사용할 키워드를 선택하는 것은 판매자의 몫이다. 검색 결과에서 내가 팔고자
하는 제품과 가장 관련이 있는 키워드를 어떻게 추출하느냐가 관건이다. 최대한 정밀하게 분석하여
연관키워드를 취사선택해야 한다. 저자도 이 연관키워드를 세팅하는 데 가장 많은 시간을 보낸다.
1단계에서 추출하는 이 연관키워드에 따라 2단계와 3단계의 결괏값이 달라지고, 이는 좋은 블루키
워드를 찾느냐 찾지 못하느냐와 직결된다.

　　우리가 블루키워드를 추출하는 이유는 이 키워드를 상품명에 사용하여 '이륙'을 잘하기 위해서이
다. 최대한 판매가 일어날 수 있는 블루키워드를 찾아 상품명에 심어야 한다.

　　블루키워드를 추출하기 위한 1단계 작업은 다음과 같은 프로세스로 진행된다.

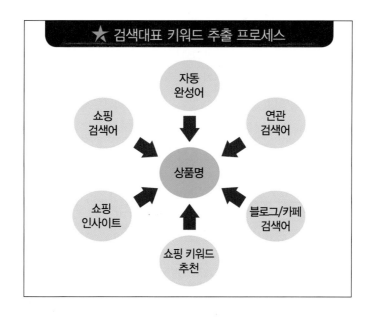

① 네이버 통합검색의 자동완성어

먼저 네이버 통합검색 영역의 '자동완성어'[키워드 태그사전(검색사전)]를 체크한다. 이 자동완성어는 네이버가 '파워링크'와 '비즈 사이트'(광고 영역) 정보를 바탕으로 수집해놓은 것으로, 검색량이 많은 순서대로 배치된다. 여기서 내가 파는 제품과 연관성이 높은 키워드 5개를 고른 후 메모장 프로그램에 붙여넣는다.(꼭 5개일 필요는 없다.) 이것은 2단계 작업에서 분석할 연관키워드가 된다.

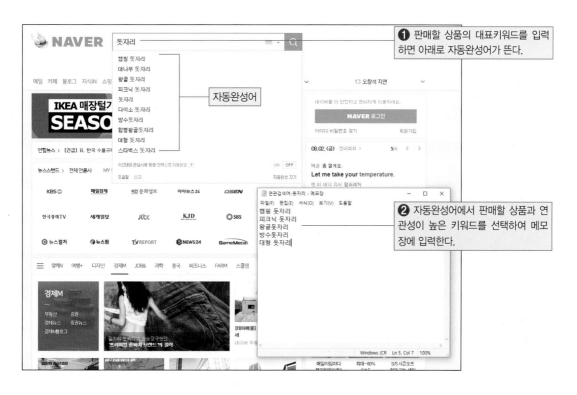

② 네이버 통합검색의 연관검색어

통합검색에서 검색어를 입력 후 엔터를 치면 연관검색어가 나온다. 여기서 앞의 자동완성어와 중복되는 것은 제외하고 5개를 골라 메모장에 추가한다. 자동완성어에도 있고 연관검색어에도 있는 것은 좋은 키워드이니 별도로 체크해두면 좋다.(2020년 3월 이후 연관검색어는 화면 맨 하단 또는 우측에 나타난다.)

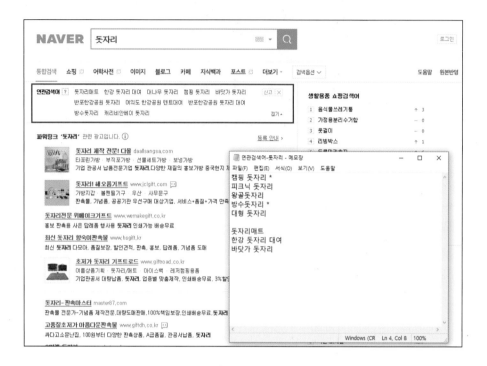

연관검색어는 사용자의 검색량을 반영한 것으로, 검색량이 많아지면 연관검색어에 오르고 줄어들면 빠지게 된다. 자동완성어가 네이버에 의해 만들어지는 것이라면 이 연관검색어는 사용자에 의해 만들어지는 것이다. 네이버에서 '파라핀치료기'를 검색하면 '마디돌봄'이 연관검색어로 뜬다. 마디돌봄은 파라핀치료기의 브랜드명인데, 블로그를 통해 많이 알려지면서 고객들이 많이 검색하게 되어 연관검색어에 뜨게 된 예이다.

③ 네이버쇼핑의 자동완성어

네이버쇼핑의 자동완성어에서도 5개를 고른다. 이것은 쇼핑과 관련된 자동완성어이다. 앞의 ①번과 이 작업은 기본으로 해야 한다.

④ 네이버쇼핑의 연관검색어

네이버쇼핑에서 검색어를 입력한 후 엔터를 치면 쇼핑 연관검색어가 나온다. 이것은 실질적으로 쇼핑과 연관된 검색어로 중요한 키워드이다. 특히 제일 위의 것은 꼭 넣기를 추천한다. '더보기'를 누르면 더 많은 검색어를 볼 수 있다. 이 연관검색어는 쇼핑과 관련된 알짜배기 키워드라고 할 수 있다.

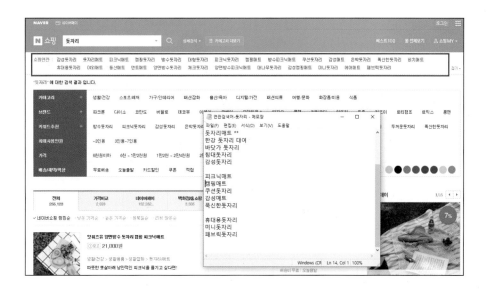

⑤ 네이버쇼핑의 키워드 추천

네이버쇼핑에서 검색어를 입력하고 엔터를 치면 '키워드 추천'이 나온다. 여기서도 5개를 고른다.

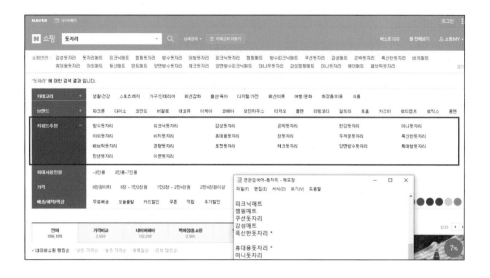

⑥ 블로그의 연관검색어

네이버 블로그판에서 검색어를 입력하고 엔터를 치면 블로그 연관검색어가 나온다. 여기서도 5개를 고른다.

⑦ 카페의 연관검색어

네이버 카페판에서 검색어를 입력하고 엔터를 치면 카페 연관검색어가 나온다. 여기서도 체크를 한다.

⑧ 쇼핑인사이트 인기검색어

데이터랩의 쇼핑인사이트에서 대표키워드의 분야 카테고리를 정해주고 '조회하기'를 클릭한다.(네이버쇼핑에서 키워드를 치고 나오는 상품 중 1위 상품의 카테고리를 확인한 후 데이터랩-쇼핑인사이트에서 그 카테고리를 설정해주면 된다.) 그러면 우측에 실시간 '인기검색어'가 가장 센 키워드 순으로 나온다. 이것이 진짜 쇼핑 키워드이다. 여기서 우리가 실제로 공략해야 될 키워드를 알 수 있다. 바로 맨 위에 있는 '돗자리', '피크닉매트', '방수돗자리' 등이 바로 우리가 공략해야 할 키워드이다. 여기서도 빠진 게 있으면 체크한다.

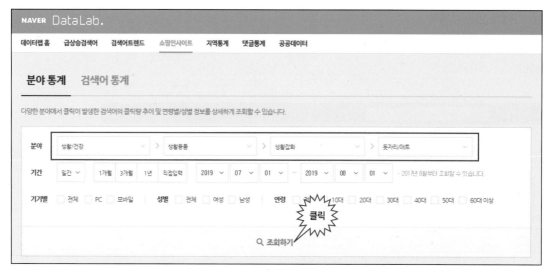

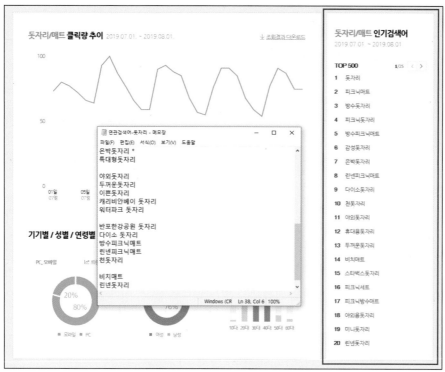

 Tip 쇼핑인사이트 인기 검색어

네이버쇼핑의 모든 카테고리를 '데이터랩 → 쇼핑인사이트'의 '분야'에 넣어 조회해서 나오는 인기검색어 500개를 분석해보면 좋은 블루키워드를 찾을 수 있다.

⑨ 인스타그램, 블로그의 상위 해시태그

인스타그램이나 블로그의 상위에 있는 글의 해시태그에서도 고른다. (중복되면 좋은 것이다.)

⑩ 경쟁 판매자의 상품태그

네이버쇼핑에서 블루키워드로 검색을 하면 나타나는 상위 10개 상품의 상세페이지에 노출되는 태그를 확인하여 키워드를 고른다.

함께 사고 배송비 절약해보세요   전체보기 < >

| 남성 여성 미러 KDEAM 선글라스 (편광렌즈) | 자전거 라이딩 스포츠 고글 선글라스 | 무지에코백 천 가벼운 가방 데일리 캔버스백 | 크로스 여개 바디백 보조 메신저백 여행 가방 남자 여자 공용 | 스포츠 레저 낚시용 편광 미러 선글라스 |
| 17,500원 28,000원 | 15,900원 21,900원 | 5,000원 8,000원 | 7,900원 12,500원 | 16,900원 35,000원 |

Tag

#감성피크닉 #방수돗자리 #휴대용돗자리 #피크닉매트 #휴대용매트 #여행돗자리 #초경량매트 #피크닉돗자리 #블랙매트 #미니매트

상품정보 제공고시

품명 / 모델명   상품상세참조 / SP-2405

⑪ 네이버쇼핑 상위업체의 상품명에서 찾기

네이버쇼핑에서 키워드를 검색하여 1~2페이지에 있는 업체들의 상품명에서 키워드를 찾아본다.

⑫ 쿠팡에서 자동완성어와 연관검색어 찾기

쿠팡에서도 키워드로 자동완성어와 연관검색어를 찾아 고른다.

이렇게 하여 내가 팔고자 하는 상품과 관련된 연관키워드를 추출하였다. 다음은 이 많은 연관키워드 중에서 내 상품명에 사용할 수 있는 블루키워드를 찾는 일이 남았다.

앞서 연관검색어 추출 작업을 통해 판매할 제품의 연관검색어를 메모장에 정리해놓았다. 이제 2단계 작업으로 이것을 키랩 프로그램에서 분석해볼 차례이다. 키랩을 사용할 수 없는 독자들은 네이버 '데이터랩', 네이버 광고 사이트의 '키워드 도구' 등을 이용하여 활용하면 된다.

이 분석을 통해 블루키워드를 추출하고 그중에서 제일 경쟁력 있는 키워드를 3~4개 골라 상품명으로 사용할 것이다. 상품명에 사용하지 않는 차순위의 키워드들도 마인드맵을 하여, 태그, 상세페이지, 페이지 타이틀, 메타 디스크립션, 이미지 파일명 등에 사용하면 된다.

Tip 키랩 프로그램 사용에 관하여

★ 키랩 사이트(https://www.keylab.co.kr)에 회원가입을 하면 2주간 무료로 사용할 수 있으며, 이후 멤버십을 구매하여 유료로 사용할 수 있다.

1) 키랩 미사용자

키랩을 사용할 수 없는 독자들은 다음의 과정을 통해 '연관키워드'와 '카테고리'를 확인할 수 있다. 저자도 처음에는 아래 방법으로 하다가 일의 신속성을 위하여 개발한 프로그램이 키랩이다.

■ 키랩 없이 연관키워드 조회하기

1. 네이버 광고(https://searchad.naver.com)에 신규 회원 가입 후 로그인한다.

2. 광고플랫폼을 클릭한다. 그리고 도구 → 키워드 도구를 클릭한다.

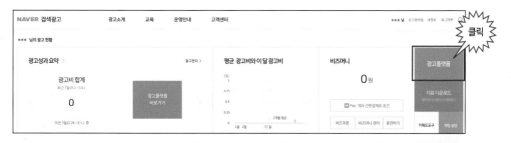

3. '키워드' 항목에 앞서 키워드 추출을 통해 메모장에 정리해 놓았던 키워드를 5개 복사하여 붙여 넣은 후 **조회하기**를 클릭하면 연관키워드 결괏값을 확인할 수 있다. '연관키워드 조회 결과'를 확인 하고 **다운로드** 버튼을 클릭하여 **다른 이름으로 저장**을 클릭하여 저장한다.

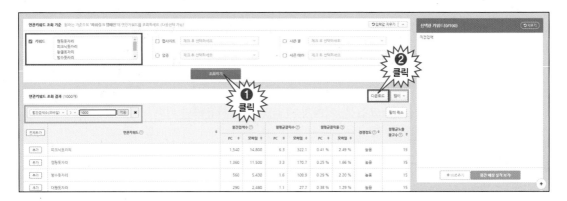

- **필터** 버튼을 클릭하여 '월간검색수(모바일)'을 선택하고 1000을 입력하면 모바일 월간검색수가 1000 이상인 키워드만 조회된다. 블루키워드는 모바일 월간검색수가 1000 이상은 되어야 좋다.

4. 그리고 다시 앞의 과정과 같이, 메모장에 정리해두었던 키워드 5개를 복사하여 '키워드' 항목에 붙여넣고 **조회하기**를 클릭한 후 **다운로드 → 다른 이름으로 저장**을 클릭한다.

이러한 과정을 반복하여 메모장의 키워드를 모두 조회하여 엑셀 파일로 다운로드한다.

5. 다운로드한 엑셀 파일 모두를 열어 내용을 **복사-붙여넣기**를 하여 하나의 파일로 통합한다. 그리고 중복된 연관키워드는 삭제('연관키워드' 셀을 선택하고 데이터 → **중복된 항목제거** 클릭)하고 정리한다.

연관키워드	월간검색수(PC)	월간검색수(모바일)	월평균클릭수(PC)	월평균클릭수(모바일)	월평균클릭률(PC)	월평균클릭률(모바일)	경쟁정도	월평균노출 광고수
캠핑매트	6,710	49,600	21.3	658.6	0.32%	1.42%	높음	15
피크닉매트	2,290	17,200	13.8	322.3	0.61%	2.1%	높음	15
감성매트	160	1,150	0.3	0.3	0.15%	0.04%	높음	15
캠핑용품	40,000	221,800	610.1	5156.6	1.51%	2.58%	높음	15
돗자리	6,110	37,900	9.4	370.3	0.16%	1.11%	높음	15
차박매트	5,580	34,700	40.7	915.2	0.74%	2.77%	높음	15
피크닉용품	250	1,100	2.9	11.3	1.15%	1.2%	높음	15
피크닉돗자리	1,540	14,800	6.3	322.1	0.41%	2.49%	높음	15
캠핑에어매트	3,650	35,300	15.4	574	0.42%	1.75%	높음	15
캠핑돗자리	1,360	11,500	3.3	170.7	0.25%	1.66%	높음	15
자충매트	11,200	53,000	30.7	745.6	0.27%	1.51%	높음	15

■ 키랩 없이 카테고리 확인하기

1. **네이버쇼핑** 검색창에 앞서 엑셀 파일로 다운로드한 '연관검색어'를 하나씩 검색해보면서 첫 페이지에 있는 광고 상품에서 카테고리를 확인한다.

2. 이렇게 키워드의 네이버쇼핑 매칭 카테고리를 확인한 후 앞서 다운로드한 엑셀 파일에 '카테고리 매칭' 열을 만들어 카테고리를 붙여넣기 한다. 카테고리를 확인하는 이유는 키워드와 카테고리가 매칭이 되지 않거나 카테고리가 다른 키워드를 상품명에 같이 사용하면 상위노출이 안 되기 때문이다.

이 밖에 키워드 무료 프로그램 등을 이용하여 '상품수', '네이버 쇼핑판 순위' 등을 조사하여 엑셀 파일에 정리하면 된다.(키랩을 사용할 수 없는 사람은 시간이 걸리더라도 이러한 과정을 거쳐 블루키워드 추출을 위한 엑셀 파일 소스를 만들 수 있다.)

연관키워드	월간검색수(PC)	월간검색수(모바일)	월평균클릭수(PC)	월평균클릭수(모바일)	월평균클릭률(PC)	월평균클릭률(모바일)	경쟁정도	월평균노출 광고수	카테고리 매칭
캠핑매트	6,710	49,600	21.3	658.6 0.32%	1.42%	높음	15		스포츠/레저>캠핑>캠핑매트
피크닉매트	2,290	17,200	13.8	322.3 0.61%	2.1%	높음	15		생활/건강>생활용품>생활잡화>돗자리/매트
감성매트	160	1,150	0.3	0.3 0.15%	0.04%	높음	15		
캠핑용품	40,000	221,800	610.1	5156.6 1.51%	2.58%	높음	15		
돗자리	6,110	37,900	9.4	370.3 0.16%	1.11%	높음	15		
차박매트	5,580	34,700	40.7	915.2 0.74%	2.77%	높음	15		
피크닉용품	250	1,100	2.9	11.3 1.15%	1.2%	높음	15		
피크닉돗자리	1,540	14,800	6.3	322.3 0.41%	2.49%	높음	15		
캠핑에어매트	3,650	35,300	15.4	574 0.42%	1.75%	높음	15		

2) 키랩 사용자

1. 키랩 프로그램에서 **분석 → 블루키워드 → 블루키워드 추출**을 클릭한다.

2. 먼저 '연간키워드 월간검색수'를 1,000회~900,000,000회로 설정하고 **검색조건 저장**을 클릭한다. 그리고 '키워드' 항목에 앞서 메모장에 추출해놓았던 키워드를 5개 복사하여 입력한 후 **연관키워드 조회** 버튼을 클릭한다. 그러면 연관키워드가 추출된다.

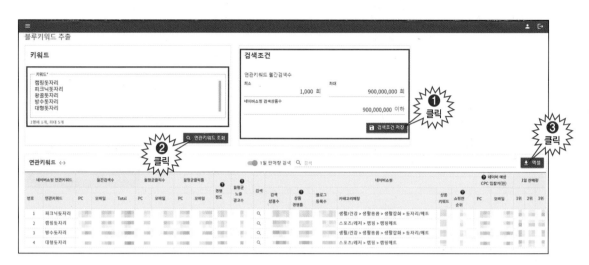

3. **엑셀** 버튼을 클릭하여 분석 결과를 엑셀 파일로 저장한다. 이러한 과정으로 메모장에 저장해둔 키워드를 모두 분석하여 엑셀 파일로 저장한다. 그리고 여러 엑셀 파일의 내용을 통합하여 하나의 파일로 만든다. 다음으로는 이 엑셀 파일을 분석하여 옥석을 고르는 작업을 할 것이다.

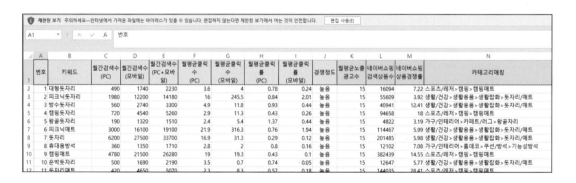

3 [3단계] 엑셀 파일에서 블루키워드 선택하기

연관키워드를 분석한 엑셀 파일에서 상품명에 사용할 블루키워드를 고르는 작업이다.

1. 엑셀 파일을 연 후 '카테고리매칭'을 선택하고 '정렬 및 필터'에서 '텍스트 내림차순 정렬'을 클릭한다.

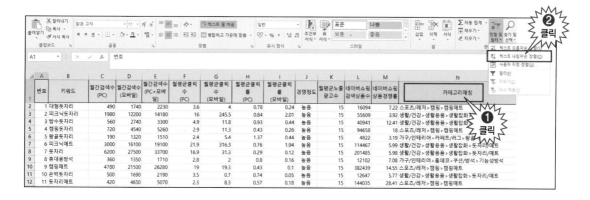

2. '카테고리매칭'순으로 정렬되었다. 팔고자 하는 상품의 카테고리가 아닌 것들은 삭제한다. 컴퓨터에서 사용자들이 검색하는 모든 키워드는 카테고리에 소속되어 있다. '돗자리매트'를 검색하면 컴퓨터는 상품등록 시 '스포츠/레저〉캠핑〉캠핑매트' 카테고리에 등록한 상품을 먼저 보여준다.

판매할 상품과 관련이 없는 카테고리를 삭제하기 전에 한번 훑어보기 바란다. 다른 카테고리에서 의외의 좋은 키워드가 눈에 띌 수 있다. 이런 키워드에서 아이템 소싱에 대한 영감을 얻을 수 있으니 보관해두고 아이템 소싱에 참고하면 된다.

번호	키워드	월간검색수(PC)	월간검색수(모바일)	월간검색수(PC+모바일)	월평균클릭수(PC)	월평균클릭수(모바일)	월평균클릭률(PC)	월평균클릭률(모바일)	경쟁정도	월평균노출광고수	네이버쇼핑검색상품수	네이버쇼핑상품경쟁률	카테고리매칭
29	피크닉가방	420	2300	2720	1.7	3.7	0.43	0.17	높음	15	123166	45.28	패션잡화>여성가방>토트백
14	어린이집매트	330	850	1180	9.4	17.8	3.18	2.33	높음	15	16601	14.07	출산/육아>완구/매트>놀이방매트
51	매트	840	2900	3740	9.7	21	1.27	0.79	높음	15	9489400	2537.2	
67	매트	12800	70700	83500	104.9	1675.8	0.9	2.58	높음	15	9489400	113.6	
88	맞춤매트	130	1340	1470	3.6		2.75	0.16	높음	15	32405	22.04	
94	비눗방울	2040	7650	9690	3.2	3.3	0.17	0.05	높음	15	67870		비눗방울
54	여의도놀거리	520	3360	3880	1	1.1	0.21	0.04	높음	3	1		타레저이용권
24	그늘막텐트	1320	7200	8520	9.7	61.8	0.78	0.85	높음	15	92034	10.8	3-4인용
34	원터치텐트	8920	50600	59520	60.1	1239.3	0.71	2.49	높음	15	128651	2.16	3-4인용
40	원터치그늘막텐트	370	2700	3070	1.6	7.3	0.42	0.26	높음	15	23434	11.62	3-4인용
46	미니텐트	310	1670	1980	1.3	6	0.47	0.39	높음	15	18938	9.56	3-4인용
1	대형돗자리	490	1740	2230	3.6	4	0.78	0.24	높음	15	16094	7.22	
4	캠핑돗자리	720	4540	5260	2.9	11.3	0.43	0.26	높음	15	94658	18	
9	캠핑매트	4780	21500	26280	19	19.3	0.43	0.1	높음	15	382439	14.55	
11	돗자리매트	420	4650	5070	2.3	8.3	0.57	0.18	높음	15	144035	28.41	
27	캠핑용매트	360	1240	1600	3.1	2.3	0.9	0.2	높음	15	18040	11.28	
28	야외매트	280	1030	1310	1.8	3.3	0.67	0.33	높음	15	86886	66.33	

그런데 여기서 생각해볼 것이 있다. 돗자리 키워드가 '스포츠/레저〉캠핑〉캠핑매트'와 '생활/건강〉생활용품〉생활잡화〉돗자리/매트'로 크게 나누어져 있음을 알 수 있다. 여기서 어느 카테고리를 버리기가 쉽지 않다. 키워드에 따라 이렇게 카테고리가 나누어지는 상품이 흔히 있다.

번호	키워드	월간검색수(PC)	월간검색수(모바일)	월간검색수(PC+모바일)	월평균클릭수(PC)	월평균클릭수(모바일)	월평균클릭률(PC)	월평균클릭률(모바일)	경쟁정도	월평균노출광고수	네이버쇼핑검색상품수	네이버쇼핑상품경쟁률	카테고리매칭
1	대형돗자리	490	1740	2230	3.6	4	0.78	0.24	높음	15	16094	7.22	스포츠/레저>캠핑>캠핑매트
4	캠핑돗자리	720	4540	5260	2.9	11.3	0.43	0.26	높음	15	94658	18	스포츠/레저>캠핑>캠핑매트
9	캠핑매트	4780	21500	26280	19	19.3	0.43	0.1	높음	15	382439	14.55	스포츠/레저>캠핑>캠핑매트
11	돗자리매트	420	4650	5070	2.3	8.3	0.57	0.18	높음	15	144035	28.41	스포츠/레저>캠핑>캠핑매트
27	캠핑용매트	360	1240	1600	3.1	2.3	0.9	0.2	높음	15	18040	11.28	스포츠/레저>캠핑>캠핑매트
28	야외매트	280	1030	1310	1.8	3.3	0.67	0.33	높음	15	86886	66.33	스포츠/레저>캠핑>캠핑매트
53	1인용매트	560	2380	2940	4.7	6.3	0.9	0.28	높음	15	81805	27.82	스포츠/레저>캠핑>캠핑매트
56	발포매트	2220	6160	8380	9.9	8	0.48	0.14	높음	15	10664	1.27	스포츠/레저>캠핑>캠핑매트
73	텐트매트	630	3000	3630	1.3	1.7	0.22	0.06	높음	15	56624	15.6	스포츠/레저>캠핑>캠핑매트
77	등산방석	460	1270	1730	1.4	4.3	0.98	0.3	높음	15	11726	6.75	스포츠/레저>캠핑>캠핑매트
2	피크닉돗자리	1980	12200	14180	16	245.5	0.84	2.01	높음	15	55609	3.92	생활/건강>생활용품>생활잡화>돗자리/매트
3	방수돗자리	560	2740	3300	4.9	11.8	0.93	0.44	높음	15	40941	12.41	생활/건강>생활용품>생활잡화>돗자리/매트
6	피크닉매트	3000	16100	19100	21.9	316.3	0.76	1.94	높음	15	114467	5.99	생활/건강>생활용품>생활잡화>돗자리/매트
7	돗자리	6200	27500	33700	16.9	31.3	0.29	0.12	높음	15	201485	5.98	생활/건강>생활용품>생활잡화>돗자리/매트
10	은박돗자리	500	1690	2190	3.5	0.7	0.74	0.05	높음	15	12647	5.77	생활/건강>생활용품>생활잡화>돗자리/매트
12	방수피크닉매트	220	1550	1770	3.8	17.5	1.69	1.1	높음	15	37796	21.35	생활/건강>생활용품>생활잡화>돗자리/매트
13	천돗자리	140	910	1050	1.5	5.8	1.12	0.65	높음	15	1501	1.43	생활/건강>생활용품>생활잡화>돗자리/매트

3. 월간검색수(PC+모바일)를 선택하고 '정렬 및 필터'에서 '텍스트 내림차순 정렬'을 클릭한다. 그러면 월간검색수가 많은 것부터 보여진다.

번호	키워드	월간검색수(PC)	월간검색수(모바일)	월간검색수(PC+모바일)	월평균클릭수(PC)	월평균클릭수(모바일)	월평균클릭률(PC)	월평균클릭률(모바일)	경쟁정도	월평균노출광고수	네이버쇼핑검색상품수	네이버쇼핑상품경쟁률	카테고리매칭
7	돗자리	6200	27500	33700	16.9	31.3	0.29	0.12	높음	15	201485	5.98	생활/건강>생활용품>생활잡화>돗자리/매트
9	캠핑매트	4780	21500	26280	19	19.3	0.43	0.1	높음	15	382439	14.55	스포츠/레저>캠핑>캠핑매트
6	피크닉매트	3000	16100	19100	21.9	316.3	0.76	1.94	높음	15	114467	5.99	생활/건강>생활용품>생활잡화>돗자리/매트
2	피크닉돗자리	1980	12200	14180	16	245.5	0.84	2.01	높음	15	55609	3.92	생활/건강>생활용품>생활잡화>돗자리/매트
56	발포매트	2220	6160	8380	9.9	8	0.48	0.14	높음	15	10664	1.27	스포츠/레저>캠핑>캠핑매트
4	캠핑돗자리	720	4540	5260	2.9	11.3	0.43	0.26	높음	15	94658	18	스포츠/레저>캠핑>캠핑매트
11	돗자리매트	420	4650	5070	2.3	8.3	0.57	0.18	높음	15	144035	28.41	스포츠/레저>캠핑>캠핑매트
76	1인용돗자리	520	4250	4770	6.9	18.5	1.33	0.44	높음	15	8433	1.77	생활/건강>생활용품>생활잡화>돗자리/매트
52	한강돗자리대여	210	4080	4290	2.2	3.8	1.02	0.1	낮음	3	2	0.05	생활/건강>생활용품>생활잡화
73	텐트매트	630	3000	3630	1.3	1.7	0.22	0.06	높음	15	56624	15.6	스포츠/레저>캠핑>캠핑매트
3	방수돗자리	560	2740	3300	4.9	11.8	0.93	0.44	높음	15	40941	12.41	생활/건강>생활용품>생활잡화>돗자리/매트
53	1인용매트	560	2380	2940	4.7	6.3	0.9	0.28	높음	15	81805	27.82	스포츠/레저>캠핑>캠핑매트
1	대형돗자리	490	1740	2230	3.6	4	0.78	0.24	높음	15	16094	7.22	스포츠/레저>캠핑>캠핑매트
10	은박돗자리	500	1690	2190	3.5	0.7	0.74	0.05	높음	15	12647	5.77	생활/건강>생활용품>생활잡화>돗자리/매트
79	돗자리	390	1390	1780	0	2.7	0	0	높음	15	398	0.22	생활/건강>생활용품>생활잡화>돗자리/매트
12	방수피크닉매트	220	1550	1770	3.8	17.5	1.69	1.1	높음	15	37796	21.35	생활/건강>생활용품>생활잡화>돗자리/매트
77	등산방석	460	1270	1730	4.3	3.6	0.98	0.3	높음	15	11726	6.78	스포츠/레저>캠핑>캠핑매트
55	한강돗자리	310	1310	1620	0	0	0	0	높음	3	3792	2.34	생활/건강>생활용품>생활잡화>돗자리/매트
27	캠핑매트	360	1240	1600	3.1	2.3	0.9	0.2	높음	15	18040	11.28	스포츠/레저>캠핑>캠핑매트
25	미니돗자리	180	1360	1540	1.3	1.7	0.7	0.13	높음	15	9704	6.3	생활/건강>생활용품>생활잡화>돗자리/매트
28	야외매트	280	1030	1310	1.8	3.3	0.67	0.33	높음	15	86886	66.33	스포츠/레저>캠핑>캠핑매트
13	천돗자리	140	910	1050	1.5	5.8	1.12	0.65	높음	15	1501	1.43	생활/건강>생활용품>생활잡화>돗자리/매트

'네이버쇼핑 상품경쟁률'(월간검색수 대비 상품수의 비율)을 본다. 상품경쟁률이 높으면 검색량 대비 상품수가 많다는 뜻으로, 센 키워드이다. 낮으면 경쟁력이 좋은 상품이다. 검색량 대비 상품수가 적은 것 위주로 살펴본다.

여기서 우리가 찾는 블루키워드는 상품명에 사용할 마중물과 같은 키워드이다. 신중을 기해 키워드를 선택해야 한다.

Tip 블루키워드 추출 포인트

키랩 프로그램 분석 결과를 가지고 블루키워드를 선정할 때는 다음과 같은 것을 중점적으로 보면서 결정한다.

① 대표키워드의 검색량은 1만 개가 넘어야 좋다.(초보자인 경우는 1~5만 개 사이가 적당하다.)
② 블루키워드의 검색량은 1천 개가 넘어야 한다.
③ 상품경쟁률은 1 이하면 좋다.
④ 상품 검색 수는 10만 이하면 좋다.
⑤ 최종적으로 모바일에서 쇼핑판이 떠야 한다.

'자충매트'의 경우 월간 검색수 37,820, 상품수 18,366개로 상품경쟁력이 0.49로 좋다. 검색량도 많고 상품수도 적어서 좋은 키워드이다. 카테고리는 '스포츠/레저>캠핑>캠핑매트'이다.

키워드	월간검색수(PC)	월간검색수(모바일)	월간검색수(PC+모바일)	월평균클릭수(PC)	월평균클릭수(모바일)	월평균클릭률(PC)	월평균클릭률(모바일)	경쟁정도	월평균노출광고수	네이버쇼핑검색상품수	네이버쇼핑상품경쟁률	블로그등록수	카테고리매칭
돗자리	7800	37000	44800	25.3	445.5	0.36	1.35	높음	15	255245	5.7	748644	생활/건강>생활용품>생활잡화>돗자리/매트
캠핑매트	7620	33300	40920	33.2	135.4	0.48	0.46	높음	15	390237	9.54	114152	스포츠/레저>캠핑>캠핑매트
자충매트	7620	30200	37820	32.7	55.7	0.47	0.21	높음	15	18366	0.49	9439	스포츠/레저>캠핑>캠핑매트
피크닉매트	4230	20700	24930	27.5	412.7	0.73	2.05	높음	15	126839	5.09	45609	생활/건강>생활용품>생활잡화>돗자리/매트
돗자리매트	930	15600	16530	5.5	61.8	0.64	0.43	높음	15	172508	10.44	30571	스포츠/레저>캠핑>캠핑매트

'방수돗자리'는 월간 검색수 6,960, 상품수 44,612개로 상품경쟁률이 6.41이다. 이것 또한 경쟁률은 높지만 블루키워드로 쓰기에 좋은 키워드라 할 수 있다. 그런데 카테고리는 자충매트와 달리 '생활/건강〉생활용품〉생활잡화〉돗자리/매트'이다.

키워드	월간검색수 (PC)	월간검색수 (모바일)	월간검색수 (PC+모바일)	월평균클릭수 (PC)	월평균클릭수 (모바일)	월평균클릭률 (PC)	월평균클릭률 (모바일)	경쟁정도	월평균노출광고수	네이버쇼핑검색상품수	네이버쇼핑상품경쟁률	블로그등록수	카테고리매칭
돗자리	7800	37000	44800	25.3	445.5	0.36	1.35	높음	15	255245	5.7	748644	생활/건강>생활용품>생활잡화>돗자리/매트
캠핑매트	7620	33300	40920	33.2	135.4	0.48	0.46	높음	15	390237	9.54	114152	스포츠/레저>캠핑>캠핑매트
자충매트	7620	30200	37820	32.7	55.7	0.47	0.21	높음	15	18366	0.49	9439	스포츠/레저>캠핑>캠핑매트
피크닉매트	4230	20700	24930	27.5	412.7	0.73	2.05	높음	15	126839	5.09	45609	생활/건강>생활용품>생활잡화>돗자리/매트
돗자리매트	930	15600	16530	5.5	61.8	0.64	0.43	높음	15	172508	10.44	30571	스포츠/레저>캠핑>캠핑매트
캠핑돗자리	2320	9220	11540	14.1	28.3	0.69	0.35	높음	15	93996	8.15	46900	스포츠/레저>캠핑>캠핑매트
텐트매트	2070	8090	10160	10.3	19	0.57	0.27	높음	15	61958	6.1	107110	스포츠/레저>캠핑>캠핑매트
발포매트	2380	5850	8230	6.8	10	0.32	0.19	높음	15	14765	1.79	13147	스포츠/레저>캠핑>캠핑매트
방수돗자리	1200	5760	6960	4.2	19	0.41	0.37	높음	15	44612	6.41	17620	생활/건강>생활용품>생활잡화>돗자리/매트
피크닉돗자리	910	4850	5760	9.5	75.6	1.18	1.91	높음	15	56918	9.88	69443	생활/건강>생활용품>생활잡화>돗자리/매트
대형돗자리	770	2820	3590	5.7	9.8	0.81	0.38	높음	15	19555	5.45	31485	스포츠/레저>캠핑>캠핑매트
캠핑전기매트	410	2040	2450	3	4.7	0.82	0.26	높음	15	8277	3.38	31905	스포츠/레저>캠핑>캠핑매트
온박돗자리	680	1730	2410	1.5	3.7	0.25	0.24	높음	15	21545	8.94	7590	생활/건강>생활용품>생활잡화>돗자리/매트

이런 경우 어떻게 해야 할까? 팔고자 하는 돗자리가 자충매트(자동으로 공기가 충전되는 매트)라면 '자충매트'를 사용하면 된다. 자충매트를 '마중물 키워드'(메인키워드, 판매를 일으키기에 가장 좋은 키워드)로 정했다면 자충매트와 같은 카테고리인 '캠핑매트', '대형돗자리' 등을 블루키워드로 사용할 수 있다.

내가 판매하는 제품이 자충매트가 아니라서 '방수돗자리'를 마중물 키워드로 정했다면 같은 카테고리인 '피크닉매트', '피크닉돗자리', '천돗자리' 등을 블루키워드로 사용할 수 있다.

여기서 주의할 점은 카테고리가 다른 키워드인 '자충매트'와 '피크닉매트'를 상품명에 같이 사용하면 안 된다는 것이다. 반드시 동일 카테고리에 있는 키워드만을 사용해야 한다. 그렇지 않으면 노출 순위에서 밀리게 된다.

키워드	월간검색수 (PC)	월간검색수 (모바일)	월간검색수 (PC+모바일)	월평균클릭수 (PC)	월평균클릭수 (모바일)	월평균클릭률 (PC)	월평균클릭률 (모바일)	경쟁정도	월평균노출광고수	네이버쇼핑검색상품수	네이버쇼핑상품경쟁률	블로그등록수	카테고리매칭
돗자리	7800	37000	44800	25.3	445.5	0.36	1.35	높음	15	255245	5.7	748644	생활/건강>생활용품>생활잡화>돗자리/매트
캠핑매트	7620	33300	40920	33.2	135.4	0.48	0.46	높음	15	390237	9.54	114152	스포츠/레저>캠핑>캠핑매트
자충매트	7620	30200	37820	32.7	55.7	0.47	0.21	높음	15	18366	0.49	9439	스포츠/레저>캠핑>캠핑매트
피크닉매트	4230	20700	24930	27.5	412.7	0.73	2.05	높음	15	126839	5.09	45609	생활/건강>생활용품>생활잡화>돗자리/매트
돗자리매트	930	15600	16530	5.5	61.8	0.64	0.43	높음	15	172508	10.44	30571	스포츠/레저>캠핑>캠핑매트
캠핑돗자리	2320	9220	11540	14.1	28.3	0.69	0.35	높음	15	93996	8.15	46900	스포츠/레저>캠핑>캠핑매트
텐트매트	2070	8090	10160	10.3	19	0.57	0.27	높음	15	61958	6.1	107110	스포츠/레저>캠핑>캠핑매트
발포매트	2380	5850	8230	6.8	10	0.32	0.19	높음	15	14765	1.79	13147	스포츠/레저>캠핑>캠핑매트
방수돗자리	1200	5760	6960	4.2	19	0.41	0.37	높음	15	44612	6.41	17620	생활/건강>생활용품>생활잡화>돗자리/매트
피크닉돗자리	910	4850	5760	9.5	75.6	1.18	1.91	높음	15	56918	9.88	69443	생활/건강>생활용품>생활잡화>돗자리/매트
대형돗자리	770	2820	3590	5.7	9.8	0.81	0.38	높음	15	19555	5.45	31485	스포츠/레저>캠핑>캠핑매트
캠핑전기매트	410	2040	2450	3	4.7	0.82	0.26	높음	15	8277	3.38	31905	스포츠/레저>캠핑>캠핑매트
온박돗자리	680	1730	2410	1.5	3.7	0.25	0.24	높음	15	21545	8.94	7590	생활/건강>생활용품>생활잡화>돗자리/매트
챙핑용매트	510	1780	2290	7.1	3.8	1.43	0.24	높음	15	18910	8.26	10390	스포츠/레저>캠핑>캠핑매트
1인용매트	370	1890	2260	2.3	0.7	0.63	0.04	높음	15	49137	21.74	21963	스포츠/레저>캠핑>캠핑매트
감성매트	320	1730	2050	0.8	3	0.25	0.19	높음	15	31599	15.41	70799	스포츠/레저>캠핑>캠핑매트
야외매트	410	1550	1960	3.5	5.8	0.92	0.4	높음	15	86910	44.34	69979	스포츠/레저>캠핑>캠핑매트
비치매트	400	1460	1860	1.4	8.7	0.38	0.67	높음	14	56809	30.54	43271	생활/건강>생활용품>생활잡화>돗자리/매트
돋자리	400	1290	1690	1.1	2	0.28	0.16	높음	14	255245	151.03	748644	생활/건강>생활용품>생활잡화>돗자리/매트
천돗자리	280	1370	1650	2.3	13	0.98	1.03	높음	14	1019	0.62	36046	생활/건강>생활용품>생활잡화>돗자리/매트
방수피크닉매트	190	1400	1590	1.4	6.3	0.74	0.48	높음	15	36102	22.71	7192	생활/건강>생활용품>생활잡화>돗자리/매트
야외돗자리	250	1200	1450	2	7.5	0.81	0.68	높음	15	33513	23.11	81071	생활/건강>생활용품>생활잡화>돗자리/매트
감성돗자리	210	1130	1340	0.8	4.7	0.41	0.45	높음	15	10072	7.52	24699	생활/건강>생활용품>생활잡화>돗자리/매트

4. 여기서 끝이 아니다. 모바일에서 '자충매트'를 검색하여 쇼핑판이 뜨는지 확인해야 한다. 검색 결과 광고를 제외하고 쇼핑판이 첫 번째에 뜬다. 그러면 이 키워드는 정말 좋은 블루키워드이다. 마중물 키워드로 쓰기에 좋은 키워드이다. 만일 쇼핑판이 없거나 있어도 저 아래에 있다면 마중물 키워드로 쓰기에 좋지 않다. 그것은 전환율이 좋지 않다는 뜻이다.

네이버는 통합검색에서 특정 키워드를 검색하면 그것과 관련하여 매칭이 잘되는 순으로 네이버판을 보여준다. '자충매트'를 검색했을 때 '네이버쇼핑'판이 바로 나온다는 것은 사용자들이 자충매트를 검색하고 쇼핑으로 가는 경우가 가장 많다는 뜻이다.

'코성형'은 이미지판이 먼저 나온다. '코성형'을 검색하는 사용자들은 대부분 코성형에 관한 정보를 얻기 위해서이다. 그래서 '이미지', '지식iN', '블로그'가 상위에 배치된다. 쇼핑판은 뜨지 않는다.

'양말'의 경우는 정보를 얻기보다는 쇼핑을 위해서 검색하는 경우가 대부분이다. 그래서 쇼핑판이 제일 위에 온다.

이렇게 상품명에 쓸 블루키워드를 추출하여 키워드를 마인드맵 해두고 상품명에 사용하면 된다. 키워드를 많게는 50개까지 추출한다. 이렇게 추출한 키워드 중에서 가장 경쟁력이 좋은 키워드 3~4개를 상품명에 조합하여 사용한다. 이때 주의할 것은 카테고리 매칭이 되는 키워드만을 사용해야 한다는 것이다. 나머지는 태그, 상세페이지, 페이지 타이틀, 메타 디스크립션, 이미지 파일명 등에 전략적으로 사용하면 된다.

6장

팔리는 아이템은 어떻게 찾는가

아이템을 찾는 3가지 초점

01

판매는 아이템의 싸움이다. 어떤 아이템이냐에 따라 판매량이 달라진다. 겨울에는 '핫팩'이 잘 나가지만 그렇다고 여름에도 핫팩을 팔 수는 없는 일이다. 내가 핫팩 공장을 가지고 있다 하더라도 마찬가지이다. 자신만의 특별한 아이템이 없는 사람은, 설사 있다고 하더라도 그것으로 아이템을 정해놓고 자신의 한계를 규정지을 필요는 없다. 아이템은 잘 팔리는 것에서 찾으면 된다. 또 아무리 좋은 아이템이라 하더라도 나에게는 맞지 않는 아이템이 있는가 하면, 남에게는 안 좋은 아이템이라도 나에게는 좋은 아이템이 있다. 판매자마다 자금과 규모, 상황 등 환경이 다르기 때문이다.

다음은 아이템을 찾는 데 있어 먼저 고려해봐야 할 사항들이다.

1 트렌드/검색량/인기도

아이템이 트렌드를 반영하는 상품인가를 살펴봐야 한다. 트렌드를 반영한다는 것은 곧 검색량이 많고 인기가 있다는 뜻이다.

'시서스 가루'의 경우 월간 검색량이 100만을 넘지만 상품수는 1,300개를 조금 넘을 뿐이다. 이러한 것이 정말 좋은 키워드이다.

이러한 아이템을 찾았다면, 먼저 내가 소싱을 할 수 있는지를 알아봐야 한다. 검색량은 많은데 상품수가 적은 키워드 중에는 소싱에서 어려움을 겪는 경우가 종종 있다. 제품의 원료가 제한적이라든지, 독점 판매업체가 있다든지 하는 등등의 이유가 있다. 이러한 시장 상황을 파악해봐야 한다.

아이템을 찾는 데 있어 대표키워드의 상품수는 크게 중요하지 않다. 대표키워드의 상품수는 많아도 무시하면 된다. 네이버쇼핑에서 대표키워드인 '칫솔'을 검색하면 2024년 4월 현재 265만 개가 넘는 상품이 있는데 블루키워드인 '치과칫솔'의 상품은 7만 개 정도이다.(cf. 2019년 11월에는 칫솔 160만 개, 치과칫솔 7,800개) 이때는 처음 등록할 때 상품명에 넣어 공략할 블루키워드인 '치과칫솔'의 상품수만 고려하면 된다. 우리는 '칫솔'이 아니라 '치과칫솔'에서 빨리 순위에 잡히는 것이 첫 번째 목표이기 때문이다.

물론 대표키워드와 블루키워드 모두가 검색량은 많고 상품수가 적으면 더할 나위 없이 좋다. 그런 키워드는 '다의성' 키워드에 많이 있다. 그래서 판매자는 항상 트렌드를 살피고, 눈과 귀를 열어놓고, 매일매일 네이버 데이터랩의 '쇼핑인사이트'에 들어가봐야 한다. 이러한 키워드를 찾기에는 쇼핑인사이트만큼 좋은 데도 없다. 우리한테는 키워드가 곧 신제품이다.

어떤 키워드는 블루키워드가 없고 대표키워드만 있는 경우도 있다. 그럴 때는 그것에 대한 전략을 짜야 한다. '오일만주스'는 검색량 대비 상품수가 적은 대표키워드이다. 이 상품은 검색량 5만에 상품수 4만 개(cf. 2019년 11월에는 4,700개)의 '다이어트보조제'라는 블루키워드가 있긴 하지만, 이 단어는 함부로 쓸 수 없는 단어이다. 이럴 때는 바로 대표키워드인 '오일만주스'를 공략하면 된다. 대표키워드에 상품수가 적기 때문에 공략이 가능한 것이다.

아래 그림에서 보면 검색량이 없던 '파인드카푸어' 키워드가 7월 말에 홈쇼핑에 소개된 후 검색량이 급상승하더니 지속적으로 유지되고 있다. 이렇게 트렌디한 상품을 소싱하여 판매하면 단기간에 높은 매출을 올릴 수 있다. 주의할 점은 타이밍을 잘 맞춰야 한다는 것이다. 시장의 흐름을 읽지 못하고 끝물일 때 대량사입으로 진입한다면 낭패를 볼 수도 있다.

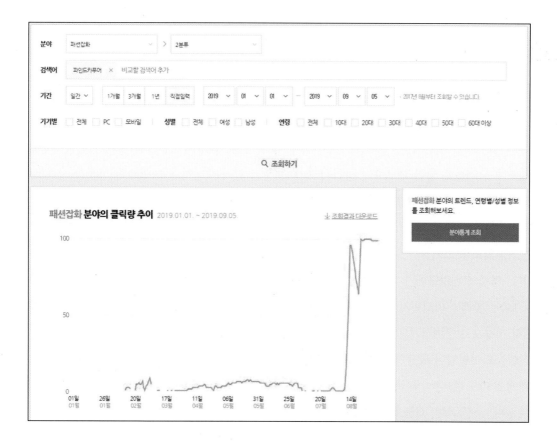

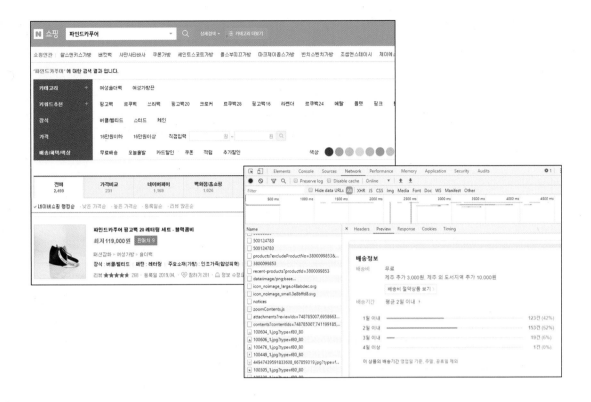

2 범용성/확장성 – 재구매, 대량구매가 가능한 상품인가

[재구매] 아이템이 일회성이 아닌 재구매가 가능하고 대량구매도 가능한 상품인가를 생각해봐야 한다. 식품이나 건강보조제 같은 것은 재구매 확률이 높은 품목들이다.

초보셀러들이 진입하기가 쉽지 않은 카테고리가 식품 카테고리인데, 그 이유는 기존 판매자들이 이미 재구매 고객들을 많이 확보하여 굳건히 자리를 잡고 있기 때문이다. A업체의 김치를 한번 사 먹어 봤는데, 맛있으면 계속 그 김치를 구매하게 된다. 이처럼 단골 고객이 있어 재구매가 일어나는 아이템이 좋은 아이템이다.

[범용성] '업소용 고기불판'의 경우 개인뿐만 아니라 영업점에서 구매를 한다. 즉 범용성이 있는 상품이다. 더불어 대량구매가 가능한 상품이면 좋다. 영업점에서는 한두 개가 아니라 몇십 개를 구 매한다. '죽', '핫팩', '미세먼지 마스크' 같은 경우는 박스 단위로 구매를 하며, 핫팩은 겨울에 건설 현장에서 대량으로 구매하기도 한다.

[확장성] 또 아이템이 확장성이 있으면 좋다. 네이버쇼핑, G마켓 등 오픈마켓뿐만 아니라 블로그 나 카페에 올려도 팔리는 아이템이면 좋다. 이런 곳에서도 팔리는 아이템은 다양하게 마케팅 전략을 펼칠 수 있다. 출산/육아, 식품 쪽에 이런 아이템이 많다. 그래서 빅파워도 이 카테고리에 많이 있다.

3 재무적 사고– 마진이 어떻게 되는가, 전환율이 좋은가

무엇보다 중요한 것이 재무적 사고이다. 얼마나 많이 파느냐가 아니라 얼마나 많이 남기느냐가 중요하다.

찾은 아이템의 현재 1위 판매자가 하루에 1~2개를 팔고 있다면 그 아이템은 포기하는 게 맞다. 내가 1위를 한다 하더라도 하루 2개가 팔릴 것이기 때문이다. 물론 1개를 팔아 마진이 몇만 원씩 된다면 진행해야 한다. 아이템에 따라 이러한 특성들을 잘 살펴봐야 한다.

또 1위 판매자가 많이 팔고 있다고 해서 무조건 뛰어들어서도 안 된다. 아무리 팔아도 마진이 얼마 되지 않는다면 고생만 하게 된다. 하루 10개 팔아 2만 원을 남기는 것보다 5개를 팔아 10만 원을 남기는 아이템이 좋은 아이템이다.

재무적 사고는 먼저 1위 판매자의 판매량을 알아보고, 자신이 목표로 하는 예상 판매량을 정한 뒤, 판매원가와 마진율을 계산하여 얼마를 남길 수 있는지를 알아보는 것이다.

위탁 판매를 하는 판매자라면 다음과 같이 계산해볼 수 있다.

판매원가 = 제조원가(매입원가) + 판관비
판매가격 = 판매원가×(1 + 마진율)

이렇게 자신이 책정한 마진율을 적용하여 책정한 판매가격이 현재 판매자들과 비교하여 낮아야 한다.

하나의 아이템을 결정할 때는 하루에 몇 개(10개)를 팔아, 얼마(10,000원)를 남기고, 한 달 매출 얼마(10×10,000×30=3,000,000원)를 하겠다는 목표를 세우고 시작해야 한다.

'오일만주스'라는 다이어트 제품을 예로 들어보자. 근래에 오일만주스가 알려지면서 검색량이 월 5만이 넘었다. 오일만주스라는 트렌드를 선택하였고, 검색량을 체크하였고, 가격은 평균 2만 원대를 형성하고 있었다. 매입원가를 알아보니 1만 원 내에서 소싱할 수 있었고, 개당 1만 원 이상의 마진이 보장되었다. 1페이지 1위 판매자는 하루 70~80개를 팔고 있었다. 하루 70개를 팔면 한 달이면 2,100만 원이 남는다.

이렇게 생각하는 것이 재무적 사고이다. 1페이지에 꽂았을 때 돈이 되는 것을 판매하는 것이 재무적 사고이다.

핸드메이드 제품을 판매할 때는 특히 재무적인 사고로 접근해야 한다. 주문이 아무리 많이 들어와도 하루에 만들 수 있는 수량은 한계가 있다. 자신이 만들 수 있는 최대 수량을 모두 판매한다고 했을 때의 마진을 생각해봐야 한다. 마진이 좋지 않다면 하루종일 고생만 하고 수입은 없다. 이런 것은 하면 안 된다.

02 아이템을 어디서 찾을까?

아이템은 하루아침에 하늘에서 뚝 떨어지지 않는다. 판매자는 상품 등록과 발송처리 등 스토어의 기본적인 운영에 소용되는 시간 외에는 모든 것을 아이템을 찾는 데 쏟아부어야 한다. 매일 1개의 블루키워드를 찾고 1개의 아이템을 찾는 연습을 꾸준히 해야 한다. 그래야 소박, 중박을 치는 아이템을 만날 수 있고, 그러다 보면 대박 아이템도 찾을 수 있다.

다음은 인터넷상에서 아이템을 찾는 방법이다.

1 네이버광고의 키워드 검색

'네이버광고' 사이트의 '키워드 분석'을 통해 연관검색어에서 참고할 만한 아이템을 찾을 수 있다.

1. 먼저 네이버 화면 하단에 있는 **네이버 비즈니스**를 클릭한다.

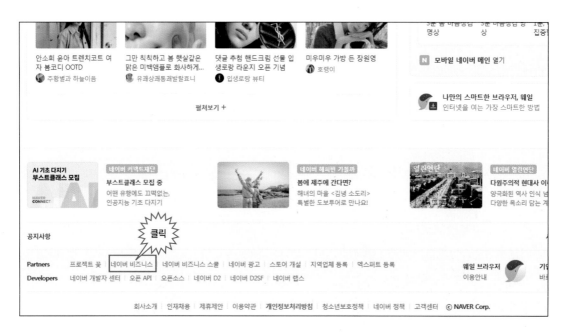

2. 광고 → 검색광고를 클릭한 후 로그인한다.

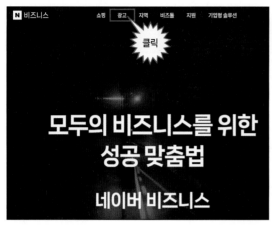 

3. 광고플랫폼을 클릭한다.

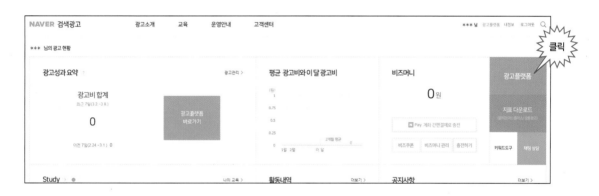

4. 도구 → 키워드 도구를 클릭한다.

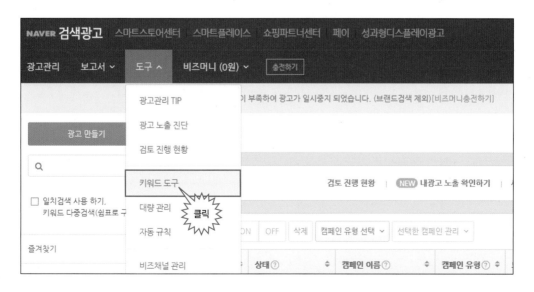

5. 키워드 영역에 대표키워드를 입력하고 **조회하기**를 클릭하면 연관키워드 조회 결과가 나온다.

연관키워드는 과거 테이터를 바탕으로 통계시스템에서 추출한 결과를 보여주는 것이다.

조회 결과에서 '연관키워드'를 찬찬히 살펴보고 '월간검색수'와 '월평균클릭수', '월평균클릭률' 등을 살펴본다. 키워드당 보통 1,000개의 연관키워드가 조회되는데, 한 페이지에 100개의 상품을 기본으로 보여준다. 1페이지뿐만 아니라 뒤 페이지에 있는 키워드들도 살펴본다.

6. 연관키워드가 검색되면 연관되는 키워드의 **추가** 버튼을 클릭한다. 그러면 오른쪽 '선택한 키워드' 항목에 키워드가 추가된다. 그러면 **월간 예상 실적 보기**를 클릭한다.

7. 입찰가에 따른 파워링크 캠페인의 월간 예상 실적이 나온다. '예상 노출수' 기준으로 내림차순 정렬을 한다.

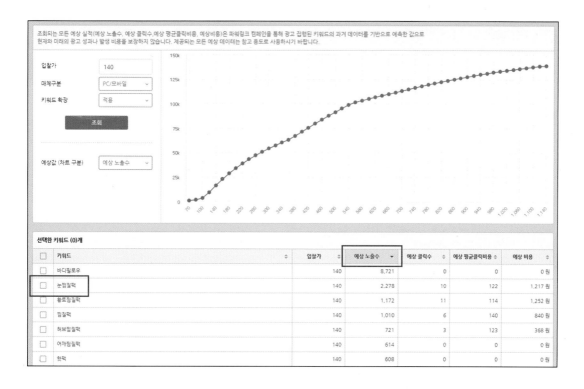

8. 노출이 많은 키워드를 네이버에서 검색한다. 파워링크 광고의 **더보기**를 클릭한다.

9. 그러면 업체리스트가 확장된다. 여기에서 업체를 검색하여 연락을 해보면 상품 수급 가능 업체를 확보할 수 있다.

이렇게 관심 가는 아이템이나 이슈 키워드의 연관키워드 조회를 통해 좋은 아이템을 캐치할 수 있다.

2 / 쇼핑BEST 살펴보기

네이버쇼핑의 '쇼핑BEST'에서 연령/성별의 고객들이 많이 찾고, 구매한 상품 및 많이 검색한 키워드 등을 통해 트렌드를 읽고 상품 소싱에 참고하면 된다.

1. 네이버쇼핑에서 **쇼핑BEST**를 클릭한다.

2. '쇼핑 트렌드 차트', '오늘의 베스트', '별별랭킹', '카테고리 Best', '쇼핑윈도 Best' 등에서 연령/성별 고객들이 많이 찾고 구매한 상품을 확인할 수 있다.

■ **모바일 화면**

모바일(https://m.shopping.naver.com)에서도 베스트 상품을 확인할 수 있다. 메인화면의 서비스 바로가기에서 BEST 아이콘을 터치하면 된다.

이렇게 네이버쇼핑의 '쇼핑BEST' 상품을 살펴보면 최신 트렌드의 흐름을 읽을 수 있고 아이템을 서칭하는 데 도움이 된다.

3 데이터랩을 통한 아이템 서치

네이버 데이터랩(https://datalab.naver.com/)은 네이버 검색 트렌드 및 쇼핑 카테고리별 검색 트렌드를 제공하는 사이트이다. 이곳에서 아이템과 관련한 데이터를 검색해볼 수 있고, 트렌드의 흐름을 파악할 수 있다. 키워드의 검색 결과 비교를 통해 어떤 키워드를 사용하는 게 나을지를 알아볼 수 있다. 클릭 추이와 분야별, 기간별 인기검색어를 통해 확인할 수 있다.

데이터랩의 쇼핑인사이트는 쇼핑과 관련된 것만 모아놓은 곳이다. 우리는 정보 검색이 아니라 쇼핑에 관련된 검색 자료가 필요한 것이다. 쇼핑 인사이트에는 틈새시장을 공략할 만한 아이템들이 수시로 나온다. 그러니 판매자라면 하루에 한 번씩은 꼭 들어가 봐야 한다.

1. 데이터랩 홈의 [분야별 인기 검색어] 탭에서는 네이버쇼핑 카테고리별로 인기검색어를 일간, 주간, 월간 단위로 확인할 수 있다.

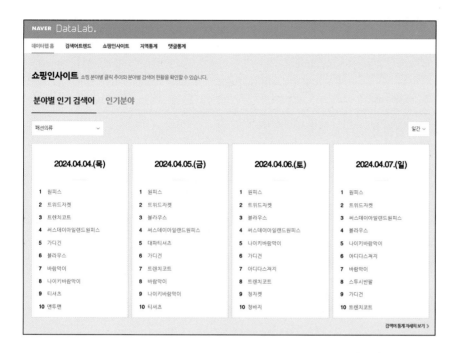

2. [인기분야]에서는 쇼핑 분야별 클릭 추이와 분야별 검색어 현황을 확인할 수 있다. 패션의류, 패션잡화, 화장품/미용, 디지털/가전, 식품 등 분야를 선택하고, 일간, 주간, 월간 단위로 검색어를 확인할 수 있다.

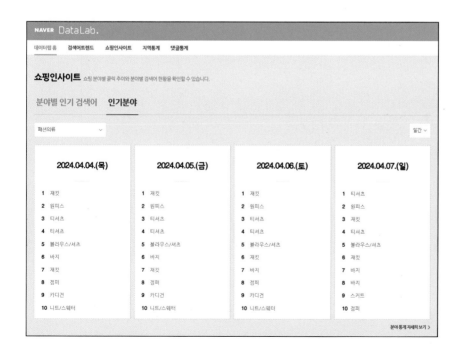

3. [검색어 트렌드]에서는 네이버에서 검색된 검색어의 검색 횟수를 조회할 수 있다. 검색어와 함께 하위 검색어도 콤마(,)로 구분하여 입력해주면 이를 합산하여 검색량을 차트로 보여준다. 복수의 검색어를 입력하여 검색량의 추이를 비교해보는 데 유용하다.

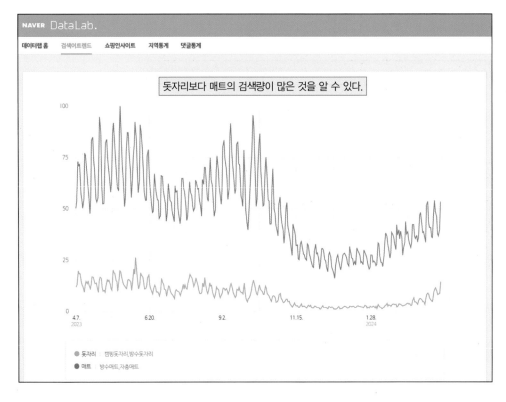

4. [쇼핑인사이트] 쇼핑인사이트는 네이버쇼핑 데이터를 확인해볼 수 있는 곳이다. 다양한 카테고리에서 클릭이 발생한 검색어의 클릭량 추이를 확인할 수 있으며, 연령별/성별 정보를 상세하게 조회할 수 있다.

'분야 통계' 탭에서는 카테고리를 지정하여 클릭량 추이, 연령별/성별 정보를 상세히 조회할 수 있다. 특히 분야 '인기검색어 TOP 500'개를 확인할 수 있는데, 판매자는 자신이 판매하는 상품과 관련하여 이 인기검색어를 유심히 살펴봐야 한다.

'분야'에 네이버쇼핑에서 판매되고 있는 상품의 카테고리를 선택하고 **조회하기**를 클릭하면 인기검색어가 나오는데, 이것이 실질적으로 쇼핑과 관련 있는 알짜배기 인기검색어이다. 이 인기검색어를 잘 분석하면 좋은 아이템을 찾을 수 있다. 판매자라면 매일같이 이 인기검색어를 살펴봐야 한다.

이 인기검색어 모두를 키랩 프로그램의 블루키워드에서 조회하고 분석을 해보라. 어쩌면 인생을 바꿀 노다지를 발견할지도 모른다.

5. '검색어 통계' 탭에서는 클릭이 발생한 연령별/성별 정보를 확인할 수 있다. 비교할 검색어를 추가하여 클릭량을 비교할 수도 있다.

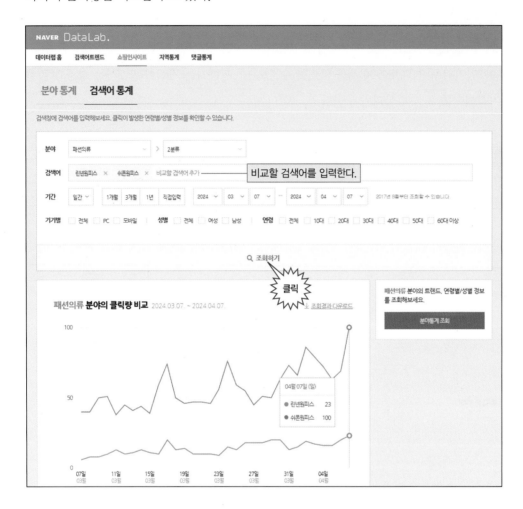

03 빅파워 분석을 통해 아이템을 찾아보자

빅파워만 잘 분석하고 벤치마킹해도 판매를 잘할 수 있다. 무엇을 팔아야 할지 막막하다면 지금 잘 팔고 있는 빅파워 판매자를 분석해보자. '생활/잡화' 카테고리는 아이템이 없는 초보셀러가 진입하기에 좋은 곳이다. 이 카테고리에는 아이템도 많고, 틈새시장도 많다. 판매자의 노력 여하에 따라 얼마든지 노다지를 캘 수 있는 곳이다. 분석할 판매자를 찾았다면 다음의 과정으로 분석을 하면 된다.

1 빅파워 분석 따라 하기

1. 분석할 빅파워의 스토어에서 **'전체상품'**을 클릭한다.

2. '인기도순'을 클릭하여 정렬한다. 그러면 현재 스토어에서 인기가 좋은 순으로 정렬된다. 첫 줄의 인기 베스트 상품을 유심히 체크한다. 그리고 **'누적판매순'**을 클릭하여 비교해본다.

인기도순에서 상위에 있던 것 중에 누적판매순에도 상위에 있는 것이 있다. '안벗겨지는페이크삭스 실리콘덧신 남자페이크삭스 남자덧신양말' 상품이다.

3. 다음으로 '리뷰많은순'을 클릭한다.

이렇게 '인기도순', '누적판매순', '리뷰많은순'으로 상품을 정렬해봤을 때 상위에 중복적으로 보이는 상품이 이 스토어의 주력 상품이다.

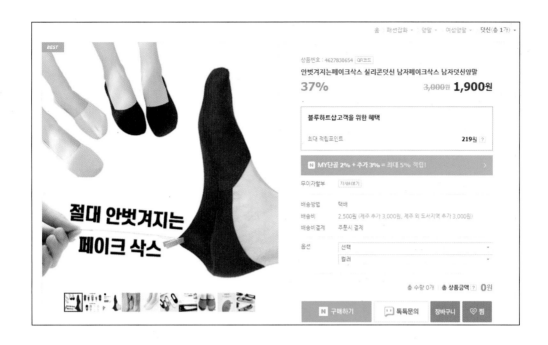

4. 현재 잘 팔리는 상품인지를 보기 위해 리뷰에서 최신 리뷰가 달리고 있는지 확인해야 한다. 상품 페이지에서 '리뷰 – 최신순'을 클릭하여 최근까지 꾸준히 리뷰가 달리는지를 살펴본다. 이것으로 상품의 꾸준한 판매 여부를 확인할 수 있다.

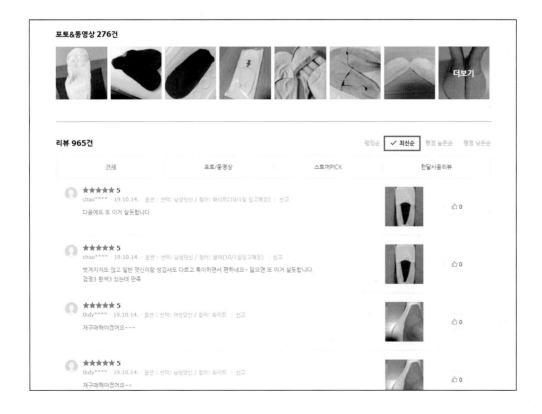

5. 이상으로 이 스토어의 현재 주력 상품은 '안벗겨지는페이크삭스 실리콘덧신 남자페이크삭스 남자덧신양말'임을 알 수 있다. 이 상품의 레드키워드는 '페이크삭스'인 것을 알 수 있다.

빅파워 분석을 위해 아래와 같이 엑셀 시트를 만들어보자(저자가 실제로 경쟁업체를 분석할 때 사용하는 엑셀 폼이다). 빅파워를 분석하여 이렇게 정리를 해놓으면 추후 아이템을 찾을 때도 도움이 된다.

'아이템' 열에 분석한 빅파워의 주력 상품명 전체를 복사하여 붙인다. 상품명에 어떤 블루키워드를 넣었는지 살펴보기 위한 것이다. '레드키워드' 열에는 상품의 레드키워드를 입력한다.

6. 이제 레드키워드와 관련된 자료를 추출한다. 키워드 분석을 할 자료는 앞서 설명한 것처럼 네이버 통합검색의 자동완성어/연관검색어, 네이버쇼핑의 자동완성어/연관검색어/키워드추천 등에서 연관키워드를 추출하여 메모장에 입력한다. 이러한 작업은 모바일 버전에서도 해봐야 한다.(웨일의 모바일 창을 열고 검색하면 된다.) 그리고 블로그, 카페, 인스타그램에서도 키워드를 검색하여 메모장에 입력한다. 이렇게 레드키워드와 관련된 모든 자료를 수집한다.

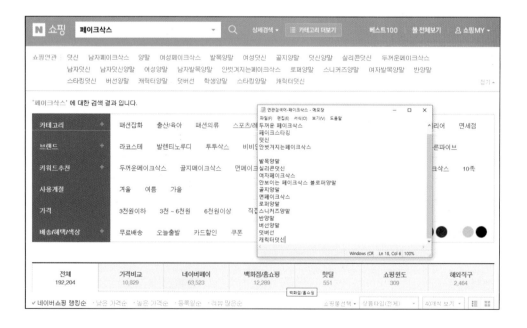

7. 정리된 키워드를 모두 복사하여 엑셀에 붙여넣는다. 무작위로 긁어온 경우 중복되는 키워드가 있다. 이것은 정리해준다. 키워드 열을 선택한 후 메뉴에서 **데이터 – 중복된 항목 제거**를 클릭하면 중복된 데이터는 삭제된다.

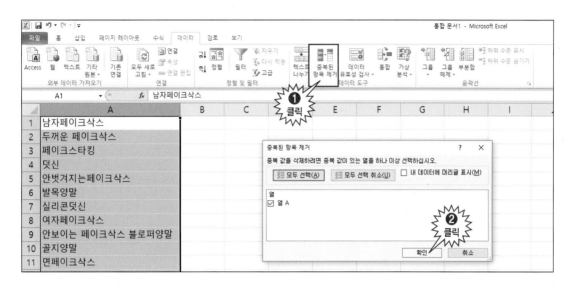

8. 이렇게 정리된 데이터를 5개씩 복사하여 키랩 프로그램에 붙여넣어 연관키워드를 조회한다. 키랩 프로그램이 없는 사람은 네이버 키워드 도구에서 조회하면 된다(키워드 도구에서는 카테고리 매칭은 알 수 없다). 데이터가 분석되면 엑셀 파일로 저장한다.

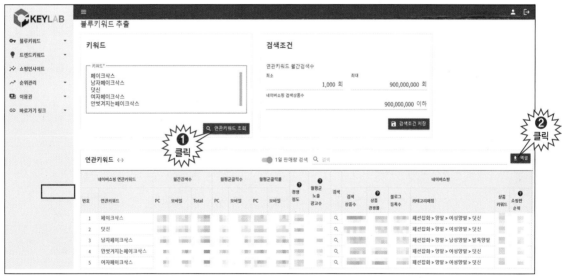

키랩 프로그램에서 연관키워드 조회하기

9. 엑셀 파일을 분석한다.

① 카테고리매칭 – 내림차순으로 정리하여 카테고리가 맞지 않는 것은 삭제한다.

② 그다음 월간검색수를 정렬하여 살펴보고,

③ 네이버쇼핑 상품경쟁률(상품수÷월간검색수)도 정렬하여 살펴본다.

④ 그리고 모바일에서 키워드를 검색하여 쇼핑판이 뜨는지 확인한다.

블루키워드는 검색수는 많고 상품수는 적은 것으로, '네이버쇼핑 상품경쟁률' 열의 수치가 낮을수록 좋다.

번호	키워드	월간검색수(PC)	월간검색수(모바일)	월간검색수(PC+모바일)	월평균클릭수(PC)	월평균클릭수(모바일)	월평균클릭률(PC)	월평균클릭률(모바일)	경쟁정도	월평균노출광고수	네이버쇼핑검색상품수	네이버쇼핑상품경쟁률	카테고리매칭
1	페이크삭스	58600	93500	152100	36.1	35.3	0.07	0.04	높음	15	191943	1.26	패션잡화>양말>여성양말>덧신
2	남자페이크삭스	1470	29000	30470	16.3	22.2	1.16	0.08	높음	15	66956	2.2	패션잡화>양말>남성양말>발목양말
3	덧신	3070	12600	15670	17.4	182.7	0.62	1.56	높음	15	940519	60.02	패션잡화>양말>여성양말>덧신
4	안벗겨지는페이크삭스	640	1580	2220	5.3	14.8	0.98	0.98	높음	15	5562	2.51	패션잡화>양말>여성양말>덧신
5	여자페이크삭스	240	1080	1320	3.9	2.4	1.71	0.25	높음	15	165988	125.75	패션잡화>양말>여성양말>덧신
6	남자덧신	740	1830	2570	11	9	1.59	0.53	높음	15	212388	82.64	패션잡화>양말>여성양말>덧신
7	덧신양말	430	1050	1480	6.3	2.5	1.54	0.26	높음	15	575061	388.55	패션잡화>양말>여성양말>덧신
8	남자덧신양말	190	3630	3820	3.2	24.5	1.81	0.72	높음	15	140090	36.67	패션잡화>양말>여성양말>덧신
9	여자덧신	200	1480	1680	2.5	10.3	1.4	0.76	높음	15	651125	387.57	패션잡화>양말>여성양말>덧신
10	여성덧신	1080	11200	12280	23.9	102	2.38	0.96	높음	15	651125	53.02	패션잡화>양말>여성양말>덧신
11	두꺼운페이크삭스	400	1110	1510	5.2	7.5	1.33	0.74	높음	15	1465	0.97	패션잡화>양말>여성양말>덧신
12	남자발목양말	2200	11300	13500	21.9	43	1.1	0.41	높음	15	368784	27.32	패션잡화>양말>남성양말>발목양말
13	여성덧신양말	60	2620	2680	2.3	35.5	3.49	1.43	높음	15	473467	176.67	패션잡화>양말>여성양말>덧신
14	캐릭터양말	1180	4470	5650	13.9	206.8	1.26	5.09	높음	15	93003	16.46	패션잡화>양말>여성양말>중목/장목양말
15	여성페이크삭스	500	4870	5370	2.8	23	0.68	0.48	높음	15	165988	30.91	패션잡화>양말>여성양말>덧신
16	버선양말	280	2430	2710	1.5	11.5	0.58	0.53	높음	15	31480	11.62	패션잡화>양말>여성양말>덧신
17	요술버선	880	3560	4440	8.9	15.3	1.23	0.56	높음	15	11422	2.57	패션잡화>양말>여성양말>덧신
18	발목양말	3900	7760	11660	15.5	20.4	0.43	0.29	높음	15	744513	63.85	패션잡화>양말>남성양말>발목양말
19	겨울덧신	490	2290	2780	4.5	18.8	1.07	0.93	높음	15	82209	29.57	패션잡화>양말>여성양말>덧신
20	실리콘덧신	210	1270	1480	1.1	3.3	0.55	0.27	높음	15	72471	48.97	패션잡화>양말>여성양말>덧신

Tip 블루키워드 선정 기준

블루키워드를 어떤 것으로 결정하느냐는 판매자의 몫이다. 대략 다음과 같은 기준을 두고 블루키워드를 선정하면 된다.

① 상품수가 5만 이하인 것
② 상품경쟁률이 1 이하인 것
③ 카테고리가 모두 맞는 것
④ 브랜드명은 사용권자가 아니면 제외
⑤ 최신 리뷰가 많이 달리는 상품인 것
⑥ 내 상품과 속성이 맞는 키워드인 것

이렇게 정리하면 다음과 같은 블루키워드를 추출할 수 있다.

번호	키워드	월간검색수 (PC)	월간검색수 (모바일)	월간검색수 (PC+모바일)	월평균클릭수 (PC)	월평균클릭수 (모바일)	월평균클릭률 (PC)	월평균클릭률 (모바일)	경쟁정도	월평균노출 광고수	네이버쇼핑 검색상품수	네이버쇼핑 상품경쟁률	카테고리매칭
2	69 흰색양말	180	1130	1310	1.2	11.5	0.68	1.08	높음	15	13178	10.06	패션잡화>양말>여성양말>덧신
3	51 버선	1120	3140	4260	3.1	16.5	0.29	0.57	높음	15	38395	9.01	패션잡화>양말>여성양말>덧신
4	19 덧버선	630	2600	3230	7.2	12.3	1.17	0.5	높음	15	21133	6.54	패션잡화>양말>여성양말>덧신
5	16 요술버선	340	1500	1840	2.5	10.9	0.75	0.79	높음	14	9202	5	패션잡화>양말>여성양말>덧신
6	37 로퍼양말	690	3240	3930	2.9	3	0.44	0.1	높음	15	17204	4.38	패션잡화>양말>여성양말>덧신
7	4 안벗겨지는페이크삭스	250	1710	1960	3.8	16.3	1.54	1.02	높음	15	5505	2.81	패션잡화>양말>여성양말>덧신
8	63 반양말	510	3530	4040	2.6	12.5	0.52	0.38	높음	15	10336	2.56	패션잡화>양말>여성양말>덧신
9	64 임산부수면양말	220	3420	3640	2.1	7.1	1.04	0.23	높음	15	6035	1.66	패션잡화>양말>여성양말>수면양말
10	96 바디필로우	17100	71300	88400	159.1	2177.6	0.96	3.28	높음	15	145478	1.65	가구/인테리어>홈데코>쿠션/방석>바디필로우
11	44 흰양말	860	4310	5170	9.3	62.6	1.13	1.57	높음	15	6411	1.24	패션잡화>양말>여성양말>덧신
12	41 풀양말	380	3430	3810	1.8	9.3	0.47	0.29	중간	9	1628	0.43	패션잡화>양말>여성양말>덧신
13	43 블로퍼양말	810	7950	8760	7	16	0.88	0.22	높음	15	2543	0.29	패션잡화>양말>여성양말>덧신

분석 결과를 보면 최고의 블루키워드는 '덧버선'과 '안벗겨지는페이크삭스'이다. 추출한 블루키워드를 '쇼핑자동완성어'와 조합하여 상품명을 작성하여 등록하면 된다.

10. 이렇게 분석한 빅파워나 경쟁업체의 데이터를 엑셀 파일에 입력하여 정리한다. 빅파워는 이미 많은 상품을 팔고 있는 판매의 달인들이다. 이러한 빅파워들이 파는 상품을 분석하다 보면 좋은 아이템을 발견할 수 있다. 지금 당장 좋은 아이템을 발견하지 못한다 하더라도 빅파워 분석하기를 통해 향후 아이템을 찾는 데 들어가는 시간적인 손실을 줄일 수 있다. 특히 이 데이터는 시즌 제품이나 계절 제품을 찾는 데 유용한 데이터로 활용할 수 있다.

	B	C	D	E	F	G	H	I
1				**빅파워 분석하기**				
2		담당 카테고리	패션잡화					
3	No.	상호명	빅파워 스토어 링크	아이템 (상품명 전체) 전체상품-(인기도순,누적판매순 첫출中 변동적은 제품)	레드키워드 (상품명)	블루키워드 1 (황금키워드)	블루키워드1 PC검색량 (선택)	블루키워드1 모바일검색량
4	1	블루하트샵	https://smartstore.naver.com/blueheart	안벗겨지는페이크삭스 실리콘덧신 남자페이크삭스 남자덧신양말	페이크삭스	덧버선	630	2600

04 경쟁업체 분석하기

앞서 일련의 작업을 통해 블루키워드를 찾고 아이템을 찾았다면, 이제 경쟁상품을 분석해야 한다. 이 아이템을 소싱할 수 있는지, 판매했을 때 마진이 나오는지를 알아봐야 한다. 경쟁상품 분석은 네이버쇼핑에서 키워드를 입력하여 광고상품을 제외하고 상위에 노출되어 있는 상품을 분석하면 된다. 여기서는 '칫솔'을 예로 들어 설명하였다.

1. 네이버쇼핑에서 키워드(칫솔)를 검색한다.

2. 상위업체의 상품을 분석한다.

상품페이지에 들어가면 '찜하기 수'를 확인할 수 있다. 경쟁자와 최후의 일전을 벌일 때는 결국 '찜수'와 '리뷰수' 같은 인기도에서 승패가 좌우된다.

먼저 가격을 확인하고 경쟁사보다 싸게 팔 수 있는지를 살펴본다.

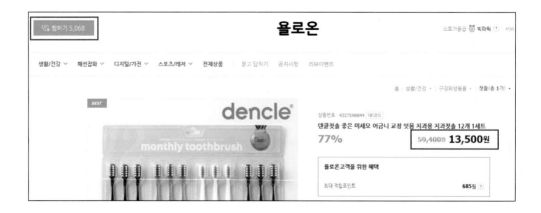

3. 아래로 내려오면 상품 판매량을 확인할 수 있다.

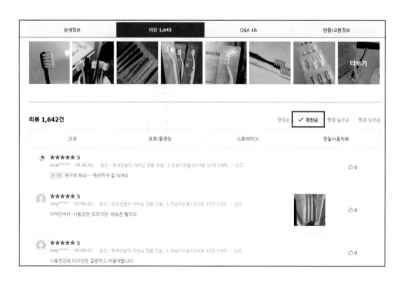

여기에 보이는 '배송기간'은 2주 전 1주일 치의 데이터이다. 2019년 4월 이전에는 위 화면처럼 배송건수가 나왔으나 그 이후부터는 아래 화면처럼 배송 확률만 보여주고 있다. 배송건수가 나왔을 때는 이 데이터를 가지고 하루 평균 판매량을 산출해볼 수 있었다.

하루 평균 판매량 = [1일 이내 + 2일 이내 + 3일 이내 + 4일 이내 배송건수]÷7

(위 상품은 53÷7=7.6이다. 하루 평균 7~8건이 판매된다고 판매량을 유추해볼 수 있다.)

상세페이지에 배송건수가 나오지 않는 상품은 다른 방법으로 확인해봐야 한다.(199쪽, 1) 경쟁상품의 판매량 확인하기 참조)

4. 상세페이지를 둘러보고 벤치마킹할 것이 있는지 확인한다. 그리고 리뷰수를 확인한다. '최신순'을 클릭하여 최근에 몇 개의 리뷰가 달렸는지 확인해본다.

5. 'Q&A' 탭에서 고객들이 궁금해하는 것이 무엇인지 살펴본다.

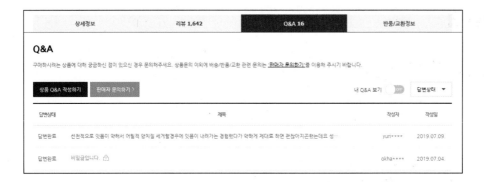

6. 네이버쇼핑에서 블루키워드로 검색 후 검색된 상위업체의 상품페이지 내에 표기된 태그를 복사하여 엑셀에 정리를 한다.

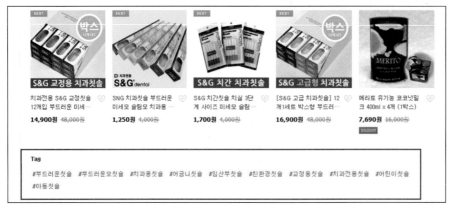

7. 위와 같은 방법으로 상위 10위 업체가 사용한 상품명과 키워드를 확인한다.

Tag
#부드러운칫솔 #부드러운모칫솔 #치과용칫솔 #어금니칫솔 #임산부칫솔 #친환경칫솔 #교정용칫솔 #치과전용칫솔 #아동칫솔

Tag
#왕타칫솔 #이중미세모 #마약칫솔 #백선생 #왕칫솔 #교정용칫솔 #WANGTATOOTHBRUSH #대왕칫솔

Tag
#애터미칫솔 #애터미치약 #골드칫솔 #성인용칫솔 #어린이용칫솔 #치과용칫솔 #어금니칫솔

이러한 분석을 통해, 최종적으로 내가 소싱하여 판매했을 때 마진을 남길 수 있는 아이템인지, 경쟁 상대보다 잘 팔 수 있는지를 분석하고 진입 여부를 결정한다.

경쟁업체 분석에 있어서 중점을 둘 사항은 다음과 같다.

첫째, **판매가격**이다. 키워드 검색 결과 상위에 노출되고 있는 업체의 가격을 살펴보고, 내가 그보다 더 싼 가격에 팔 수 있는지를 체크해야 한다. 아무리 키워드 경쟁력이 좋은 상품이라도 기존에 판매되고 있는 제품보다 비싸면 판매가 되지 않는다. 상위업체 중에는 직접 제조해서 파는 제조사도 있을 수 있고, 밴더사, 독점판매, 대량사입 등으로 판매하는 사람도 있을 수 있다. 그래서 어떤 상품은 도매몰보다 더 싸게 파는 것도 있다.

내 상품이 없어 도매몰을 통해 소싱하는 판매자는 판매가격을 잘 살펴보고 내가 팔 수 있는 상품인지를 체크해야 한다.

둘째, 상품 **판매량**이다. 상위에 노출되고 있는 업체의 상품이 얼마나 판매가 되고 있는지를 체크해야 한다. 상위에 노출되고 있는 상품이 판매가 없다면 그 키워드는 상품성이 없는 키워드이다. 판매가 되면 하루 평균 얼마만큼 판매가 되는지를 체크해야 한다. 그래야 마진율과 판매량을 계산하여 수익을 예상할 수 있다. 수익이 예상되어야 장기적인 판매 플랜을 가지고 앞으로 나아갈 수 있다.

1) 경쟁상품의 판매량 확인하기

스마트스토어 초기에는 상세페이지에서 배송건수를 보여주어 그것으로 경쟁자의 판매건수를 예측할 수 있었으나 지금은 '상품 도착 확률'에 대한 퍼센티지를 보여주고 있다.

상세페이지에서 배송건수를 알 수 없는 상품은 다음과 같은 방법으로 판매량을 알아볼 수 있다.

배송기간 ?		
ⓘ 이 상품의 배송기간	1일 이내	42%
평균 배송기간 2일 이내 상품입니다.	2일 이내	52%
배송기간은 주말/공휴일을 제외한 영업일 기준	3일 이내	5%
	4일 이상	1%

(1) 구매 유도 메시지로 판매건수 확인하기

1. 분석할 경쟁상품의 상세페이지에 들어가면 섬네일 위로 '구매 유도 메시지'가 팝업으로 노출된다.

이 구매 유도 메시지는 해당 판매자가 **스토어관리 → 스토어 전시관리 → 공통관리 → 상품상세 관리**에서 노출(활성화)로 설정해 놓아야 나타난다. 만약 판매자가 상품 판매 정보 노출을 꺼려 하여 비활성화로 설정해 놓았다면 노출되지 않는다.

- 오늘 또는 최근 1주 구매자가 기준 인원 이상이 될 때 오늘 또는 최근 1주간 구매자 수를 노출한다.
- 오늘 또는 최근 1주 구매자가 기준 인원보다 부족 시 6개월~최대 1년 구매자 수를 노출한다. ex) "이 상품은 50명 이상 구매했어요."
- 오늘, 최근 1주, 6개월, 1년 구매자 수가 모두 기준 인원 미만이면, 구매자 수 메시지를 노출하지 않는다.
- 기준 인원은 최대 1,000명까지 직접 입력할 수 있다.
- 단, 6개월~최대 1년 구매자 수가 리뷰 개수보다 작을 수 있으며, 이런 경우 리뷰수 메시지로 대체한다.
- 최근 3개월 재구매자 수 누적 데이터를 활용한다. ex) "최근 3개월간 50명이 재구매했어요"
- 3개월 재구매자 수가 기준 인원보다 부족 시 6개월~최대 1년 재구매자 수를 노출한다. ex) "이 상품을 50명 이상 재구매했어요"
- 1년치 재구매자 수도 기준 인원보다 부족하면, 재구매자 수 메시지를 노출하지 않는다. 기준 인원은 최대 1,000명까지 입력할 수 있다.

2. 구매 유도 메시지는 섬네일 이미지 위로 구매자 수, 재구매자 수 등을 약 5초 동안 노출한다. F5 키를 눌러 '새로고침'을 하면 다른 데이터를 확인할 수 있다. 메시지는 상품별 통계 데이터 또는 설정값에 따라 다르게 나타난다. 이러한 데이터를 참조하여 경쟁상품의 하루 판매량을 유추할 수 있다.

(2) 스스뷰어 확장 프로그램으로 판매건수 확인하기

'스마트스토어 판매건수 뷰어' 크롬 확장 프로그램을 이용하여 판매건수를 확인할 수 있다.

1. 크롬에서 '크롬웹스토어'를 검색하여 들어간다. 크롬 웹 스토어에서 '스스뷰어'를 검색하여 '스마트스토어 판매건수 뷰어' 확장 프로그램을 클릭한다.

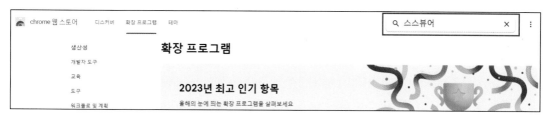

2. Chrome에 추가를 클릭하여 확장 프로그램을 추가한다.

3. 크롬 화면 상단의 확장 프로그램 아이콘을 클릭하면 추가한 프로그램이 나타난다. 스마트스토어 판매건수 뷰어의 압정 모양 아이콘을 클릭하면 크롬 화면 상단에 고정된다.

4. 스마트스토어 상세페이지에서 스스뷰어 아이콘을 클릭하면 해당 상품의 판매건수를 보여준다. '쇼핑몰 전체 판매건수 보기'는 구글 계정으로 로그인해야 볼 수 있다.

05 블루아이템 소싱하기

아이템 분석 결과 시장성이 있다고 판단되면 이제 아이템 소싱처를 찾아야 한다. 아이템 소싱은 온라인 도매사이트와 구글 검색을 통해 하면 된다. 초보셀러들이 손쉽게 소싱할 수 있는 곳이 도매사이트이다. 상품을 소싱할 도매처를 찾았다면 전화를 해서 가격, 최소주문수량(MOQ, minimum order quantity)과 위탁배송 여부 등을 알아보고 계약을 진행하면 된다.

도매몰에서 소싱할 때 제일 중요한 것은 재고 수량이다. 재고가 얼마나 있는지 물어봐야 한다. 한창 팔리고 있는데 재고가 없다고 하면 낭패이다. 주문이 들어왔는데 물건이 없어 판매자가 주문취소를 하게 되면 페널티를 먹게 된다. 그러니 도매몰에서 소싱을 할 때는 그 회사의 컨디션을 잘 살펴봐야 한다.

아이템 소싱 프로세스는 다음과 같이 요약할 수 있다.

① 블루키워드를 통해 경쟁이 적은 아이템을 찾는다.
② 상위 경쟁업체를 분석한 후 가격을 선정한다.
③ 소싱처를 찾아서 계약을 한다.
④ 경쟁이 적은 블루키워드를 상품명으로 하여 상품등록을 한다.

■ **도매차트**(http://domechart.com)
카테고리별로 도매사이트를 한눈에 볼 수 있는 리스트를 모아놓은 곳이다.

■ 도매꾹(http://domeggook.com/)

■ 도매토피아(http://www.dometopia.com/)

사업자 정회원으로 무료 가입을 하면 정회원 도매가에 구매할 수 있다.

■ 펫비투비(https://petbtob.co.kr/)

펫 관련 용품을 소싱하기 좋은 사이트이다.

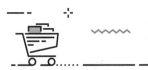

06 시장 진입 시 고려할 점

지금까지 스마트스토어에서 판매를 하기 위한 준비과정에 대해 알아보았다. 이것을 요약하면 다음과 같다.

① 판매하고자 하는 상품의 연관검색어를 찾는다.
② 키랩 프로그램에서 연관키워드와 네이버쇼핑 키워드를 분석한다.
③ 엑셀 파일에서 분석작업을 한다(카테고리 정렬, 검색량 정렬).
④ 검색량 대비 상품수가 적은 것 위주로 블루키워드를 추출한다.
⑤ 추출한 키워드를 PC와 모바일에서 검색하여 쇼핑판이 상위에 오는지 확인한다.
⑥ 추출한 키워드의 판매량을 확인한다.

그리고 이 과정이 끝나고 나면 이제 정말 내가 진입할 수 있는 시장인지를 살펴봐야 한다. 위의 과정을 통해 찾은 아이템이 아무리 경쟁력이 좋은 상품이라 하더라도 섣불리 시장에 뛰어들면 안 된다. 스마트스토어는 만만한 곳이 아니다. 시장에는 여러분이 모르는 뭔가가 있다. 1위를 하는 업체는 그들만의 비밀 로직이 있다. 그것을 모르고 난공불락의 성을 점령하겠다고 뛰어드는 것은 돈키호테의 호기로움밖에 되지 않는다.

이룰 수 없는 꿈을 꾸고,
이룰 수 없는 사랑을 하고,
이길 수 없는 적과 싸우고,
견딜 수 없는 고통을 견디며,
잡을 수 없는 저 하늘의 별을 잡자.

늘 가슴에 품고 있는 《돈키호테》의 뜨거운 한 문장이지만, 이 이상(理想)만을 가지고 스마트스토어를 할 수는 없다. 특히 초보자는 더 그렇다. 밤하늘의 별이 아니라 여러분의 어깨에 매달린 생활을 생각해야 한다. 가능성 있는 곳에서 판매를 하고 돈을 벌어야 한다.

스마트스토어에서의 판매는 하나의 성(城)을 함락하고, 또 그것을 지키는 싸움이다. 스마트스토어에는 무수히 많은 성이 있다. 태산같이 큰 성도 있고, 졸망졸망한 작은 성들도 있다. 이 성을 뺏어 자신이 1위를 하든가, 아니면 시간이 걸리더라도 자신만의 성을 쌓는 것이다. 거창할 필요도, 주눅들 필요도 없이 자신이 공략할 수 있는 성을 공략하고 쌓으면 된다. 그것만으로도 충분히 수익을 올릴 수 있다.

내가 성을 만든다는 것은 알려지지 않은 상품을 바이럴마케팅을 통해 널리 알리고 판매를 하는 것을 말한다. 네이버쇼핑의 약 30%가 이런 성이다. 나머지 70%는 이미 있는 성을 공략하여 빼앗는 것이다. 그러려면 성을 지키는 사람보다 더 강력한 무기가 있어야 한다. 식품 카테고리는 재구매율이 40%에 육박하는 곳으로 제일 공략하기 어려운 성 중의 하나이다.

다음은 시장에 진입하기 전에 고려해야 할 사항이다.

① 상위에 최저가 그룹이 포진하고 있는 곳은 들어가지 마라.

내가 찾은 키워드가 모든 조건을 만족하더라도(검색량이 많고, 상품수가 적고, 전환율이 좋다) '쇼핑몰별 최저가'에 묶여 있는 그룹이 많은 곳은 진입하지 않는 것이 좋다.

'썬크림'은 레드키워드이다. 검색 결과 '쇼핑몰별 최저가'로 묶인 그룹이 여럿 포진하고 있다. 이런 곳은 트래픽의 싸움이다. 초보셀러가 진입하기에는 정말 힘든 시장이다. 만일 창고에 썬크림 재고가 그득그득 쌓여 있어서 썬크림을 꼭 팔아야 한다면, 그때는 썬크림에 관한 블루키워드를 필히 찾아내어 작은 성부터 공략해나가야 한다.

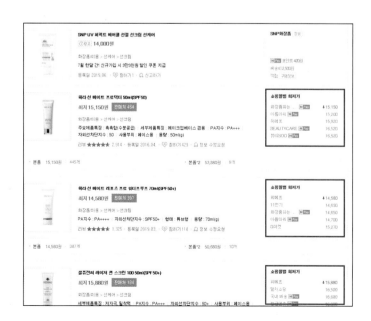

썬크림 같은 경우 상위에 바로 최저가 그룹이 몇 개씩 포진하고 있다. 이런 시장은 진입하기가 용이하지 않다.

② 프리미엄 업체들이 있는 곳은 진입하지 마라.

프리미엄 판매자는 3개월 동안 매출 6억 이상을 하는 업체이다. 이런 업체가 버티고 있는 시장은 난공불락의 성과 같은 곳이다. 웬만하면 진입하지 않는 것이 좋다. 1~3위 업체가 개인몰이라면 어느 정도 내공이 쌓인 판매자는 해볼 만하다.

③ 순이익 대비 마케팅 비용을 최대 30%까지 투자하라.

스마트스토어는 성을 뺏는 것도 어렵지만, 지키는 것이 더 어렵다. 스마트스토어에서 2페이지로 밀리면 의류나 패션 등 일부 카테고리를 제외하고는 대부분 판매가 일어나지 않는다. 1페이지 1위에 꽂혔다면 무슨 일이 있어도 그곳을 지켜야 한다. 그러기 위해서는 계속해서 마케팅에 투자를 해야 한다.

④ 마케팅 후 상위노출 시 단가경쟁력/수급/배송을 확인해보라.

내 상품이 상위에 노출되어 판매가 잘될 때의 단가경쟁력, 상품 수급, 배송 문제 등을 예측해봐야 한다. 도매상을 통해 위탁 판매를 하는 경우, 그 업체가 물량을 감당할 수 있는지, 배송에는 문제가 없는지를 미리 점검해봐야 한다.

저자가 아는 셀러 중에 핸드메이드 제품을 판매하는 사람이 있는데, 이 판매자는 처음에는 하루 1~2개 나가던 상품이 노출이 잘되어 하루 10개의 주문이 들어왔다고 한다. 그런데 아무리 쉬지 않고 만들어도 자신이 하루 만들 수 있는 물량은 5개밖에 안 된다고 한다. 판매자는 주문이 들어왔는데 물건이 없어 못 팔게 되면 정말 잠이 안 온다.

이러한 상황들을 미리 고려해보고 종합적인 판매전략을 짠 후 시장에 진입해야 한다.

7장

상위노출의 90%를 결정짓는 상품명 만들기

01 메타데이터를 무엇으로 할 것인가

고객의 구매 패턴을 보면, 먼저 사이트에서 찾고자 하는 상품을 키워드로 검색한 후 검색 결과 페이지에서 섬네일과 상품명, 가격을 보고 상품을 클릭한다. 그리고 상세페이지에서 내용과 고객 리뷰 등을 살펴보고 구매를 결정한다.

> 키워드 검색 → 상품 클릭(섬네일, 상품명, 가격) → 상세페이지 열람(속성, 리뷰) → 구매 결정

이때 최종적으로 고객의 구매 결정에 영향을 미치는 것은 '상품정보'와 '가격'이다. 네이버의 구매 전환율을 보면 상세설명이 40%, 리뷰 40%, 가격 20% 정도이다.

사실 '상품명'은 고객의 입장에서 보면 크게 중요한 것은 아니다. 판매자가 아무리 길게 늘어놓아도 고객들은 서너 개 키워드만을 읽고 만다. 하지만 판매자에게는 이 상품명이 전부라고 할 수 있다. 상품명이 가장 강력한 '메타데이터'이기 때문이다.

메타데이터는 데이터에 대한 구조화된 데이터로, 데이터를 설명해주는 데이터를 말한다. 예를 들어 책으로 비유하면 책 제목, 지은이, 페이지 수, 가격, 판형, 분야 등 책의 사양(속성 정보)이라고 할 수 있다. 그 책 안에 담긴 내용은 데이터이다.

네이버쇼핑은 고객이 검색을 하면 메타데이터를 바탕으로 검색 결과를 보여주고, 고객은 그것을 클릭하여 상품을 구매한다. 메타데이터의 목적 중 하나는 데이터를 빨리 찾게 해주는 것으로, 정보의 인덱스(Index, 찾아보기) 구실을 한다고 할 수 있다.

네이버쇼핑에서는 섬네일, 가격, 상품명 등이 모두 메타데이터 역할을 하는데 그중에서 가장 핵심적인 메타데이터가 상품명이다. 이 메타데이터를 무엇으로 하느냐에 따라 검색 결과 페이지에서 순위가 결정된다.

02 상품명을 위한 키워드를 마인드맵 하라

키워드 서칭을 하다 보면 대표키워드에서 다양하게 블루키워드가 확산되는 것을 알 수 있다. 또 지금 당장 내 상품에는 맞지 않지만 버리기가 아까운 키워드들도 많이 발견된다. 이러한 키워드들을 그룹핑하여 마인드맵 해놓으면 필요할 때 전략적으로 사용할 수 있다.

예를 들어 샴푸를 판매한다고 했을 때 키워드를 대표키워드 '샴푸'와 '탈모샴푸', '두피샴푸', '천연샴푸', '약산성샴푸' 등의 세부키워드로 나누어 상품명과 상세페이지, 태그 등에 사용할 수 있고, 세부키워드 내에서도 탈모샴푸처럼 탈모 있는 사람들을 타깃으로 세분하여 상품명 및 태그에 사용할 수 있다.

이렇게 키워드를 마인드맵 해두면 상품에 맞게 그때그때 전략적으로 키워드를 사용할 수 있다. 이것은 판매자에게 블루키워드 서칭에 들어가는 시간을 아껴주는 효과도 있다. 지금은 내가 원피스를 판매하지 않지만 언제 기회가 생겨 원피스를 판매할지도 모르는 일이다. 그럴 때를 대비하여 판매자는 시간이 있을 때마다 블루키워드를 서칭하여 마인드맵을 해두어야 한다. 마인드맵은 '알마인드' 등 시중에 있는 마인드맵 프로그램을 이용하면 된다.

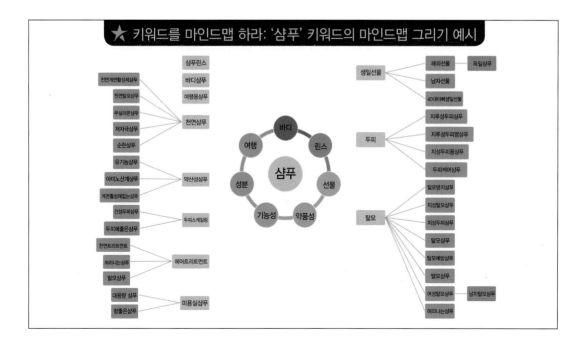

★ 키워드를 마인드맵 하라: '샴푸' 키워드의 마인드맵 그리기 예시

03 계단식 전략으로
이륙하라

앞서 설명한 블루키워드 추출 방법을 통해 상품명에 사용할 키워드를 정했다면, 그것들의 등급을 정할 필요가 있다. 키워드의 경쟁 정도에 따라 '블루키워드A', '블루키워드B', '블루키워드C', '골드키워드' 등으로 분류한 후 판매전략을 짜면 된다. 판매 상황에 따라 점차 높은 키워드를 상품명에 추가하면서(스마트스토어전용 상품명에) 점령해나가면 된다.

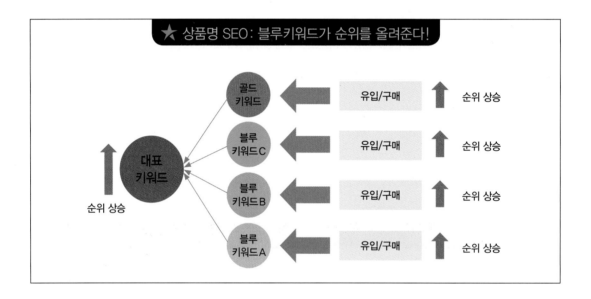

판매자마다 판매전략은 제각기 다르다. 처음부터 대표키워드를 상품명에 넣어 공략하는 사람이 있는가 하면 중간 정도의 키워드로 시작하는 사람도 있다. 그것은 판매자의 전략이며 상품에 따라 다를 수 있다. 하지만 대표키워드와 같이 센 키워드는 이미 그것을 선점하고 있는 업체가 있기 때문에 바로 진입하기가 쉽지 않다. 따라서 초보자는 경쟁이 가장 낮은 키워드부터 시작해 순차적으로 센 키워드를 공략해나가는 계단식 전략을 짜야 한다. 계단식 전략은 '저공비행'을 의미한다.

■ 이륙은 저공비행이다

처음부터 바로 수직 상승할 수는 없다. 천천히 낮게 비행하면서 차츰차츰 고도를 높여야 한다. 시작할 때는 1페이지 중반쯤에서 시작해야 한다. 그리고 3위 업체를 잡고 난 후 1위 업체를 잡는 전략으로 가야 한다. 한 번에 바로 1위 업체를 잡기는 힘들다.

상품등록 후 1일, 7일(상품등록 후 7일 정도는 최신성 점수가 있다.), 15일 전략으로 1페이지 중반까지 올라갈 수 있다.

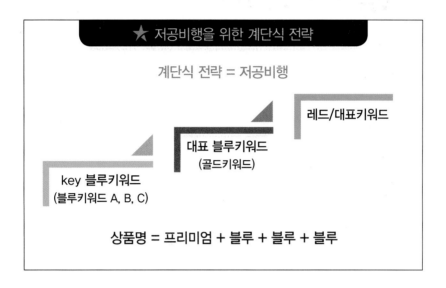

상품을 등록한 후 먼저 1단계로 'Key 블루키워드'에서 1위를 한다(등록 후 7일). 그리고 꾸준히 판매를 하고 리뷰를 쌓은 후 2단계 '대표 블루키워드'에서 1위를 한다(15일). 또다시 판매를 쌓아 3단계로 '레드/대표키워드'에서 1위를 하는 것이다(30일). 이것이 계단식 전략이고, 저공비행이다.

'프라이팬'은 레드키워드이다. 따라서 처음부터 상품명에 '프라이팬'을 넣지 말고 프라이팬과 연관된 블루키워드를 찾아서 '블루키워드 A + 블루키워드 B + 블루키워드 C'를 조합하여 상품명을 만든다. 그러면 고객이 블루키워드 A나 B, C로 검색을 했을 때 상품이 상위에 노출되고 판매가 일어난다. 이렇게 경쟁이 적은 블루키워드에서 상위에 노출되고 판매가 쌓이면 어느 순간 레드키워드(프라이팬)에도 노출된다. 레드키워드에 노출되면 판매는 더 탄력을 받게 되고, 그동안의 판매와 리뷰 지수가 쌓여 레드키워드에서도 상위에 노출된다. 네이버는 구매가 일어나면 자동으로 순위가 올라가는 로직이다.

 Tip 저공비행 아이템 선정의 기준

① 시즌 내내 팔려야 한다.
② 최저가에 묶여 있지 않아야 한다.
③ 경쟁자가 없는 곳에 먼저 꽂아라. 네이버는 선점자에게 점수를 더 준다.
④ 단발성 키워드는 하지 마라. [어버이날은 매년 온다(○), 휴가 상품(○) / 미세먼지는 안 올 수 있다. 미세먼지 마스크(×)]

04 상품명 작성의 키포인트

초보자들이 범하기 쉬운 실수 중 하나가 상품명에 모든 키워드를 넣으려 한다는 것이다. 노출 욕심에 이것저것 키워드를 조합해서 상품명을 만들다 보면 카테고리가 서로 맞지 않는 키워드들이 섞일 수도 있고, 단어가 중복되기도 한다. 이렇게 상품명을 무겁게 만드는 것은 이륙을 방해하는 요소이다.

모든 키워드를 상품명에 넣으려 하지 말고, 팔리는 키워드를 넣어야 한다. 팔리는 키워드는 전환율이 좋은 상품성 키워드를 말한다.

① 최대한 짧게 쓰라.

네이버의 상품명 가이드라인을 보면, "상품명에 중복된 단어, 상품과 관련 없는 키워드, 할인 정보 등은 제외하고 간결하게 작성하라"고 되어 있다. 여기서 제일 주목할 것이 '간결하게'라는 문구이다.

초보셀러는 상품명에 많은 키워드를 넣으면 어떻게든 검색에 걸리겠지 하는 생각에 무조건 많이 집어넣으려고 한다. 그도 그럴 것이 네이버는 상품명을 50자 내외로 권장하고 있고, 최대 100자까지 노출되기 때문이다. 하지만 50자 이상이 되면 네이버가 어뷰즈로 판단할 확률이 높다.

네이버는 50자 이하를 권장하고 있지만, 저자는 처음 상품을 등록할 때 상품명을 30자 이내로 쓴다. 이륙을 할 때 최대한 가볍게 하기 위해서이다.

이륙 시 상품명: **모기박살 가정용모기퇴치기**
비행 시 상품명: **모기박살** 1+1 **가정용** 해충 벌레 파리 날벌레 날파리 **모기퇴치기** 포충기 포집기 모기트랩

'해충 퇴치기' 카테고리에서 상위 노출된 저자의 상품명 예이다. 처음 상품을 등록할 때는 '모기박살 가정용모기퇴치기'라고 짧게 썼다. '모기퇴치기' 키워드는 대표키워드라서 처음부터 바로 공략하기에는 너무 센 키워드였기 때문이다. 그래서 검색량과 전환율이 많고 경쟁자가 적은 블루키워드인 '모기박살'과 '가정용모기퇴치기'를 집중 공략하였다. '모기박살', '가정용모기퇴치기'에서 판매 1위가 되자 '해충퇴치기'에서도 1페이지 상위노출에 랭크되었고, 상위노출 후 키워드 상품명을 추가 변

경하였다. 상위노출의 자리를 지키기 위해서 검색어의 유입을 확장하기 위해 '해충', '벌레', '포집기', '포충기' 등 동일 카테고리에 있는 블루키워드를 '스마트스토어전용 상품명'에 추가하였고, 여름 내내 억대 매출을 올릴 수가 있었다.

② 붙여 쓰라.

처음 등록할 때는 상품명을 짧게 쓰고, 붙여 써야 한다. 상품명을 띄어 쓰면 컴퓨터는 이것을 여러 개로 조합한다. 그러면 늘어난 키워드만큼 상품명은 무거워질 수밖에 없다.

컴퓨터는 사람이 아니다. **우리가 상품명을 작성하는 것은 고객을 위해서가 아니라 컴퓨터가 내 제품을 쉽게 인식하도록 하기 위한 것이다.** 컴퓨터는 모든 키워드들을 조합하기 때문에 키워드가 많으면 많을수록 조합도 많아진다.

키워드가 많으면 많은 만큼, 조합이 되면 될수록 컴퓨터는 그것을 해석하기 위해 많은 과정을 거친다. 이것을 컴퓨터가 '대문을 연다'라고 표현하는데, 컴퓨터는 키워드를 조합할 때마다 문을 열고 나가고, 열고 나가기를 반복 수행한다. 그리고 이렇게 조합되는 키워드들이 많아지면 상품을 어디에 매칭해달라는 건지 헷갈려 한다.

예를 들어 '미세모 치과 잇몸 어금니 칫솔'이라고 입력하면 컴퓨터는 미세모, 치과, 잇몸, 어금니, 칫솔, 미세모 치과 잇몸 어금니 칫솔, 미세모 치과, 미세모 잇몸, 미세모 어금니, 미세모 칫솔... 등 등 수십 개로 인식을 한다. 그러다 보니 상품을 정확하게 어디에 노출시켜 달라는 건지 사용자의 의도를 알지 못해 버벅거리게 되고, 결국 순위에서 뒤로 밀어버린다.

반면 '치과칫솔', '미세모칫솔'과 같이 붙여서 입력하면 컴퓨터는 치과칫솔과 미세모칫솔에 노출시켜달라는 판매자의 의도를 쉽게 알아차리고 고객이 검색했을 때 바로 매칭시켜 상위에 보여준다. 컴퓨터에 있어서 '칫솔'과 '치과칫솔'은 다른 키워드이다.

저자의 교육생 중 '죽'을 판매하는 한 셀러도 상품명을 '서울 마님 죽'으로 하지 않고 '서울마님죽'으로 붙여 써서 상위에 노출할 수 있었다.

③ 3개의 키워드를 조합하라.

블루키워드가 많다고 해서 모든 걸 담으려 해서는 안 된다. 상품명은 3개 정도의 키워드를 조합하여 만드는 것이 가장 좋다.

비행기가 가벼워야 쉽게 이륙할 수 있는 것처럼 상품명이 가벼워야 쉽게 이륙하여 순위를 끌어올릴 수 있다. 처음부터 순위를 당겨놓아야 1페이지로 올라가기가 쉽다.

상품명 구성: 블루키워드 + 블루키워드 + 블루키워드 + 세부키워드

블루키워드는 앞서 설명한 것처럼, 검색량 대비 상품수가 적고, 구매전환율(판매건수)이 좋은 키워드를 말한다. 키워드를 모바일에서 검색했을 때 쇼핑판이 상위에 떠야 전환율이 좋은 팔리는 키워드이다. 이러한 키워드를 상품명에 넣어야 한다.

상품에 따라 블루키워드가 4~5개씩 많은 키워드가 있는가 하면 하나도 없는 것도 있다. 이때는하는 수 없이 레드키워드만으로 상품명을 구성하는 수밖에 없다. 블루키워드가 잘 없는 카테고리로는 '식품' 카테고리를 들 수 있다.

④ 직접 입력하라.

상품명을 입력할 때는 복사하여 붙이면 안 된다. 손으로 직접 타이핑해서 입력해야 한다. 그래야새로운 것으로 인식되어 최신성 점수를 받을 수 있다.

⑤ 어순에 맞게 구성하라.

상품명은 되도록 읽기에 편하도록 어순에 맞게 구성하는 게 좋다. '고기불판 대용량'보다는 '대용량 고기불판'으로 하는 것이 좋다.

상품명을 구성할 때 공략할 키워드를 제일 앞에 쓰면 노출에 더 유리하다는 말이 있는데, 네이버쇼핑에서는 그렇게 한다고 해서 큰 효과가 있는 건 아니다. 이러한 전략은 블로그에서는 통할 수 있다.

⑥ 상품명, 섬네일, 대표옵션값은 같아야 한다.

섬네일은 상품명과 같은 이미지여야 하며, 옵션이 있는 상품이라면 대표옵션값도 같은 것이라야한다. 이것이 일치하지 않으면 어뷰징이다.

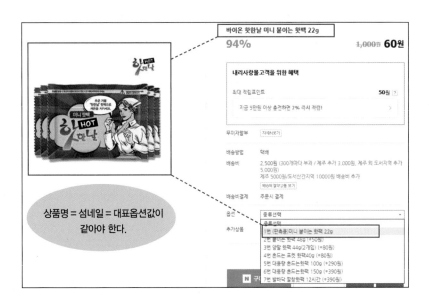

고객은 상품을 검색한 후 검색 결과 페이지에서 먼저 섬네일과 가격을 본다. 그리고 마음에 드는 상품을 클릭하여 상품페이지로 들어간다. 이러한 고객의 구매 패턴을 악용하여 상품명과 다른 섬네일을 사용하거나 대표옵션이 아닌 제일 싼 옵션 상품의 가격을 등록하여 고객의 유입을 유도하는 경우가 있다. 이렇게 고객을 현혹하는 행위는 네이버의 검색품질을 떨어뜨리기 때문에 네이버에서는 어뷰징으로 처리하여 하위 순위로 밀어버리거나 삭제를 한다.

네이버는 상대적인 싸움이다. 내가 1위를 차지하면 1위를 하던 판매자는 순위가 밀려날 수밖에 없다. 그런 경우 내 상품에 문제가 있는 것을 발견하고 누군가가 신고를 하면 내 상품도 삭제당할 수밖에 없다. 그러니 처음 등록할 때부터 제대로 하여 이런 불상사를 겪지 않도록 해야 한다.

⑦ 대표키워드를 쓰지 마라.

네이버는 상품명에 대표키워드를 쓰지 말라고 한다. 판매자는 혹시나 하는 마음에 상품명에 대표키워드를 넣어보지만 노출에 전혀 도움이 되지 않는다.

처음 상품을 등록할 때는 대표키워드가 아닌 세부키워드, 정보성이 아닌 상품성 키워드, 레드키워드가 아닌 블루키워드를 쓰는 것이 정석이다.

이륙 후 순위가 잡히고 판매가 일어나면 대표키워드와 레드키워드를 상품명에 추가하면서 공략해 나가면 된다.

유형	내용	특징
블루키워드(세부키워드)	검색량이 많고 경쟁상품이 적은 키워드	형용사, 수비수/수색대
레드키워드(대표키워드)	로얄키워드 + 판매량이 많은 키워드	명사, 미드필더
프리미엄 키워드(내가 만든 키워드)	유명하면서도 유일한 키워드	명사, 브랜드, 공격수

하나의 제품에 보통 20개 정도의 키워드를 심을 수 있다. 상품명에는 판매를 일으킬 수 있는 마중물 키워드만 간결하게 쓰고 나머지는 태그에 넣으면 된다.

처음 상품을 등록할 때는 이렇지만, 궁극적으로는 3개(블루, 레드, 프리미엄)의 키워드를 모두 상품명에 꽂아야 한다.

텀블러(레드) + 빨대텀블러(블루) + 스타벅스텀블러, 비바채텀블러(프리미엄)

블루키워드를 찾아서 상품명에 넣고, 레드키워드에서 짱을 먹고, 프리미엄 키워드로 가야 한다. 이것이 궁극적인 키워드 전략이다. 그래야 1페이지 1위에서 롱런할 수 있다.

⑧ 카테고리와 매칭되는 키워드만 상품명에 넣어라.

네이버쇼핑에서 모든 키워드는 카테고리에 소속되어 있다. 네이버의 키워드는 사용자들이 많이 등록한 카테고리로 자동 변경된다. 예를 들어 '아침식사대용'이라는 키워드로 '떡' 카테고리에 상품을 등록한 사람이 많으면 '떡' 카테고리가 되고, '죽' 카테고리에 올린 사람이 많으면 '죽' 카테고리가 된다. 이렇게 네이버에는 아직 픽스되지 않은 카테고리들이 있다.

만일 이러한 것을 알지 못하고 카테고리가 다른 키워드를 상품명에 넣으면 순위에서 밀리게 된다. 키워드 중복이 있거나 카테고리와 맞지 않으면 어뷰징으로 '－3점'을 먹게 된다.

상품명에는 카테고리 내에 있는 키워드만 넣어야 한다. 되도록 세부카테고리까지 일치하는 키워드만 넣는 게 좋다. 카테고리를 벗어나는 키워드를 입력하면 순위에서 멀어진다.

동일 카테고리에 있는 키워드인지는 '키랩 프로그램'에서 키워드를 추출한 후 확인할 수 있다. 예를 들어 '캠핑매트'는 '스포츠/레저 > 캠핑 > 캠핑매트' 카테고리에 매칭되는 키워드이고 '피크닉매트'는 '생활/건강 > 생활용품 > 생활잡화 > 돗자리/매트' 카테고리에 매칭되는 키워드이다. 상품을 '스포츠/레저 > 캠핑 > 캠핑매트' 카테고리에 올리면서 상품명을 '휴대용 캠핑매트 1+1 피크닉매트'라고 하면 안 된다는 것이다. 이렇게 하면 '캠핑매트' 검색에서도 '피크닉매트' 검색에서도 순위에 잘 잡히지 않게 된다. 상품명에 사용하는 키워드는 반드시 동일 카테고리에 있는 키워드를 사용해야 한다. 이 경우는 '피크닉매트'라는 키워드는 잠시 접어두고 동일 카테고리에 있는 '대형돗자리'라는 키워드를 사용하면 좋을 것이다.

⑨ 소카테고리 매칭이 되지 않는 키워드는 태그에 넣어라.

상품에 따라서 블루키워드가 5개 이상으로 많이 있는 것도 있다. 이럴 때는 상품명에 사용할 대표 주자를 고르고 난 뒤 나머지는 태그에 넣으면 된다. 또 너무나 좋은 키워드인데 카테고리와 맞지 않다면 태그에 넣으면 된다. 단 대카테고리는 벗어나면 안 되며 태그사전에 있는 키워드 위주로 작성하는 게 유리하다.

⑩ 블루키워드로 상품명을 확장하라.

저자가 칫솔을 등록할 때 찾은 블루키워드는 '치과칫솔'이었다. '칫솔'은 검색량 대비 상품수가 120만 개 이상인 대표키워드였고, '치과칫솔'은 검색량 대비 상품수가 1만5천 개밖에 되지 않는 블루키워드였다. '미세모칫솔' 또한 블루키워드로 쓰기에 좋았다. 그래서 1차 목표를 '치과칫솔'과 '미세모칫솔'에서 1등을 하는 것으로 잡고 상품명을 만들었다.

최초 등록 상품명: 덴클칫솔 미세모 치과칫솔 12개 1세트

등록 후 '치과칫솔' 1등과 '미세모칫솔'에서 2등이 되니 주문이 들어오기 시작했다. 그렇게 2주 정도 판매한 후 그다음 공략 키워드를 꽂기 위해 '스마트스토어전용 상품명 사용'에 체크하고 상품명을 다음과 같이 추가하였다.

비행 후 상품명 수정: 덴클칫솔 좋은 미세모 어금니 교정 잇몸 치과용 치과칫솔 12개 1세트

이렇게 하고 순위분석을 해보니 '좋은칫솔'에서 1위, '어금니칫솔'에서 1위, '잇몸칫솔'에서 1위, '교정칫솔'에서 2위를 하였다.

여기서 이런 의문이 생길 수 있다. '치과칫솔'과 '미세모칫솔'의 키워드로는 계속 판매가 되고 지수가 높아졌으니 1위를 하는 건 이해가 가는데, 왜 판매가 일어나지 않은 '좋은칫솔'과 '어금니칫솔'에서도 상품명 추가를 하자마자 1위를 할까? 이것이 바로 '블루키워드 전략'의 핵심이다.

그것은 네이버가 상품명에 '판매점수'를 연동시켜 놓았기 때문이다. 네이버는 구매가 일어나기 전에는 상품명에 있는 키워드들을 따로따로 보지만, 구매가 일어나면 상품명에 있는 키워드를 연동해서 하나로 본다. 그래서 앞서 '치과칫솔'과 '미세모칫솔'에서 얻은 판매점수를 '좋은칫솔'과 '어금니칫솔'에도 적용받아 1위가 된 것이다.

그러면 이렇게 상품명을 확장해야 하는 '비행'의 시기는 언제인가? 타이밍을 기다려야 한다. 그 타이밍은 '스마트스토어전용 상품명 사용'에 상품명을 추가해보면 알 수 있다. 만일 '잇몸칫솔'과 '어금니칫솔' 등 추가 키워드를 '스마트스토어 전용 상품명'에 추가했을 때 순위가 잡혀있던 '치과칫솔', '미세모칫솔'이 순위가 밀린다면 아직은 네이버가 구매점수를 인정하지 않았다는 뜻이다. 그럴 때는 다시 '스마트스토어전용 상품명 사용'의 체크를 해제하면 원래 순위로 돌아온다. 순위가 잘 잡힌다면 네이버가 구매점수를 인정하였다는 뜻이다. 즉 저자가 이 책에서 이야기하는 '비행'의 단계가 되었다는 것이다.

여기서 명심해야 할 것이 있다. 상품명을 수정할 때는 처음 상품등록을 할 때 입력한 '상품명' 항목은 절대 건드리면 안 된다. '상품명'을 건드리면 코드 인식 에러가 나서 모든 키워드에서 순위가 밀릴 수 있다. 이런 실수를 범하여 잘 나가는 상품을 한순간에 날리는 셀러를 종종 봐왔다. 저자도 초기에는 여러 번 경험을 하였다.

⑪ 상품등록 후 상품명을 함부로 수정하지 마라.

네이버쇼핑에서 키워드 노출의 핵심은 카테고리와 상품명이다. 상품명의 잦은 수정은 네이버 상위노출에 악영향을 미칠 수 있다.

상위노출 초기에 순위가 변동하고 있을 때와 원하는 키워드에 상위노출 되어 판매가 일어나고 있을 때는 상품명 수정에 신중을 기해야 한다.

네이버쇼핑의 상위노출 알고리즘의 랭킹 로직은 내 페이지에 검색해 들어오는 키워드의 패턴에 의해 70%가 결정되기 때문에 상위노출 중 잦은 상품명 수정은 순위 상승에 전혀 도움이 되지 않는다.

경험상 처음 등록할 때 상품명이 짧으면 짧을수록, 카테고리 내 키워드를 최대한 세부카테고리까지 맞출수록 상위로 올라간다(1페이지 후반~2페이지 초반).

등록(이륙)할 때 최대한 앞 페이지로 당겨놓아야 한다. 그래야 CPC 광고, 기타 마케팅을 하더라도 최소한의 노력으로 1위로 끌어올릴 수 있다.

■ 대표키워드와 블루키워드가 다를 때

키워드를 분석했을 때 대표키워드와 블루키워드의 카테고리가 다를 때가 있다. 저자의 제자 중에 '삼겹살'에서 1위를 한 셀러의 예이다.

궁극적으로 1위를 하고 싶은 대표키워드인 '삼겹살'과 처음 잡고 싶은 키워드(블루키워드)인 '지리산 흑돼지'는 세부카테고리가 달랐다.

삼겹살(대표키워드): 식품 〉 축산 〉 돼지고기 〉 수입산돼지고기

지리산 흑돼지(블루키워드): 식품 〉 축산 〉 돼지고기 〉 국내산돼지고기

상품명은 소카테고리까지 맞게 쓰라고 했다. 그런데 이렇게 처음 이륙할 때 사용할 블루키워드와 궁극적으로 목표로 하는 대표키워드의 카테고리가 서로 다를 수 있다.

이럴 때는 처음 잡고 싶은 블루키워드인 '지리산 흑돼지'의 카테고리인 '식품〉축산〉돼지고기〉국내산돼지고기' 카테고리에 소속되어 있는 블루키워드만을 상품명에 입력하여 등록한다.

'지리산 흑돼지 500g'으로 상품명을 만들어 등록하였다. 그리고 '지리산 흑돼지'에서 1위(광고 4개 빼고)를 하고, '흑돼지' 키워드에서도 1위를 하니 하루 10여 건의 주문이 들어왔다.

이렇게 공략하고자 하는 작은 키워드에서 1위를 한 후 상품명을 수정해주었다. 상품페이지의 '스마트스토어상품명 전용'에 체크하고 대표키워드(삼겹살)의 카테고리인 '식품〉축산〉돼지고기〉수입산돼지고기'에 있는 블루키워드와 궁극적으로 1위를 하고 싶은 키워드인 '삼겹살'을 추가해주었다.

이렇게 하여 그동안 '지리산 흑돼지'와 '흑돼지' 키워드에서 얻은 판매점수를 '삼겹살' 키워드에서도 인증받게 되어 상위에 노출되었다. 삼겹살 키워드 1페이지에 노출되자 더 많이 판매가 되었고, 결국 1위를 하게 되었다.

9장

상품등록과
눈에 띄는 상세페이지
만들기

01 상품등록, 언제 하는 것이 좋은가

이제는 실전이다. 앞의 일련의 과정에서 키워드를 추출하고, 상품명을 정했다면 이제는 실제로 상품을 등록해보자.

상품등록을 할 때는 상품에 적합한 정보만 입력해야 한다. 상위노출에 대한 욕심 때문에 상품과 맞지도 않은 정보를 입력했다가는 노출이 중단되거나 삭제 처리될 수 있다.

네이버는 상품등록을 할 때 세세하게 하라고 한다. 하지만 이것은 그 상품을 나 혼자 팔 때 이야기이다. 나와 같은 상품을 파는 사람이 여럿 있을 때 섬네일, 제조사, 브랜드 등 상품정보를 같게 작성하면 네이버가 묶어버린다. 내가 제일 싸게 팔 수 있으면 '가격비교'에 묶이면 좋지만 그렇지 않을 때는 불구덩이 속에 갇히는 꼴이 된다. 묶이면 좋은 이유는 '쇼핑몰 최저가' 그룹에 묶인 개별 상품의 트래픽은 모두 통합하여 하나로 보기 때문에 노출 상위로 올라갈 수 있기 때문이다.(가격비교 전략은 뒤에서 설명한다.) 그러니 상품등록을 할 때는 판매자 자신의 상황을 잘 판단하여 등록해야 한다.

■ 상품등록의 시기

상품등록은 평일보다는 휴일에 하는 것이 좋다. 그 이유는 네이버는 전일 등록한 상품을 취합하여 알고리즘 로직에 의해 정렬하는데, 휴일에는 등록하는 사람이 적기 때문에 그만큼 경쟁자가 적다.

등록 타이밍은 네이버 데이터랩에서 전년도의 클릭률을 검색해보고 최고점의 40~50일 전에 등록하는 것이 좋다. 그때부터 등록하여 하나둘씩 판매를 하면서 지수를 쌓아놓아야 시장이 최고점에 올랐을 때 1위로 올라갈 수 있다. 시장이 이미 정점을 찍은 상태에서는 그동안 지수를 쌓아온 기존 판매자가 있기 때문에 1위에 오르기가 쉽지 않다.

특히 시즌성, 계절성 아이템인 경우 이러한 것을 잘 분석하여 등록 시점을 잡아야 한다.

1. '모기포충기'의 경우 **네이버 데이터랩 → 쇼핑인사인드 → 검색어통계**에서 클리량을 검색해보니 1년 중 6월 26일이 최고점을 찍었다.

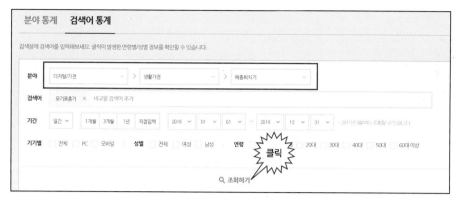

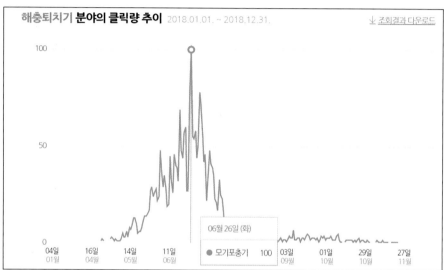

해충퇴치기 분야의 클릭량 추이 2018.01.01. ~ 2018.12.31. ↓ 조회결과 다운로드

06월 26일 (화)
● 모기포충기 100

2. 데이터에서 보듯이, 클릭량이 서서히 일어나기 시작하는 시점인 5월 16일경에 등록을 하면 좋다.

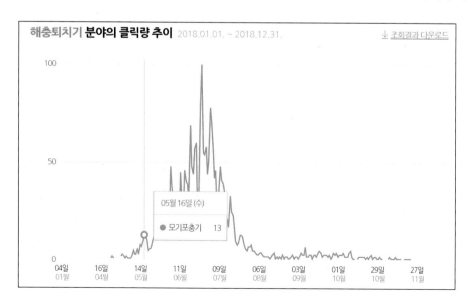

해충퇴치기 분야의 클릭량 추이 2018.01.01. ~ 2018.12.31. ↓ 조회결과 다운로드

05월 16일 (수)
● 모기포충기 13

 상품등록
02 차근차근 따라 하기

Tip 상품페이지 구성의 키포인트
① 알림받기와 톡톡찜 기능을 상단에 배치하여 스토어 지수를 올려라.
② 단도직입적으로 구매 혜택을 전달하라.
③ 내 상품의 장점과 경쟁업체와의 차별점을 스토리텔링으로 꾸며라.
④ 후기와 리뷰 이벤트를 통해 구매 욕구를 자극시켜라. 리뷰는 10건이 판매되면 1~2개가 달리는 것이 보통이
  다. 리뷰 이벤트를 하면 리뷰수를 늘릴 수 있다.
⑤ 톡톡메시지와 문자를 통해 구매 리뷰를 유도하라.
⑥ 베스트 리뷰에 답글을 달아 전환율을 높여라.
⑦ 수시로 경쟁업체와 소셜업체 디자인을 벤치마킹하라.

이제 상품등록을 해보자. 초보자를 위해 상품등록 과정을 꼼꼼하게 설명하였다. 다음의 과정을 따라하면 누구나 어렵지 않게 상품을 등록할 수 있을 것이다.

1. 스마트스토어센터에서 **상품관리** → **상품등록**을 클릭한다.

2. 항목 옆에 빨간 불릿이 있는 것은 필수항목이다. 반드시 입력해야 등록이 된다.

[복사등록]은 이미 등록되어 있는 상품의 정보를 불러와 쉽게 등록할 수 있는 메뉴로, 최근 등록한 상품을 10개까지만 불러올 수 있다.

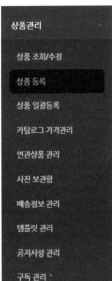

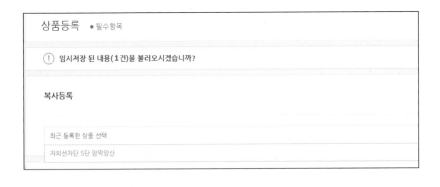

3. [카테고리]를 선택한다. '카테고리명 검색'에서 직접 입력해도 되고 '카테고리명 선택'을 클릭하여 단계별로 대 - 중 - 소 - 세부 카테고리명을 선택해도 된다. 상품명과 맞는 카테고리를 선택하면 된다. 카테고리는 상품등록을 완료하고 나면 대카테고리는 바꿀 수 없고, 중/소/세부카테고리는 변경할 수 있다.

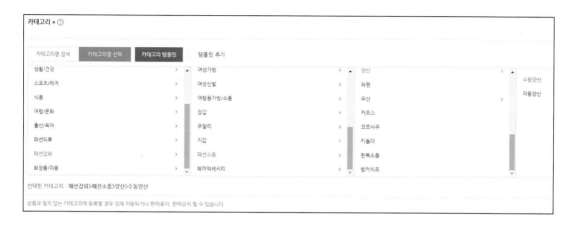

☑️ 상품명으로 사용할 키워드의 카테고리를 선택한다. 다시 한 번 강조하지만 여기서 선택하는 카테고리와 바로 아래에서 설정할 '상품명'에 들어가는 키워드가 매칭이 되어야 한다. 그렇지 않으면 백날 등록해도 노출되지 않는다.

Tip 상품등록 액션바

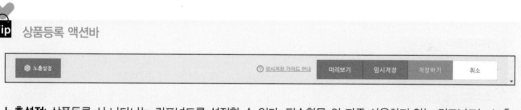

노출설정: 상품등록 시 나타나는 컴포넌트를 설정할 수 있다. 필수항목 외 자주 사용하지 않는 컴포넌트는 노출되지 않도록 설정할 수 있다.

미리보기: 상품정보 입력 중에 클릭하여 실제로 스마트스토어에 등록되는 화면을 미리보기할 수 있다. 상품 상세설명은 SmartEdiotor ONE에서 작성하면서 모바일/PC 화면을 선택하면서 미리보기할 수 있다.

임시저장: 등록하는 상품을 임시로 저장해두는 기능이다. 임시저장된 상품은 상품등록 페이지 상단에 건수가 숫자로 표시된다(40개까지 저장 가능).

시즌 상품이나 공략 상품을 시간이 날 때 미리 등록하여 임시저장을 해놓고 때가 될 때 등록하면 된다. 임시저장은 말 그대로 임시로 저장해두는 것이라 등록되는 것은 아니다. 임시저장을 하기 위해서는 상품명은 필수로 입력해야 한다.

4. [상품명]을 입력한다. 상품명은 대표키워드와 블루키워드를 조합해서 최대한 짧게 쓴다. 상품명은 직접 타이핑해야 최신성으로 인식된다. 복사 – 붙이기 하면 안 된다.

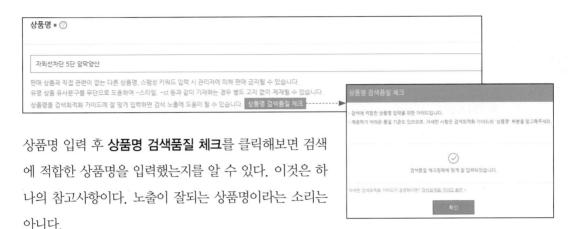

상품명 입력 후 **상품명 검색품질 체크**를 클릭해보면 검색에 적합한 상품명을 입력했는지를 알 수 있다. 이것은 하나의 참고사항이다. 노출이 잘되는 상품명이라는 소리는 아니다.

Tip   상품명 작성 방법

상품명 작성의 핵심은 '소비자의 입장'에서 생각하는 것이다. 여러분이 소비자라면 어떻게 검색해서 그 제품을 찾을까를 생각해보면 된다. (스마트스토어센터의 공지사항 → 매뉴얼 탭 → [매뉴얼] 네이버쇼핑 검색 SEO 가이드 참조, https://join.shopping.naver.com/faq/list.nhn?catgCd=H00015&dtlCatgCd=H00017)

① 상품명을 가볍게 하기 위해 글자수는 30자 이내로 한다(최대 100 글자까지 입력할 수 있다).
② 조사, 수식어, 특수어 사용 금지: ( ) – · [ ] / & + , ~ . 외의 특수문자 및 기호는 사용하지 않는다.(특수문자는 많이 사용하지 않는 것이 좋다.)
③ 키워드 반복 금지
  삼익가구 오슬로 New 원목 슈퍼싱글침대/퀸침대 + 매트리스
  ➡ 삼익가구 오슬로 뉴 원목 슈퍼싱글 퀸침대 + 매트리스
  : '침대'라는 단어가 중복됨. 한 번만 쓰면 된다. 'New'와 '뉴'는 어느 것을 사용해도 된다. 일반적으로 고객이 이 단어를 어떻게 검색하는지를 생각해보면 된다. /는 사용 금지 특수문자는 아니나 사용하지 않는 것이 좋다.
④ 브랜드화되지 않은 스토어명, 셀러명, 쇼핑몰명 사용 금지
⑤ 한글이나 아라비아숫자를 사용한다.
  파라소닉 DMC-GMⅡ Digital 카메라(1210만 화소) ➡ 파라소닉 DMC-GM2 디지털 카메라(1210만 화소)
  : 로마자와 영어는 지양하고 아라비아숫자와 한글을 쓴다.
⑥ 대표키워드와 카테고리가 맞는 블루키워드를 조합해서 넣는다.
  예) 대표키워드가 '앵글'이고 블루키워드가 '건조기 앵글', '철 앵글', '세탁기 건조기 선반', '아파트 베란다 선반', '베란다 선반', '4단 앵글'이라면
  ➡ 상품명은 '아파트 세탁기 베란다 건조기 4단 철 앵글 선반'처럼 만들 수 있다.
⑦ 어순에 맞게 작성한다.
⑧ 고객이 좋아하는 것을 넣는다.(mg, 1+1 등 고객이 좋아하는 것을 넣을 수 있으면 상품명에 넣는다.)
⑨ 아래 내용이 있다면 필수적으로 기입하고, 가능한 다음 순서대로 기입한다.
  브랜드/제조사 → 시리즈 → 모델명(모델 코드) → 상품 유형(형태) → 색상: 다중 색상 허용 → 소재 → 패키지 내용물 수량 → 사이즈 → 성별 나이 표현(남성/여성/유아) → 속성(Spec, 용량, 무게, 연식, 호수)

5. [판매가]를 입력한다. [네이버 풀필먼트]를 이용하고 있다면 풀필먼트를 설정한다.

판매가 •

| 판매가 • | 15,000 | 원 | 일만오천 원 |

네이버 쇼핑을 통한 주문일 경우 네이버쇼핑 매출연동수수료 2%가 네이버페이 결제수수료와 별도로 과금됩니다. 수수료안내 ›
판매가, 할인가를 활용한 비정상 거래는 자동 탐지되어 판매지수에 포함되지 않으니 유의해주세요. 안내 ›

할인 ⓘ   **설정함**   설정안함

기본할인 •   판매가에서 즉시 할인이 가능한 할인 유형으로 할인된 가격으로 상품을 판매할 수 있습니다.

☑ 전체 할인   □ PC만 할인   □ 모바일만 할인

| 2,000 | 원 ▾ | 할인 |

□ 특정기간만 할인

할인가   **13,000원** (2,000원 할인)

판매기간   설정함   **설정안함**

부가세 •   **과세상품**   면세상품   영세상품

네이버 풀필먼트 ⓒ

풀필먼트 • ⓘ   설정함   **설정안함**

'물류 관리 > 풀필먼트 서비스 신청' 후 이용 가능합니다.
보관부터 배송까지, 물류 고민을 해결할 네이버 물류 연합군을 알아보세요.
네이버 풀필먼트 알아보기 ›
이용 중인 물류사가 있다면 풀필먼트 계약 연동을 해주세요.
풀필먼트 연동 신청하기 ›

> 풀필먼트는 판매자의 주문 이후 물류 과정을 대행해주는 서비스로, 상품 입고, 보관, 포장, 운송, 반품처리 등의 작업을 통합 관리해준다. 네이버와 제휴한 풀필먼트(물류사)와 계약 후 이용하고 있다면 연동을 설정할 수 있다.

판매가는 앞서 이야기한 재무적 사고에 의해 전략적으로 책정해야 한다. 경쟁자보다 너무 높으면 판매가 되지 않을 것이고, 그렇다고 너무 낮게 책정하면 마진이 없게 된다. 판매가를 책정할 때 되도록 '할인'을 설정하도록 한다. 할인가는 금액과 퍼센티지로 입력할 수 있는데, 보통 판매가의 10~30% 정도를 설정한다.

Tip 판매가 설정하기

• 배송비에서 '조건부 무료배송'이나 '조건부 할인'을 책정할 때의 가격 기준은 '할인가'가 아니라 '판매가'이다.
  (위의 경우 조건부 무료배송을 30,000원 이상으로 설정했다면, 이 상품을 2개 사면 무료배송이 된다. 실제 결제금액은 26,000원이지만 판매가 기준 30,000원으로 조건을 만족하기 때문이다.)
• 네이버쇼핑 매출연동 수수료는 '할인가'를 기준으로 한다.
  (위 상품의 경우 할인가인 13,000원의 2%인 260원이다.)
• 네이버페이 주문관리 수수료는 판매자의 등급 요율에 따라 '할인가(실 결제금액)'에서 산정하여 공제한다.
• '배송비'에 대한 수수료율도 판매자의 등급에 따른다.

수수료 및 옵션	가격 기준
조건부 무료배송, 조건부 할인	판매가
상품중복할인	판매가
배송비	판매가
네이버쇼핑 매출연동 수수료	할인가(실 결제금액)
네이버페이 주문관리 수수료	할인가(실 결제금액)

6. [재고수량]을 입력한다. 재고가 0이 되면 품절 처리된다. 만일 옵션 상품이 있어 옵션의 재고수량을 사용하면, 옵션의 재고수량으로 적용되어 자동으로 입력된다.

재고수량 •	
1,000　개	옵션 재고수량을 사용하면, 옵션의 재고수량으로 적용되어 자동으로 입력됩니다.

7. [옵션]을 선택한다. 네이버에서는 하나의 상품명에 옵션 상품이 없는 '단일 상품'을 권장하고 있다. 그런데 옵션명은 검색에 노출되는 항목이다. 따라서 옵션명을 '1+1', '할인상품', '세트상품' 등으로 해서 판매하는 것도 하나의 전략이다.

　'옵션명'과 '옵션값'을 입력한 후 **옵션목록으로 적용**을 클릭하면 '옵션목록'에 상세 옵션목록이 나타난다. 그러면 옵션별로 옵션가/재고수량/판매상태 등을 입력해주면 된다.

옵션 선택: 선택형 – 직접 입력하기 – 단독형의 예

옵션가 설정 범위

판매가	옵션가 적용 가능 범위
0원 ~ 2,000원 미만	0원 이상 ~ +100% 이하만 설정 가능
2,000원 ~ 10,000원 미만	판매가의 −50% 이상 ~ +100% 이하만 설정 가능
10,000원 이상	판매가의 −50% 이상 ~ 판매가의 +50% 이하만 설정 가능

예) 판매가 10,000원일 경우 옵션가는 −5,000원 ~ +5,000원 이내로 설정 가능

Tip 옵션 설정하기

- 옵션이 없는 '단일 상품'일 경우 가장 높은 지수를 준다(네이버에서는 단일 상품을 권장한다).
- 옵션을 써야 할 경우에는 옵션명 2단까지가 적당하다.
- 옵션명은 최대한 단순하게 구성한다.
- 옵션명은 한글로 입력한다.
- 1+1 할인 상품을 넣어주면 좋다.

옵션가 활용 전략

소비자는 상품페이지 유입 시에는 가격 저항감이 심하지만 유입 후에는 가격 저항감이 덜한 편이다. 그래서 대표 상품에서는 할인을 많이 해주어 유입을 유도하고 옵션 상품에서 이익을 높게 책정하는 것도 좋은 전략이다.

상품페이지의 판매가와 할인가

옵션가

💬 **옵션 설정하기**

옵션 설정은 '선택형'과 '직접입력형'이 있다.

1) 선택형

'선택형'은 판매자가 옵션을 설정해놓으면 구매자가 선택하는 방식이다.

[입력 방식]

입력방식에 따라 ① **색상/사이즈 간편 입력**은 색상과 사이즈만 간편하게 등록하는 방식이다. 옵션가는 설정할 수 없고, 색상명과 재고수량은 설정할 수 있다. 옵션 이미지도 등록할 수 있다. 지정된 카테고리에서만 사용이 가능하다. ② **직접 입력하기**는 등록 상품에서 바로 입력하는 방식이다.

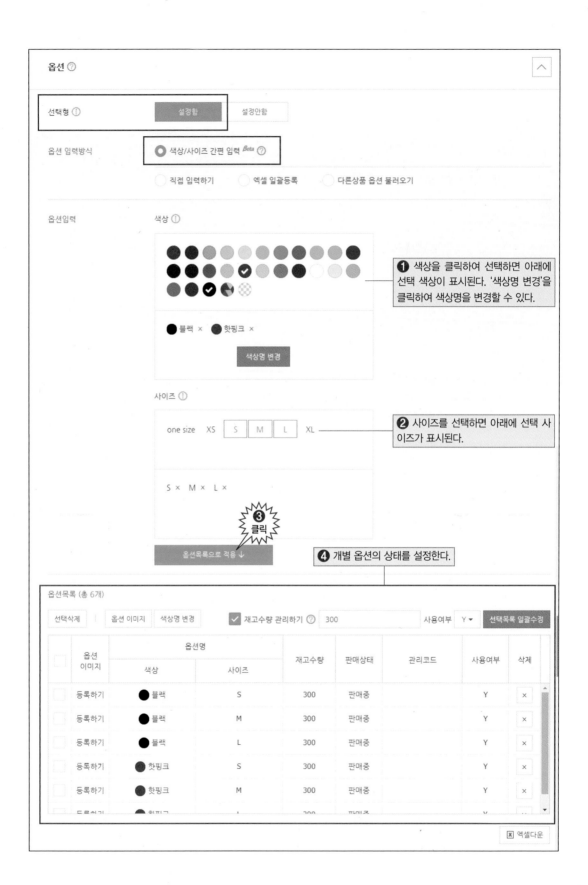

옵션 ⑦

선택형 ⑦　　　　　설정함　　　설정안함

옵션 입력방식　　⦿ 색상/사이즈 간편 입력 *Beta* ⑦
　　　　　　　　◯ 직접 입력하기　　◯ 엑셀 일괄등록　　◯ 다른상품 옵션 불러오기

옵션입력　　　　色상 ⑦

❶ 색상을 클릭하여 선택하면 아래에 선택 색상이 표시된다. '색상명 변경'을 클릭하여 색상명을 변경할 수 있다.

● 블랙 ×　● 핫핑크 ×

색상명 변경

사이즈 ⑦

one size　XS　S　M　L　XL

❷ 사이즈를 선택하면 아래에 선택 사이즈가 표시된다.

S ×　M ×　L ×

❸ 클릭

옵션목록으로 적용 ↓

❹ 개별 옵션의 상태를 설정한다.

옵션목록 (총 6개)

선택삭제　|　옵션 이미지　색상명 변경　☑ 재고수량 관리하기 ⑦ 300　　사용여부 Y ▾　선택목록 일괄수정

	옵션 이미지	옵션명		재고수량	판매상태	관리코드	사용여부	삭제
		색상	사이즈					
☐	등록하기	● 블랙	S	300	판매중		Y	×
☐	등록하기	● 블랙	M	300	판매중		Y	×
☐	등록하기	● 블랙	L	300	판매중		Y	×
☐	등록하기	● 핫핑크	S	300	판매중		Y	×
☐	등록하기	● 핫핑크	M	300	판매중		Y	×
☐	등록하기	● 핫핑크	L	300	판매중		Y	×

ⓧ 엑셀다운

③ **엑셀 일괄등록**은 엑셀 양식을 다운받아 내용을 입력한 후 업로드하는 방식이다. **엑셀 일괄등록** 선택 → **엑셀 양식 다운** 클릭 → 엑셀 파일에서 옵션 설정 후 **저장** → **엑셀 일괄등록하기** 클릭 → 등록할 파일을 선택해주면 된다.

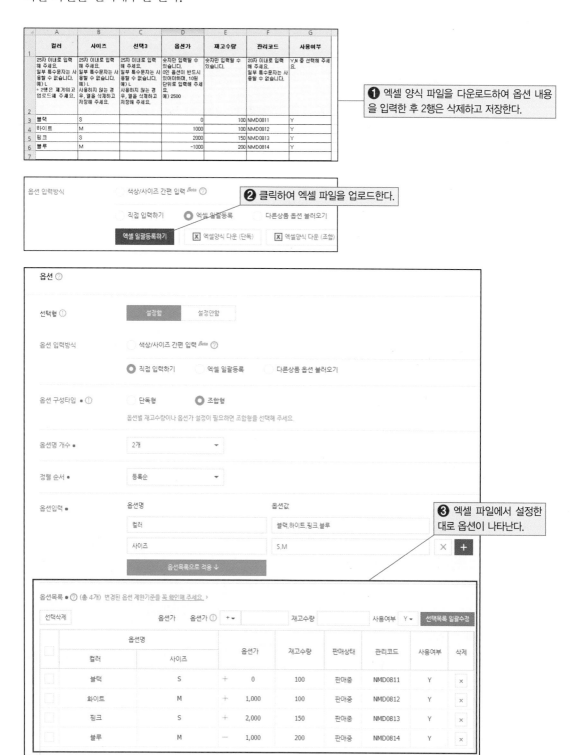

❶ 엑셀 양식 파일을 다운로드하여 옵션 내용을 입력한 후 2행은 삭제하고 저장한다.

❷ 클릭하여 엑셀 파일을 업로드한다.

❸ 엑셀 파일에서 설정한 대로 옵션이 나타난다.

④ **다른 상품 옵션 불러오기**는 이미 등록되어 있는 상품의 옵션을 불러와 설정하는 방식이다.

[구성 타입]

구성타입별로는 **단독형**과 **조합형**이 있다.

① **단독형**은 옵션별로 추가 옵션가와 재고수량이 동일한 경우에 설정하면 된다.(옵션가/재고수량을 별도로 설정할 수 없다.) 옵션별로 판매가는 같고 색상, 사이즈 등만 다를 경우에 설정하여 구매자가 옵션을 선택하게 한다.

② **조합형**은 옵션별로 옵션가가 다르거나 재고수량이 다른 경우에 설정하면 된다. 사이즈나 색상별로 추가금액이 있는 경우에 설정한다. 단, 옵션 중에 정상 판매 중이고, 옵션가가 0원으로 설정된 것이 반드시 하나 이상 존재해야 한다.

2) 직접입력형

'직접입력형'은 주문 시 구매자가 선택사항을 직접 텍스트로 입력해야 할 때 설정한다. 꽃다발의 축하 문구, 반지의 이니셜, 간판 제작, 특정 일자 배송 상품 등 구매자가 직접 옵션의 내용을 입력해야 하는 경우에 사용한다.

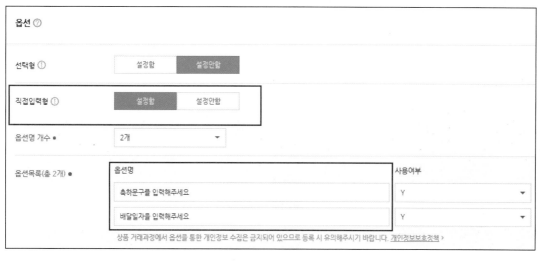

상품페이지 화면: 설정한 옵션명과 함께 고객 입력란이 생긴다.

8. '상품이미지'를 등록할 차례이다. +를 클릭하여 이미지를 지정해주면 된다. 흔히 섬네일이라고 부르는 대표이미지는 검색 결과 페이지에서 상품명과 함께 노출되는 이미지를 말한다. 이것이 목록 이미지가 된다. 추가이미지는 최대 9개까지 설정할 수 있다. 대표이미지와 추가이미지 모두 권장 크기는 1000×1000픽셀(윈도 대상 750×1000)이다. 파일은 jpg, jpeg, gif, png, bmp 형식의 정지 이미지만 허용된다. 움직이는 이미지의 경우 첫 번째 컷이 등록된다.

동영상도 등록할 수 있는데, 권장 동영상 길이는 최대 1분이다. 상품 상세페이지의 대표이미지 영역 제일 마지막 및 상세 정보 최상단에 노출된다.

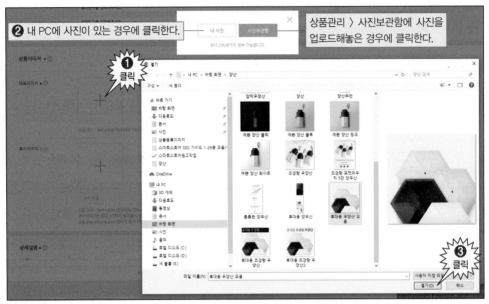

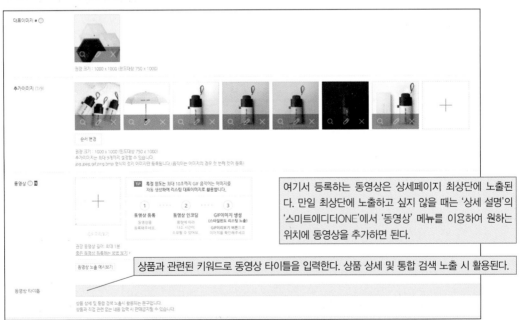

Tip 대표이미지(섬네일) 작성 키포인트

- 이미지 사이즈는 1000×1000픽셀로 한다.
- 이미지 안에 글자를 넣지 마라. 글자가 있으면 원쁠딜과 광고를 할 수 없다.
- 가장 좋은 이미지, 시선을 사로잡을 수 있는 이미지를 선정하라.
- 로고가 들어가는 경우 이미지의 우측 상단에 배치하면 좋다.
- 이미지 파일명은 한글로 상품의 키워드를 넣어 만든다(예, 휴대용 초경량 우양산.jpg).
  (※ 이미지 파일명을 상품명이나 키워드로 만드는 이유는 이미지 판에서도 검색되어 스마트스토어로 고객이 유입될 수 있기 때문이다.)
- 도매사이트 상품은 반드시 대표이미지를 바꾸어라. 그대로 사용하면 최저가 그룹에 묶일 수 있다.
- 상품이 잘린 사진은 사용하지 마라.
- 패션의류 상품은 특히 심혈을 기울여라. 대표이미지를 보고 많이 들어온다.

 Tip 도매사이트의 이미지 복사하기

상품 이미지의 사용을 허락하는 도매몰 상품의 경우 크롬 브라우저에서 이미지를 왼쪽 마우스 버튼을 클릭하여 바탕화면에 끌어다 놓으면(드래그 앤 드롭) 쉽게 이미지 파일을 다운받을 수 있다.(오른쪽 버튼을 클릭하여 '다른 이름으로 저장'을 해도 된다.) 이렇게 복사한 이미지의 이름을 변경하여 자신의 상품에 사용하면 된다.

💬 이미지 파일명으로 고객을 내 스마트스토어로 유도하자!

이미지 파일명은 노출하고 싶은 키워드를 넣어 만든다(예, 블루하트샵 모기퇴치기.jpg). 특히 패션잡화, 패션의류의 경우는 이미지를 많이 보기 때문에 필히 파일명에 노출하고 싶은 키워드를 넣어야 한다. 이미지도 순위 상승 로직이 있어 클릭이 많이 되는 이미지가 위로 올라간다.

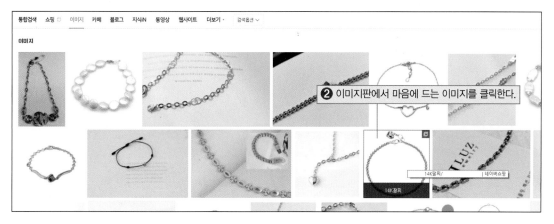

❹ 판매자의 스마트스토어나
쇼핑몰로 이동한다.

※ 이렇게 이미지 파일명에
상품명이나 키워드를 넣으면
고객의 검색에 이미지가 노
출되어 나의 스마트스토어
로 고객을 유도할 수 있다.

9. 이제 [상세설명] 작성을 위해 'SmartEditor ONE으로 작성'을 클릭한다.

'스마트에디터 ONE'은 전문화된 글쓰기 툴과 사진 및 동영상 업로드 기능, 주제별 템플릿, 포스트 레이아웃, 네이버의 전문 DB 첨부 기능이 있는 '네이버 웹 에디터'이다. 스마트에디터 ONE은 네이버 서비스의 글쓰기가 제공되는 블로그, 카페 등에서 이용되는데, 스마트스토어에서도 상품등록 시 상세페이지 작성에 이용되고 있다. 이것을 이용하여 초보자도 어렵지 않게 상세페이지를 만들 수 있다.

사용에 관한 자세한 내용은 스마트스토어센터의 **공지사항 → 매뉴얼** 탭의 **스마트스토어 스마트에디터 ONE 매뉴얼**을 참조하면 된다.(공지사항의 매뉴얼 탭에는 스마트스토어 운영에 관한 다양한 매뉴얼이 있으니 참조하기 바란다.)

 Tip 상세페이지 작성 요령

- 글＋사진＋글＋사진＋동영상의 순으로 텍스트와 사진을 적절히 배치하여 고객을 지루하지 않게 하라.
- 제목 서체는 '소제목', 본문은 '본문' 스타일을 지정하고, 폰트 크기도 조절하면 된다.
- 본문에는 5~7개 정도의 주력 키워드를 삽입하라.
- 상세페이지의 텍스트는 쇼핑 연관검색어 중 카테고리가 맞는 키워드를 조합하여 작성하라.
- 본문 중간중간 해시태그를 넣어라.
- 사진은 860×495 픽셀 이미지를 사용하라.
- 사진의 파일명은 상품의 핵심 키워드로 만들어라.
- 상단 사진은 고객의 시선을 끌 수 있는 사진으로 배치하라.
- 사진 설명글에 키워드를 넣어 작성하라.
- Gif, 동영상, 장소 등 각 컴포넌트의 요소를 사용하여 작성하라.(되도록 컴포넌트의 모든 요소를 사용하라.)
- 동영상은 '네이버 동영상'으로 업로드하여 등록하라.
- 동영상 파일명은 핵심키워드를 넣어 만들어라.

 Tip 구매욕을 일으키는 상세페이지 만들기

- 왜 이 상품을 사야 하는가를 어필하라.
- 가려운 곳을 긁어주는 카피를 삽입하라.(카피성 문구)
- 스토리가 있는 페이지를 만들어라.(이 제품은 어떤 제품인가, 언제 어떻게 사용하는가, 누가 사용하면 좋은가, 다른 제품과 무엇이 다른가, 사용하면 어떻게 좋아지는가 등으로 스토리를 만들어라.)
- 할인이나 고객 혜택을 강조하라.
- 독특한 콘셉트의 사진이나 영상, 짤방으로 재미있게 만들어라.
- 가독성을 고려하여 심플 명료한 텍스트와 이미지를 사용하라.
- 모바일 환경을 고려하여 텍스트를 이미지화하라.

Tip 상세페이지 내의 이미지 작성 요령

- 모바일 환경에서는 작은 사이즈의 이미지를 좋아한다.
- 권장 크기: 가로 860×495픽셀 이미지(세로는 상관없음)
- 통 이미지보다는 일반 사진 비율로 만들어라.
- 이미지의 크기는 150kb 전후를 추천한다.
- 사진 개수는 8~20개면 좋다.
- 이미지 속의 글자는 크게 하라.

10. 이제 '스마트에디터 ONE'에서 상세페이지를 만드는 작업이다. 먼저 제목을 입력한다. 제목의 스타일은 '소제목'으로 설정해준다. PC와 모바일 모두에서 제일 가독성이 좋다. 글자색 아이콘을 선택하여 글자 색깔을 바꾸고, 가운데 정렬을 하였다.

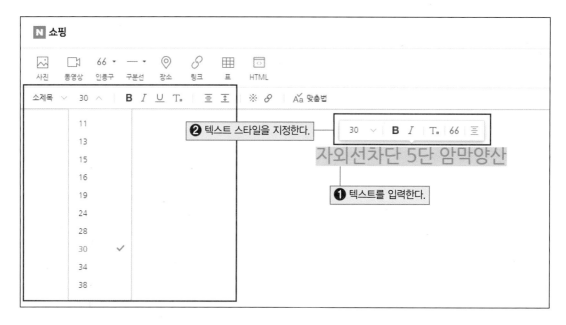

- 화면 오른쪽 하단의 미리보기 아이콘을 클릭하면 'PC 화면', '모바일 화면', '태블릿 화면'으로 입력 내용을 보면서 작업할 수 있다. '모바일 화면'을 선택하면 실제 등록 시 모바일에서 보이는 화면을 미리 보면서 작업할 수 있다. 스마트스토어는 모바일 이용자가 많기 때문에 모바일 너비 화면에 최적화되게 상세페이지를 작성하는 것이 좋다.

메뉴에서 도구를 선택하거나 + 버튼을 클릭하여 '구분선', '인용구', '텍스트' 등을 선택하여 내용을 작성한다. 본문은 '본문' 스타일을 지정한다.

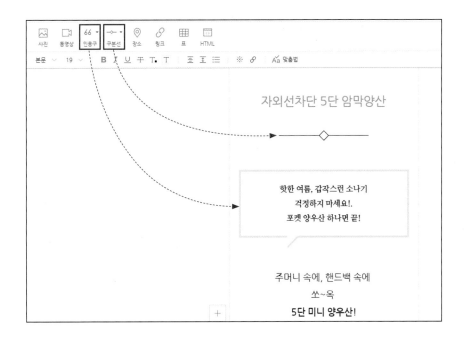

사진을 선택하여 이미지를 삽입하였다. 사진 입력 후 **'사진 설명을 입력하세요'**를 클릭하여 사진에 대한 설명을 입력한다.

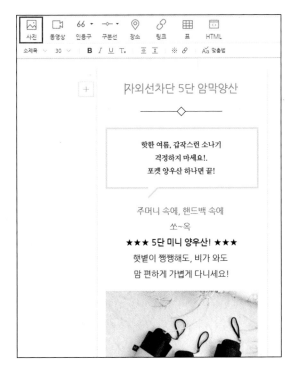

계속해서 + 버튼을 눌러가면서 상세페이지를 작성한다. 제목+본문+사진+제목+본문+사진...식으로 배치하면 고객들을 지루하지 않게, 오래 머무르게 할 수 있다.

'동영상'을 올리면 고객의 체류시간을 늘릴 수 있다.

'장소'를 클릭하여 오프라인 매장의 주소 등을 지도로 보여줄 수 있다.

'글감'으로는 본인의 타 상품을 하단 또는 중간에 배치하면 좋다.

되도록 화면에 있는 메뉴를 모두 다 사용하기를 권장한다. 메뉴 도구가 있다는 것은 그것을 이용하면 네이버가 좋아한다는 뜻이다.

설정을 완료했으면 상단의 **등록** 버튼을 클릭한다. 그러면 '스마트에디터 ONE' 창이 닫힌다. 다시 수정을 하고자 할 때는 'SmartEditor ONE으로 수정'을 클릭하면 된다.

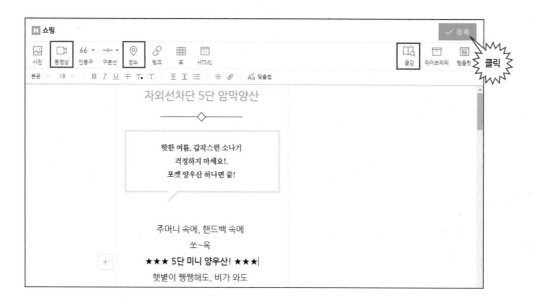

11. [상품 주요정보]에서 상품의 카탈로그, 브랜드, 제조사, 상품속성을 설정해준다.

'상품에 검색 노출이 잘 되려면?'을 클릭하면 상품 주요정보 입력에 관한 안내 팝업창이 뜬다. 한번 읽어보기를 추천한다.

① **카탈로그**: '찾기' 버튼을 클릭해 선택하거나 직접 입력해 등록할 수 있다. 카탈로그 등록 시 가격
비교에 바로 매칭되지 않고 운영자의 검수를 통해 매칭 완료된다. 가격비교에 묶이는 것이기에
경쟁력이 없는 초보자는 설정하지 않는 것이 좋다.(판매자가 카탈로그를 등록하지 않아도 카탈로그에 매
칭될 수 있다.) 원하는 카탈로그가 없을 경우 직접 입력(찾기 버튼을 누르지 않고 입력)으로 카탈로그 정
보를 입력할 수 있는데, 직접 입력한 카탈로그는 가격비교 매칭에 활용되지는 않으며, 상품상세
페이지에 상품정보 > '모델명' 정보로만 노출된다.

② **브랜드**: 브랜드는 '브랜드 검색'에 사용된다. '상품명'에 브랜드명이 있다 하더라도 '브랜드' 항목
에 브랜드명을 입력해야 한다. 그래야 상품이 검색 적합도가 높아져 노출 순위 상위로 올라간다.
입력 시 자동완성 레이어(노란색 영역)가 나타나면 마우스로 그것을 선택한다. 그래야 검색에 유리
하게 적용된다.

브랜드가 없을 경우는 직접 입력하면 되는데, 마땅한 브랜드가 없는 경우 판매자의 '스토어명'을

입력하면 된다. 자사 브랜드면 사용하고, 타사 브랜드면 사용하지 않는 것이 좋다. 모델명과 브랜드명을 사용하면 '최저가 그룹 묶기'에 묶일 수 있다.

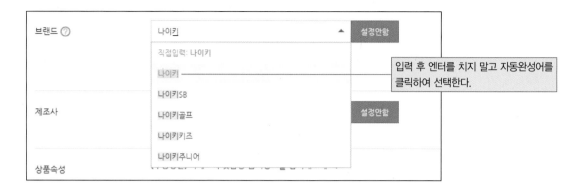

③ **제조사:** '상세페이지 참조', '기타', '공급업체' 등등의 사용은 자제한다. 도매로 위탁 판매를 할 때는 '스토어명 협력사' 등으로 입력한다.

④ **상품속성:** 상품속성은 상품의 카테고리에 따라 입력 정보가 다르게 나타나는데, 반드시 입력해야 한다.

⑤ **KC인증, 인증정보:** KC인증이나 기타 인증번호가 있으면 반드시 입력한다. KC인증이 필요한 상품을 인증 없이 판매하는 경우 '3년 이하의 징역 또는 3천만 원 이하의 벌금형'에 처해질 수 있다.

⑥ **원산지:** 원산지는 반드시 끝까지 입력해야 한다.

⑦ **상품상태:** 신상품, 중고상품 중에서 선택한다.

맞춤제작 ⑧	☐ 특정 주문자의 요구사항에 맞춰 개별 맞춤제작되는 상품
제조일자 ⑨	📅
유효일자	📅
미성년자 구매 ● ⑩	가능 / 불가능

⑧ **맞춤제작:** 맞춤제작 상품이면 체크한다. 맞춤제작 상품이란 구매자의 요구에 맞춰 개별적으로 제작되는 상품으로, 구매자의 주문을 확인하고 제작하는 '주문확인 후 제작상품'과는 다른 것이다. 단순히 사이즈를 지정하는 의류/수제화나 주문 후 제작/발주하는 가구류, 반지, 주문확인 후 제작 등의 상품은 맞춤제작 상품이 아니다.

⑨ **제조일자, 유효일자:** 제조일자와 유효일자는 카테고리마다 다르다. 설정할 수 있는 상품이면 설정한다.

⑩ **미성년자 구매:** 성인제품이면 불가능을 선택한다.

12. 다음은 [상품정보제공고시]를 입력한다. 온라인에서는 「전자상거래 등에서의 소비자보호에 관한 법률」에 따라 상품에 대한 정보를 소비자에게 제공(표시)하도록 되어 있다. 상품군을 선택하면 종류, 소재, 주의사항 등 상품군에 따른 기재사항이 나타난다.

'**상품상세 참조로 전체 입력**'을 체크하면 모든 필드에 '상품상세 참조'라는 문구가 입력된다. 입력 가능한 필드는 직접 타이핑하여 모두 입력한다. 상품 키워드를 적절히 삽입하면 좋다. 적어주면 모두 다 노출된다.

'설정여부' 항목 우측의 '**템플릿 추가**' 체크 후 저장을 할 경우 **상품관리→ 템플릿 관리** 내 **상품정보제공고시 템플릿 관리** 탭에 저장이 되고, 추후 유사상품 등록 시 활용할 수 있다.

13. [배송] 관련 정보를 입력한다.

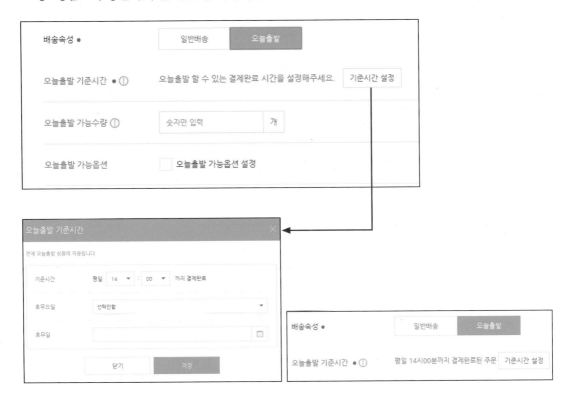

① **배송여부:** '배송없음'은 E-쿠폰 등 실제 상품이 배송되지 않는 경우 선택한다. '배송비 템플릿'이 있는 경우 **배송비 템플릿**을 클릭하여 선택하면 설정한 템플릿대로 배송비가 설정된다.

배송 정보를 설정하고 **템플릿 추가**에 체크하면 설정한 정보를 '배송비 템플릿'에 추가할 수 있다.

② **배송속성:** '오늘출발'을 선택하면 오늘출발 기준시간을 설정할 수 있다. 오늘출발 상품은 '일반배송' 상품보다 좋은 점수를 얻는다. 가능하다면 오늘출발을 설정하는 것이 좋다.

상품관리 → 템플릿 관리 → 배송비 템플릿 관리 탭에서 **등록**을 클릭한다.

팝업창에서 배송비 템플릿명, 배송비 등 조건을 입력하여 템플릿을 만들고 **등록**을 클릭한다. 그러면 배송비 템플릿이 만들어진다.

이렇게 원하는 조건을 설정하여 여러 개의 템플릿을 만들어두고 상품에 따라 지정하여 사용하면 된다.

③ **묶음배송:** 다른 상품과 동시에 구매할 경우 배송비를 묶어서 한 번만 부과하도록 설정하는 것이다. 묶음배송 '불가(개별계산)'를 선택하면, 각 상품별로 구매자에게 배송비가 부과된다. 이 경우 '제주/도서산간 추가배송비'는 '설정함'으로 선택하고 '추가배송비'를 설정하면 된다.

묶음그룹 상품 중에 '배송비 부과상품'과 '무료배송상품'이 함께 주문될 경우, 배송비가 부과되는 상품이 있더라도 해당 주문은 무료배송이 적용된다.

💬 배송비 묶음그룹 설정하기

묶음배송을 '가능'으로 하면 기본으로 '기본 배송비 묶음그룹'이 선택되어 있다. 이 디폴트 값에는 '제주/도서산간 추가배송비: 설정안함'으로 되어 있다. 이것을 변경하기 위해 **'배송비 묶음그룹 관리'**를 클릭한다.(스마트스토어센터의 **상품관리 → 배송정보 관리**를 클릭하는 것과 같다.)

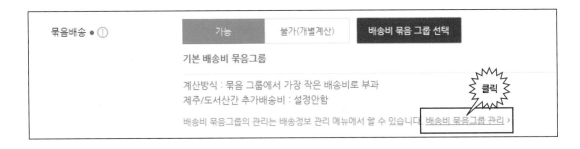

기본 배송비 묶음그룹의 **수정** 버튼을 클릭하여 '제주/도서산간 추가배송비'를 '설정함'으로 한다. 권역을 선택하고 배송비를 설정한 후 **저장**을 클릭한다.(제주와 도서산간 지역 배송비를 다르게 할 때는 제3 권역으로 지정하고 추가배송비를 설정하면 된다.)

+ 묶음그룹 추가										
수정	삭제	그룹번호	그룹명	계산방식	권역구분	권역2 추가배...	권역3 추가배...	사용여부	등록일	수정일
수정	삭제	20902887	기본 배송비 묶음그룹	최소부과				사용	2019.04.17.	-

클릭

배송비묶음그룹   ✕

묶음그룹명	기본 배송비 묶음그룹

사용여부 ● 사용   ○ 사용안함   ☑ 기본 그룹으로 설정

계산방식 ● 묶음 그룹에서 가장 작은 배송비로 부과   ○ 묶음 그룹에서 가장 큰 배송비로 부과

제주/도서산간 추가배송비 ⓘ ● 설정함   ○ 설정안함   제주/도서 산간지역안내 ›

> 배송권역을 지정한다. 제주와 도서산간 추가 배송비를 같게 할 때는 2권역을 선택한다.

배송권역
3권역 ▼

제주 추가배송비
3,000 —————— 추가배송비를 입력한다.

제주 외 도서산간 추가배송비
5,000 —————— 추가배송비를 입력한다.

저장   닫기

'**+ 묶음그룹 추가**'를 클릭하여 새로운 배송비 묶음그룹을 설정할 수 있다. 이렇게 묶음배송 그룹을 설정해놓고 상품에 따라 지정하면 된다.

+ 묶음그룹 추가										
수정	삭제	그룹번호	그룹명	계산방식	권역구분	권역2 추가배...	권역3 추가배...	사용여부	등록일	수정일
수정	삭제	23643887	묶음그룹에서 큰 배송비 부과	최대부과	3권역	3000	5000	사용	2019.08.12.	-
수정	삭제	20902887	기본 배송비 묶음그룹	최소부과	3권역	3000	5000	사용	2019.04.17.	2019.08.12.

④ **상품별 배송비**: '무료', '조건부 무료', '유료', '수량별', '구간별'로 배송비를 설정할 수 있다.

Tip 배송비 부과 기준

배송비는 결제금액이 아니라, '판매가'를 기준으로 청구된다(본 상품 판매가＋옵션가＋추가상품가가 포함된다).

조건부 무료: 예를 들어 '3만 원 이상 무료배송'으로 '조건부 무료'를 설정한 경우, 고객이 할인쿠폰 등을 사용하여 실 결제금액이 2만 원이어도, 상품 판매가가 3만 원 이상이면 무료배송이 적용된다. 또 5만 원 이상 구매 시 무료배송으로 설정한 경우 고객이 판매가 30,000원/즉시할인가 20,000원인 상품을 2개 구매하면 즉시할인가는 40,000원이나 판매가 기준으로 60,000원이므로 무료배송이 적용된다.

수량별: 상품 수량별로 반복적으로 배송비를 부과하도록 설정할 수 있다.

예) 5개 단위로 배송비 2,500원을 반복 부과한다고 설정했다면 5개 구매 시 배송비 2,500원, 6~10개 구매 시 5,000원이 된다. 추가상품은 수량에서 제외된다.

구간별: 상품 수량 구간을 정해 배송비를 설정할 수 있다.(2구간, 3구간 지정 가능)

예) [2구간] 20개까지 추가 배송비 없으며, 초과 구매 시 추가배송비 2,500원.

　　[3구간] 20개까지 추가 배송비 없으며, 30개까지 추가배송비 2,500원, 초과 구매 시 5,000원.

⑤ 지역별 차등 배송비: 제주/도서산간을 제외한 지역별 차등 배송비가 있는 경우 입력한다. 위에서 '묶음배송'을 '가능'으로 설정한 경우 제주/도서산간 추가배송비는 **상품관리 → 배송정보 관리**에서 배송비 묶음그룹의 **수정** 버튼을 클릭하여 '추가배송비'를 설정해주어야 한다. 그렇지 않으면 제주/도서산간 지역도 동일한 배송비가 적용된다.(앞의 '배송비 묶음그룹 설정하기' 참고)

⑥ **별도 설치비**: 별도 설치비가 있을 경우 '있음'으로 하고 비용은 구매자에게 별도로 받아야 한다.

⑦ **출고지**: '판매자 주소록'을 클릭하여 설정할 수 있다. 해외출고지를 입력하는 경우 "이 상품은 해외에서 국내로 배송되는 상품이므로, 배송, 반품, 교환이 일반상품과 다를 수 있습니다."라는 문구가 노출된다. 개인, 사업자 회원인 경우 '판매자 정보 → 판매자 정보변경 → 상품판매권한 신청'에서 해외상품판매 권한신청을 해야 해외 출고지를 설정할 수 있다.

14. [반품/교환] 반품배송비를 설정한다. '반품배송비(편도)'는 배송비와 동일하게 해야 하고, '반품배송비(왕복)'는 배송비의 2배로 설정해야 한다.

① **반품배송비(편도)**: 구매자가 반품을 접수한 후 판매자에게 반품을 보내기 위해 지불해야 하는 반품비용이다. 최초 배송비와 동일하게 설정해야 한다. 만약 최초 배송비가 무료였다면 설정한 금

액의 2배가 왕복 배송비로 자동 청구된다. 예를 들어 '반품배송비(편도)' 2,500원을 설정했다면, 최초에 무료배송이었다면 5,000원이 구매자에게 자동 청구되고, 최초에 유료배송이었다면 2,500원이 자동 청구된다.

② **교환배송비(왕복):** 구매자가 교환을 접수한 후 다시 상품을 배송받기 위해 구매자가 지불해야 하는 교환비용이다. 왕복으로 배송비가 필요하기 때문에 왕복 금액으로 설정한다. 최초 배송비의 2배로 설정해야 한다. 예를 들어 '교환배송비(왕복)' 5,000원을 설정했다면 최초 배송비와는 무관하게 교환을 위해 구매자에게 5,000원이 자동 청구된다.

15. [AS, 특이사항]을 입력한다. 'AS 전화번호'와 'AS 안내'는 필수 입력사항이다. 반드시 입력해야 등록이 된다. AS 안내에는 문의 가능 시간 등을 적어주면 된다. "톡톡으로 문의하시면 빠르게 답변드리겠습니다" 등의 문구를 넣어 톡톡친구 추가를 유도할 수도 있다.

A/S 템플릿은 '**상품관리 → 템플릿 관리 → A/S 템플릿 관리**에서 만들 수 있다. 만들어놓은 템플릿이 있으면 클릭하여 설정할 수 있다.

'판매자 특이사항'에는 청약철회, 배송기간, 판매지역, 판매수량 등 특이사항이 있는 경우 입력하면 상품 상세페이지에 노출된다.

16. [추가상품]은 본 상품과 관련 있는 상품을 등록하는 영역이다. 부속상품이나 액세서리 등 본 상품과 연관되는 저렴한 상품들로 구성하면 좋다. 선물성 상품의 경우는 포장서비스, 축하카드, 기프트백 등을 추가상품으로 구성하면 좋다.(추가상품은 기본 상품과 동일한 상품을 등록하면 안 된다.)

하지만 자칫 잘못하면 고객을 분산시킬 수도 있다. 크릴오일 페이지에서 비타민 판매는 고객을 분산시킬 수 있다. 상품에 따라 잘 생각해보고 설정해야 한다.

추가상품명은 최대 10개까지 설정할 수 있으며, 등록 가능한 개수는 5,000개이다.(PC 환경에서만 등록할 수 있다.)

17. [구매/혜택 조건] 구매자에게 주는 혜택 사항을 입력한다. 설정하는 혜택 금액은 판매자 부담이다.

① **최소구매수량:** 최소구매수량은 입력하지 않아도 기본 1개가 적용된다. 2개 이상일 때부터 입력하면 된다.

② **최대구매수량:** 1회 구매 시 최대와 1인 구매 시 최대 물량을 설정할 수 있다.

❸ 복수구매할인

설정함　　설정안함

50,000　　원 ▾　이상 구매 시

1,000　　원 ▾　할인

☑ 특정 기간만 할인

2019.08.12.　～　2019.09.12.

주문금액은 판매가 기준(할인가/옵션가/추가상품가 제외)이며 구매된 수량 만큼 할인이 적용됩니다.
수량이 아닌 주문금액으로 설정 시에도 구매된 수량 만큼 할인이 적용됩니다. 적용예시 >
판매가, 할인가를 활용한 비정상 거래는 자동 탐지되어 판매지수에 포함되지 않으니 유의해주세요. 안내 >

❹ 포인트 ⓘ

☑ 상품 구매 시 지급

500　　원 ▾　지급

☐ 특정 기간만 지급

☑ 상품리뷰 작성시 지급 ⓘ

텍스트 리뷰와 포토/동영상 리뷰 포인트는 중복지급되지 않습니다.
포토/동영상 리뷰가 필요하시다면, 포토/동영상 리뷰 작성에 더 많은 포인트를 설정해보세요.

텍스트 리뷰 작성　　　　　포토/동영상 리뷰 작성

500　　원　　　1,000　　원

한달사용 텍스트 리뷰 작성　　한달사용 포토/동영상 리뷰 작성

1,000　　원　　　2,000　　원

알림받기 동의 고객 리뷰 작성 ⓘ

500　　원 추가

☐ 특정 기간만 지급

❺ 무이자할부

설정함　　설정안함

❻ 사은품

톡톡친구, 스토어찜 하시면 500원을 드려요!

사은품이미지
(0/3)

＋

권장 크기 : 500 x 500
이미지 입력 시 텍스트는 필수로 입력해 주셔야 합니다.

❼ 이벤트

리뷰 작성하시면 포인트를 드려요!

☐ 템플릿 추가

이벤트 문구는 검색대상에 포함되지 않으며 상품과 직접 관련이 없는 유명 상품 유사 문구, 허위과대광고 등을 입력 시 판매 금지 될 수 있습니다.

③ **복수구매할인:** 일정 주문금액 또는 수량 이상의 구매자에게 할인을 해주는 것으로, 설정하는 기준 이상 구매 시 할인금액은 전체 금액에서가 아니라 상품 수량별로 할인되는 금액이다. 주문번호 단위로 할인 적용 가능 여부가 결정되며, 개별 상품 단위로 할인이 적용된다. 또한 기준가 및 복수구매할인율은 '판매가'를 기준으로 적용된다.

Tip 복수구매할인 예시

예) 상품금액 5,000원 / 5개 이상 구매 시 1,000원으로 복수구매할인이 설정된 경우
→ 상품 5개를 한 번에 구매 시 개당 1,000원씩 할인 적용되어 복수구매할인 총 5,000원이 할인되어 20,000원에 구매하게 된다.

예) 상품금액 5,000원 / 즉시할인 1,000원 / 주문금액 10,000원 이상 구매 시 1,000원으로 복수구매할인이 설정된 경우
→ 상품 2개를 한 번에 구매 시 주문금액은 실 결제금액(8,000원)이 아닌 '판매가' 기준으로 반영(10,000원)되어 개당 1,000원씩 할인이 적용되어 복수구매할인 총 2,000원 할인이 적용된다. 따라서 구매자는 즉시할인과 복수구매할인을 적용받아 6,000원에 2개를 구매하게 된다.

예) 상품금액 7,000원 / 즉시할인가 6,300원 적용(10%) / 주문금액 10개 이상 구매 시 20%로 복수구매할인이 설정된 경우
→ 판매가 7,000원×(즉시할인율 10% + 복수구매할인율 20%)×10개 = 21,000원 할인이 적용된다. 즉 상품 10개를 70,000원에서 21,000원을 할인받아 49,000원에 구매하게 된다.

④ **포인트:** 상품 구매 시 혹은 리뷰 작성 시 포인트를 지급하도록 설정할 수 있다. 구매자에게 네이버페이 포인트를 혜택으로 지급한다. 지급되는 금액만큼 판매자 정산금액에서 차감된다.
'알림받기 동의 고객 리뷰 작성'은 알림받기 회원인 고객이 해당 상품을 구매 후 리뷰 작성 시 추가로 지급하는 포인트로, 텍스트, 포토/동영상 여부와 상관없이 상품리뷰 혹은 한 달 사용 리뷰 작성 시 1회 지급된다. 리뷰는 상품 순위 상승에 큰 영향을 미치므로 리뷰 포인트를 지급하여 리뷰 작성을 유도하는 것이 좋다.
포인트 지급을 %로 설정했을 경우 지급 기준은 즉시할인, 쿠폰 및 옵션 가격을 모두 적용한 금액을 기준으로 지급된다(배송비와 추가구성 상품은 제외).

⑤ **무이자할부:** 할부 개월 수에 따른 이자 금액을 판매자가 부담한다.

⑥ **사은품/사은품이미지:** 구매자에게 제공되는 사은품을 적어주고 이미지를 첨부할 수 있다. 사은품 처리는 판매자가 알아서 해야 한다. 사은품이 없더라도 공란으로 그냥 두지 말고 포인트 지급에 관한 내용을 입력한다.

⑦ **이벤트:** 이벤트가 있으면 적어주고, 없으면 포인트 지급에 관한 내용을 입력한다. '상품명' 바로 아래에 노출된다.

18. 다음은 [검색설정] 항목이다.

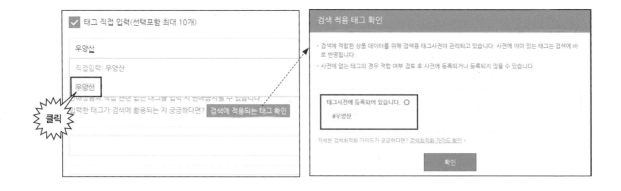

① **태그 직접 입력:** 태그는 상세페이지를 노출하고자 하는 키워드를 말한다. 체크한 후 태그를 입력한다. 입력할 때 아래로 태그사전이 나타나는데 거기에서 원하는 것을 클릭하여 선택한다. 태그 사전에 원하는 것이 없을 때는 직접 입력하고 엔터를 친다(되도록 태그사전에 있는 것을 선택한다).

적용되는 태그 확인 버튼을 클릭하면 검색에 적용되는 태그인지 확인할 수 있다. 추천 태그는 카테고리 대/중/소/세부 카테고리에 상관없이 카테고리에 매칭된 전체 추천 태그를 보여준다. 따라서 카테고리가 맞지 않는 태그를 입력해도 태그사전에 있으면 별 문제 없이 등록할 수 있다. 하지만 이렇게 카테고리가 맞지 않는 태그가 들어가면 락이 걸려 검색 순위에서 뒤로 밀리게 된다. 따라서 카테고리와 맞는 키워드만 태그에 넣어야 한다.

상품등록 시 입력한 브랜드명, 카테고리명은 자동으로 태그에 등록, 반영된다.

Tip 태그 입력의 요점

- 태그는 10개까지 입력할 수 있다(태그사전에 있는 단어 위주로 입력해야 한다).
- 카테고리명, 브랜드명, 판매처명은 사용할 수 없다.
- 카테고리 내에 있는 태그를 사용한다. 다른 카테고리에 있는 단어를 태그에 넣고 '검색에 적용되는 태그 확인'을 해보면 별 문제가 없는 것으로 나오지만 이런 경우 검색 순위에서 하위로 밀리게 된다.
- 태그는 등록 후 수정하거나 삭제하는 것은 좋지 않다. 추가는 괜찮다.
- 공략할 키워드(내가 노출시키고 싶은 키워드)를 낮은 키워드부터 센 키워드 순으로 나열해놓으면 단계별로 잡고 싶은 키워드를 마인드맵 할 수 있다.(순차적으로 공략할 키워드를 바로 알아볼 수 있어서 좋다.)
- 패션잡화, 패션의류는 감성태그를 넣으면 효과가 있다. 나머지에는 감성태그가 별 효과가 없다.

'Page Title'과 'Meta description'은 상품정보를 SNS 등 소셜 서비스에 공유 시 검색 최적화를 위한 기능으로, 검색엔진이 내 상품이 가장 적합하다는 걸 판단하여 검색 결과에 노출시키는 데 도움을 주는 항목 중 하나이다.

② **Page title:** SNS 등 소셜 서비스에 상품정보 공유 시 노출되는 타이틀이다. 페이지 제목글(URL 제목글)이다. 노출에 효과가 있다. 미입력 시 '상품명 : 스마트스토어명'의 형태로 노출된다. 페이지 타이틀에는 상품명이나 대표키워드를 타이핑해서 넣으면 된다.

③ **Meta description:** SNS 등 소셜 서비스에 상품정보 공유 시 타이틀 아래 노출되는 설명글이다. 미입력 시 '스마트스토어명 : 스마트스토어 소개글'의 형태로 노출된다. 입력 시 단어의 구분은 쉼표로 하면 된다.(앵글,4단,철제)

Tip 태그, 페이지 타이틀, 메타 디스크립션

- 태그, 페이지 타이틀, 메타 디스크립션은 네이버쇼핑 연관검색어 중 카테고리가 맞는 키워드를 조합하여 작성하면 된다.
- 상세페이지의 텍스트는 1,000자 정도 들어가야 되고, 페이지 타이틀은 30자를 넘기지 마라. 메타 디스크립션은 80자를 넘기지 마라.

19. [판매자 코드]는 판매자가 상품관리의 편의를 위해 부여하는 코드로, 구매자에게 노출되지는 않는 정보이다. 상품을 쉽게 알아볼 수 있도록 자신만의 기준을 정해 부여하면 된다. 위탁 판매를 하는 경우 '판매자 상품코드'는 도매처의 상품번호로 하고, '판매자 바코드'에는 가격을 적어두면 관리하기가 편리하다.

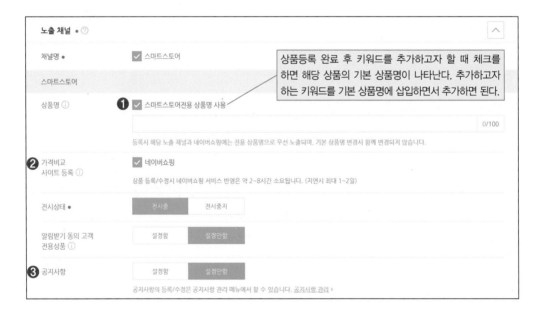

20. [노출 채널]은 상품 판매가 진행되는 쇼핑 서비스 페이지로, 현재 '스마트스토어'와 '쇼핑윈도' 2가지 채널이 있다. 쇼핑윈도는 판매자가 별도로 입점 신청을 하고 승인을 받아야 운영할 수 있다. 쇼핑윈도에 등록한 상품은 운영 담당자의 심사에서 승인이 나야 전시된다. 상품등록 후 **쇼핑윈도 관리 → 쇼핑윈도 상품 조회/수정** 메뉴에서 최종 심사결과(전시가능 여부)를 확인할 수 있다. 스마트스토어와 쇼핑윈도 모두를 운영하는 경우 2가지 채널 모두를 선택할 수 있다.

① **스마트스토어전용 상품명 사용:** 체크하면 기본 상품명이 나타난다. 추가하고자 하는 키워드를 추가하면 된다. 내 상품이 상위노출 되고 있을 때 기본 상품명을 잘못 건드리면 하위로 밀릴 수 있다. 그럴 때 **상품관리 → 상품 조회/수정**에서 해당 상품을 선택한 후 추가로 공략할 키워드를 여기에서 추가하면 된다. 전용상품명을 추가하는 경우 노출채널(스마트스토어/쇼핑윈도)과 네이버쇼핑에도 전용 상품명으로 우선 노출된다.

② **가격비교 사이트 등록:** '네이버쇼핑'을 체크해야 상품이 네이버쇼핑 또는 가격비교에 노출된다.

이것을 해제하면 네이버쇼핑에서 노출이 되지 않으므로 반드시 체크해야 한다. 스토어가 **스토어 관리 → 서비스 연결 → 네이버 서비스 연결**에서 **네이버 쇼핑**이 '연동중'으로 되어 있어야 한다.

③ **공지사항**: '설정함'을 클릭하면 공지사항을 선택할 수 있다.

아직 공지사항을 등록해놓은 것이 없을 때는 '**공지사항 관리**'를 클릭하여(**상품관리 → 공지사항 관리**) **새 상품 공지사항 등록** 버튼을 클릭하면 공지사항을 만들어 등록할 수 있다.

21. 등록상품에 관한 설정을 완료했으면 **쇼핑 상품정보 검색품질 체크** 버튼을 클릭한다. 점검이 필요한 항목이 있으면 표시된다. **확인** 후 수정을 해주면 된다. 이 경우는 태그사전에 없는 태그를 입력하여 점검이 필요하다는 뜻이다.

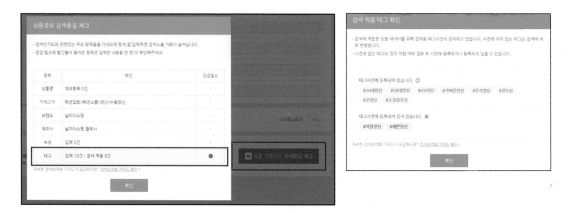

22. **미리보기**를 클릭하면 실제로 구현될 상품페이지를 볼 수 있다. 이상이 없으면 **저장하기**를 클릭한다. 상품 저장이 완료되었다는 팝업창이 뜬다. **스마트스토어 상품보기**를 클릭한다.

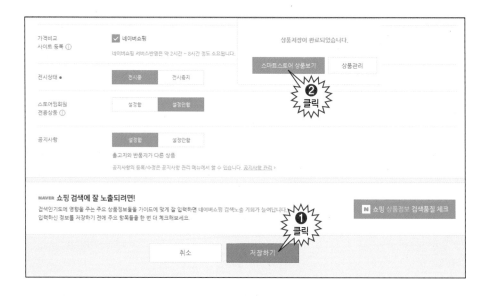

만일 상품정보 입력 중 잘못 입력되었거나 누락된 항목이 있으면 보여준다. 이때는 수정을 해주고 다시 **저장**을 클릭하면 된다.

23. 상품이 등록되었다.

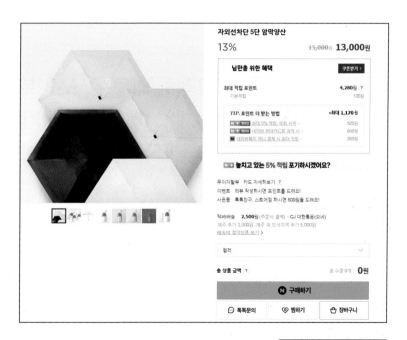

24. 스마트스토어센터의 **상품관리** → **상품 조회/수정**에서 상품이 등록된 것을 확인할 수 있다.

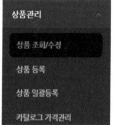

Tip 최신성 로직과 상품 재등록

네이버는 스토어를 개설하면 신규셀러에게 약 3개월 정도 어드밴티지를 주면서 관리를 잘해준다. 또 상품등록을 하고 나면 '최신성 로직'이라 하여 7일 정도 노출 상승을 유도해준다. 섬네일에 **New** 배지가 붙어 있는 동안으로 최신성 가산점을 준다. 때문에 등록 후 7일 안에 최대한 마케팅 작업을 해서 트래픽이 일어나고 구매와 리뷰가 달리도록 해야 한다. 그러면 노출 순위가 쭉쭉 올라간다.

네이버는 상품을 수정 및 삭제하는 것을 아주 싫어한다. 만일 수정을 하더라도 가격은 절대 건드리면 안 된다. 낮춰도 안 된다. 가격을 건드리는 순간 그 상품은 경고(빨간딱지)를 받는 것과 같다. 똑같은 판매건수가 일어나도 순위가 올라가지 않는다. 네이버는 가격 어뷰징을 제일 나쁘게 본다. 만일 상품등록 후 뭔가 잘못했다는 생각이 들면 상품을 삭제하면 된다.(동일 제품을 같은 스토어에 중복 등록할 수 없다.) 삭제 후에 1주일 동안은 동일 제품을 등록하면 안 된다. 1주일 정도 지나고 나서 다시 등록해야 최신성 점수를 받을 수 있다.

03 고객혜택(쿠폰, 포인트 적립) 설정과 마케팅 메시지 보내기

1 혜택 등록하기

스마트스토어 판매자들의 상품페이지를 보면 '쿠폰 배너'가 붙어 있는 경우가 많이 있다. 쿠폰으로 고객의 시선을 잡고 구매를 유도하기 위한 것으로, 이것은 '고객혜택 관리'에서 판매자가 직접 설정해주면 된다. 할인쿠폰이나 이벤트 등 고객 혜택을 제공하여 페이지 상단에 배치하면 고객의 관심을 끌 수 있고 구매를 유도할 수 있다.

1. 혜택/마케팅 → 혜택 관리 → 혜택 등록을 클릭한다. '혜택 이름'을 입력하고 '타겟팅 대상'을 선택하면 설정 항목들이 나타난다. '타겟팅 목적', '혜택 종류' 등 혜택 정보를 입력한다.

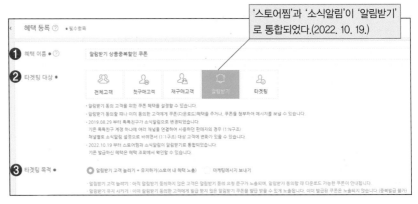

① **혜택 이름:** 쿠폰을 지급하는 행사 목적 + 대상 + 쿠폰 종류를 조합하여 입력한다.(예, 알림받기 상품 중복할인 쿠폰, 오픈기념 첫구매고객 할인쿠폰, 10월 재구매고객 할인쿠폰, 패션의류 할인쿠폰…) 고객이 쿠폰의 용도를 쉽게 알 수 있도록 입력하면 된다. 할인액(율), 스토어명, 스도어 내표이미지는 입력하지 않아도 자동 노출된다.

혜택 이름은 '네이버페이 MY화면'과 '네이버 모바일 메인 〉 MY페이' 화면에 쿠폰명이 노출된다.

② **타겟팅 대상:** 전체고객, 첫구매고객, 재구매고객, 알림받기, 타겟팅 등을 설정한다.

③ **타겟팅 목적:** '알림받기 고객 늘리기 + 유지하기(스토어 내 혜택 노출)'는 아직 알림받기에 동의하지

않은 고객에게는 알림받기 동의 요청 문구가 노출되고, 동의할 때 다운로드 가능한 쿠폰이 안내된다. 이미 알림받기 동의한 고객에게는 발급 받지 않은 쿠폰을 발급 받을 수 있게 노출된다. '마케팅메시지 보내기'는 알림받기 동의한 고객에게 혜택을 첨부하여 마케팅 메시지를 보낼 수 있다.

④ **할인설정:** 콤보박스를 클릭하여 판매가에 대한 '%'와 '원'으로 설정할 수 있다.

⑤ **최소주문금액:** 상품중복할인과 배송비 할인 쿠폰의 '최소주문금액'은 '판매가'를 기준으로 사용된다.

⑥ **상품상세 노출:** '상품상세의 상세정보 상단에 쿠폰 전시하기'를 체크하면 상세페이지의 상단에 쿠폰이 전시된다.

⑦ **혜택상품지정:** '내스토어 상품전체', '카테고리 선택', '상품선택'을 선택하여 혜택 상품을 지정할 수 있다.

2. 혜택을 설정하고 **확인**을 클릭한 후 혜택 확인 팝업창에서 **저장**을 클릭한다. 그러면 등록이 완료된다. **혜택조회**를 클릭한다.

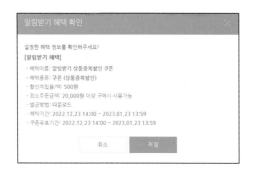

3. '혜택 조회/수정' 화면에서 혜택이 등록된 것을 확인할 수 있다.

4. 스마트스토어 상단에 쿠폰 발급에 관한 배너와 함께 다운로드 버튼이 생성되었다.

5. 상품페이지의 상단에도 쿠폰이 노출된다. 위와 같은 방법으로 '알림받기' 쿠폰 등 고객혜택을 발행하면 된다.

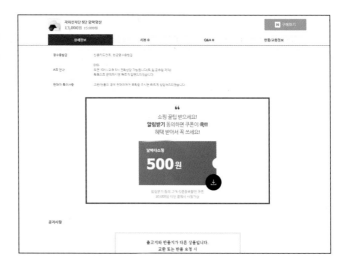

2 마케팅 메시지 보내기

1. 스마트스토어센터에서 **혜택/마케팅 → 마케팅메세지 → 마케팅 보내기**를 클릭한다.

2. 발송 스토어를 체크하고 **스토어 확정**을 클릭한다.

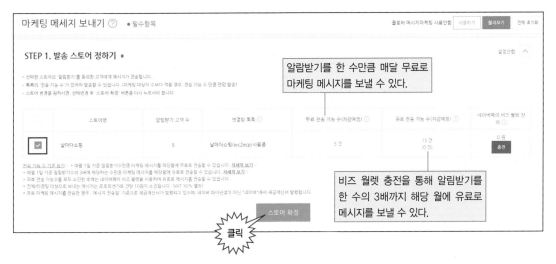

> 알람받기를 한 수만큼 매달 무료로 마케팅 메시지를 보낼 수 있다.

> 비즈 월렛 충전을 통해 알림받기를 한 수의 3배까지 해당 월에 유료로 메시지를 보낼 수 있다.

3. 어떤 고객에게 메시지를 보낼지 '목표 설정'을 하고 **목표 확정**을 클릭한다.

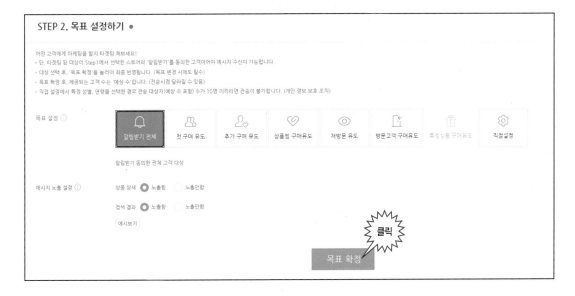

4. 타겟팅을 설정하고 **타겟팅 확정**을 클릭한다.

STEP 3. 타겟팅 설정

AI 타겟팅은 글로벌 메시지마케팅을 사용중인 판매자만 사용할 수 있습니다. 글로벌 메시지마케팅 사용은 상담 [사용하기] 버튼을 통해 커머스솔루션 마켓에서 사용처리해주세요.
AI 타겟팅을 선택하면 가장 수신 확률이 높은 고객을 대상으로 타겟팅합니다.
타겟팅된 최대 전송 대상수를 초과하여 메시지가 전송되지 않으며, 발송시점에 타겟팅 대상의 알림받기 여부에 따라 적은 대상에게 메시지가 전송될 수 있습니다.

AI 타겟팅 ○ 사용함 ● 사용안함

[알림받기 고객 대상]
전체고객에게 마케팅을 시작합니다.
알림받기를 받는 약 5명 에게 전달됩니다.

등록계정: 날마다쇼핑(wc2ecp)		예상 유료 전송 비용	
예상 전송 메시지 수	5 건	10 원 X 0 (건) + VAT 10%	0 원
무료 전송 가능 수	5 건	네이버페이 비즈 월렛 잔액 충전	0 원
유료 전송 필요한 메시지 수	0 건	보존된 네이버페이 비즈 월렛	0 원
잔여 유료 전송 가능 수	15 건	네이버페이 비즈 월렛을 사용하여 유료로 마케팅 메시지를 전송하겠습니다.	

무료 전송수를 모두 소진한 후에는 네이버페이 비즈 월렛을 사용하여 유료로 메시지를 전송할 수 있습니다.
전체/타겟팅 대상으로 보내는 메시지는 프로모션가로 건당 10원이 소진됩니다. (VAT 10% 별도)
메시지 전송시 타겟팅 조건에 맞는 대상수가 증가하여도 화면에 보이는 예상 유료 전송 비용을 초과하여 전송되지 않습니다.
메시지 전송시 네이버페이 비즈 월렛 잔액이 부족할 경우 네이버페이 비즈 월렛으로 전송 가능한 발송건수만큼 원입하게 발송됩니다.

타겟팅 확정 ← 클릭

5. 혜택은 'Step2'에서 설정한 고객이 사용할 수 있는 쿠폰이 있어야 나타난다. 혜택을 첨부하고 **혜택 확정**을 클릭한다.

STEP 4. 혜택 첨부 설정   상품중복할인 / 5% (최대 1,000원) / 다운로드 쿠폰

Step2에서 확정한 대상이 쓸 수 있는 쿠폰을 첨부해보세요.
1개만 첨부 가능하며, 혜택 확정을 눌러야 최종 반영됩니다.
전송 전에 혜택을 중지하지 말아 주세요.
주의: 톡톡 마케팅메시지를 저장한 이후 혜택을 변경할 경우, 변경된 혜택에 적합한 새로운 혜택 유형 및 AI메시지를 설정하실 수 있습니다. 반드시 메시지를 전송하기 전에 톡톡 마케팅 메시지 편집에서 혜택 유형 및 변경된 쿠폰을 확인한 후, '저장' 버튼을 클릭해주세요.

혜택첨부   혜택첨부함 첨부안함

알림받기 고객 대상 > 마케팅메시지 보내기 용으로 발급하여 '적용중' 상태인 쿠폰 불러오기 (최신발급순)

	혜택이름	혜택유형	할인(적립)율/액	발행방법	타겟팅 대상	발급 가능 건수	혜택시작일	혜택종료일
○	5% 할인쿠폰	상품중복할인	5% (최대 1,000원)	다운로드	소식알림	제한 없음	2022.01.11.	2022.02.10.

혜택 확정 ← 클릭

6. **톡톡 마케팅 편집**을 클릭하여 톡톡에 보여질 메시지 형태를 편집한다. 제공하는 템플릿 유형을 선택하고 작성하면 된다.

작성 완료 후 '테스트 전송'을 클릭하여 매니저 ID로 테스트 전송을 하여 톡톡채팅창에서 메시지를 확인할 수 있다. 이상이 없으면 **전송하기**를 클릭하면 대상자에게 메시지가 전송된다.

STEP 5. 톡톡마케팅 메세지 편집   톡톡 마케팅 편집

템플릿 유형을 선택하여, 메시지 본문을 편집하세요.
메시지 작성 완료 후, 톡톡편집창에 있는 '저장' 버튼을 눌러야 최종반영됩니다.
전송 전에는 '테스트전송'으로 메시지를 확인해보세요.

<도움말>
정보통신망법 제 50조(영리목적의 광고성 정보 전송 제한)에 따라 오후 8시 ~ 그 다음 날 오전 8시까지의 광고성 메시지 전송은 제한됩니다. (구매자가 야간동의 알림수신을 한경우 예외)
마케팅메시지 발송 시 판매행사와 유관한 설문인 경우에 한 해 네이버폼 설문 URL 발송가능합니다 그 외 마케팅메시지 내 스마트스토어와 무관한 외부링크, 기사 홍보 컨텐츠 관련 링크를 첨부/연결하는 것은 불가하오니 유의 부탁드립니다.
(스마트스토어 판매 이용약관 제 12조 판매행위의 금지행위'에 해당)

미리보기   테스트 전송   임시 저장하기   전송하기 ← 클릭

04 공지사항 등록하기

공지사항은 스토어에서 고객들에게 알리는 중요정보로, 배송 등 자주하는 질문에 대한 답변, 스토어 소개 등을 설정해놓고 사용하면 된다. 특히 고객에게 반드시 알려야 하는 사항은 공지사항을 통해 알려주어야 한다.

또 상품마다 알리고 싶은 주요 내용을 공지사항으로 설정하여 고객들의 구매에 도움을 주도록 할 수 있다. 공지사항은 상품페이지의 상단에 위치하므로, 상품에 대한 정보뿐만 아니라, 고객에게 어필하고 싶은 내용을 설정하여 고객들의 관심을 끄는 홍보 수단으로 사용하면 좋다.

1. 상품관리 → 공지사항 관리를 클릭한다. **새 상품 공지사항 등록**을 클릭한다.

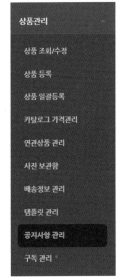

2. '분류'(일반, 이벤트, 배송지연, 상품)를 선택하고 공지사항 '제목'을 입력한다. 그리고 내용을 입력하기 위해 **SmartEditor ONE으로 작성**을 클릭한다.

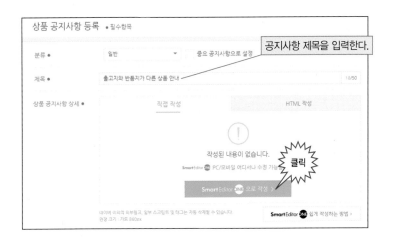

3. 스마트에디터에서 공지사항 내용을 입력한다. 상세페이지를 만드는 것처럼 텍스트, 사진, 인용구 등 다양한 컴포넌트를 이용해 작성할 수 있다. 완료 후 **등록**을 클릭한다.

4. 노출 설정을 하고 **상품 공지사항 등록**을 클릭한다.

① **공지사항 노출설정:** '전체 노출', 'PC만 노출', '모바일만 노출' 중에서 선택한다.

② **상품상세 노출:** '모든 상품에 공지사항 노출'에 체크하면 판매자의 모든 상품에 공지사항이 노출된다. 개별상품에 적용하려면 먼저 '모든 상품에 공지사항 노출'을 체크하지 않은 공지사항을 등록하여 만든 후

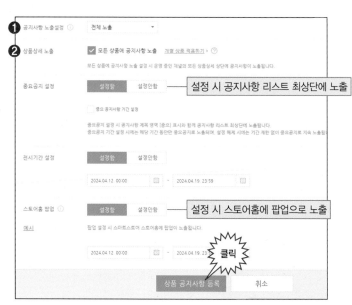

'상품관리 → 상품조회/수정' 메뉴에서 공지사항 등록이 필요한 상품의 '수정' 버튼 클릭하여(또는 상품등록 시) '노출 채널' 영역에서 '공지사항'의 '설정함'을 클릭하여 공지사항을 선택해주면 해당 상품에만 관련 공지사항이 노출된다.

5. 상품페이지에 공지사항이 전시된다.

05 중복등록을 피하는 법

네이버는 동일 카테고리에 동일 제품을 '중복등록' 하지 말라고 하고 있다. 그런데 이런 경우를 생각해보자. 예를 들어 '젓갈' 전문몰의 경우 대부분의 상품 카테고리가 '식품〉수산〉젓갈'일 것이다. 네이버에서는 동일 카테고리에 동일 상품명을 쓰지 말라고 하니 어떻게 해야 할까? 또 카테고리명을 상품명에 쓰지 말라고 하니 '젓갈'이라는 단어를 상품명에 넣지 말아야 할까?

네이버가 상품명에 카테고리명을 넣지 말라고 하는 것은 여러 번 중복해서 쓰지 말라는 소리다. 젓갈의 종류가 오징어젓갈, 명란젓갈, 꼴뚜기젓갈, 새우젓갈 등등 26가지라면 한 페이지에 옵션으로 집어넣으라는 것이다.

이런 경우 먼저 '젓갈 26종 모음'이라는 상품명으로 페이지를 하나 만들 수 있다. 섬네일은 오징어젓갈로 하고 가격도 오징어젓갈의 가격으로 한다. 옵션값에 오징어젓갈, 명란젓갈, 꼴뚜기젓갈... 이렇게 26종의 젓갈을 넣어 만들면 된다. 이것이 네이버가 원하는 방식이다.

■ 단어를 붙여 쓰고 옵션을 넣어 상품명을 만든다.

그런데 젓갈이라는 단어는 너무 센 키워드라 상위에 노출시키기가 쉽지 않다. 그리고 26종이나 되는 젓갈을 한 페이지에서만 판매한다는 것도 좋은 전략이 아니다. 그만큼 노출의 기회가 적기 때문이다.

그래서 상품명을 '명란젓갈 1+1' 이런 식으로 옵션을 넣어 만들어 새로운 상품페이지를 만들어 판매한다. 이렇게 '꼴뚜기젓갈', '새우젓갈' 등도 만들면 된다. 이렇게 하는 것은 동일 카테고리에 동일 상품을 판매하는 것이 아니다. 왜냐하면 '젓갈'과 '명란젓갈', '꼴뚜기젓갈', '새우젓갈'은 다 제각기 다른 상품명(키워드)이기 때문이다.

상품명을 '치즈 김밥'과 '참치 김밥'이라고 하여 등록하면 '김밥'이라는 동일 상품을 올리는 것이 되지만 '치즈김밥'과 '참치김밥'으로 붙여 써서 상품명을 만들면 동일 상품이 아닌 것이다.

■ 다른 아이디를 사용한다.

또 다른 방법으로는 전혀 다른 아이디(중복몰이 아니라 가족의 아이디 등 주민등록번호가 다른 아이디)를 만들어 등록할 수도 있다. 만일 내가 '칫솔' 키워드에서 1위를 하고 있다면 또 다른 아이디로 상품을 등록하여 '칫솔' 키워드에서 2위, 3위를 노려볼 수 있다.

잘 나가는 아이템 하나를 찾는다는 게 쉬운 일이 아니다. 때문에 대표카테고리에서 1위에 올린 상품이라면 그 노하우로 2위, 3위에도 올릴 수 있을 것이다. 이때 다른 아이디에서 올리는 상품은 처음의 상품과 다른 상품을 올려야 된다. 칫솔의 경우 예를 들면 처음에 1위에 올린 상품이 '치과칫솔'이었다면 다른 아이디에서 올릴 때는 '프라그칫솔'로 하여 다른 종류의 칫솔을 올려야 한다. 이렇게 하여 칫솔 키워드에서 1, 2, 3위를 하면 매출은 몇 배로 늘어날 것이다.

판매를 하다 보면 아이템 하나 찾기가 쉽지 않은데, 이렇게 잘 찾은 아이템은 판매 아이디를 확장하면 매출 증대를 꾀할 수 있다.

06 복사등록을 통한 순위 테스트

'복사등록'은 기존에 등록된 상품의 정보를 불러와 수정한 후 등록하는 방법이다. 비슷한 사양의 상품이라면 복사등록 기능을 이용하면 상품등록에 들어가는 시간을 절약할 수 있다.

그런데 이 복사등록 기능을 상품등록 순위 테스트용으로 사용할 수 있다. 동일한 상품을 복사등록 기능을 이용하여 상품명과 카테고리, 상세페이지, 태그, 옵션 등을 다르게 등록해보고 순위를 분석해보는 것이다. 특히 블루키워드가 많은 상품의 경우 상품명에 각기 다른 키워드를 넣어서 등록한 후 어떤 것이 가장 순위가 잘 잡히는지를 테스트해보면 좋다. 등록한 상품이 네이버쇼핑의 검색 결과에 반영되기까지는 시간이 걸리니 2~8시간 후에 순위 검색을 해보는 것이 좋다.

주의할 점은 복사등록 시에 반드시 섬네일, 상품명, 제조사, 브랜드를 다르게 해야 한다는 것이다. 그렇지 않으면 상품이 가격비교 그룹에 묶여버릴 수 있다. 등록 후 24시간 내에 순위를 확인하고 순위가 제일 좋게 잡힌 상품만 남기고 나머지는 반드시 삭제해야 한다. 그렇지 않으면 동일 스토어에 동일 상품을 등록한 게 되어 어뷰징 처리될 수 있다.

1. 상품관리 → 상품 조회/수정을 클릭한다. 상품목록에서 복사등록할 상품의 **복사**를 클릭한다.

2. 카테고리, 상품명, 섬네일 등 테스트해보고 싶은 항목을 변경한 후 **저장하기**를 클릭하면 복사등록이 된다.

3. 이렇게 상품의 내용을 다르게 설정하여 복사등록을 한다. 그리고 상품별로 순위분석을 해보고 순위가 좋은 상품 1개만 남기고 나머지는 삭제한다.

이렇게 복사등록을 통해 내 상품을 가장 상위에 노출시킬 수 있는 상품명과 카테고리, 태그, 속성 등을 알아보고, 경쟁력 있는 가장 최적화된 상품페이지를 만들 수 있다.

다시 한 번 말씀드리지만 동일 스토어에 동일 상품의 중복등록은 어뷰징이니 이러한 테스트 등록은 자주 하지 않는 것이 좋다. 네이버는 상품의 등록과 삭제에 관한 이력도 다 살펴보고 있다.

10장

상품등록 후 해야 할 일

01 판매 통계 확인하기

상품등록 후에는 내 상품이 어디에 있는지, 원하는 키워드에서 잘 노출되고 있는지 확인해봐야 한다. 네이버쇼핑에서 상품명에 사용한 키워드를 입력하여 내 상품이 키워드에서 어느 정도의 순위에 노출되고 있는지 확인해봐야 된다.

그리고 판매가 일어나면 고객이 무슨 키워드로 내 상품을 구매하였는지, 어떤 경로로 내 스토어에 들어오는지 등 판매와 관련된 통계를 분석해야 한다.

1 내 상품 순위 확인하기

1. 네이버쇼핑에서 순위분석 할 상품의 키워드를 입력한다.

2. 상품명이나 태그에 사용한 키워드들을 반복 검색한다.

3. 상품 순위를 키워드 순위 양식에 기록한다. (미역국 키워드로 검색 시 2페이지 13번째, 전체 순위 53위)

키워드	키워드	키워드	키워드	키워드	키워드
시래기국	미역국	갈비탕	설렁탕	된장국	감자탕
1 / 29 / 29 (↓4)	2 / 13 / 53 (0)				
1 / 25 / 25 (0)	2 / 13 / 53 (0)	1 / 39 / 39 (0)	1 / 15 / 15 (0)	1 / 24 / 24 (0)	2 / 10 / 50 (0)

4. 추가 키워드에 대한 순위를 계속 확인하여 양식에 기록한다.

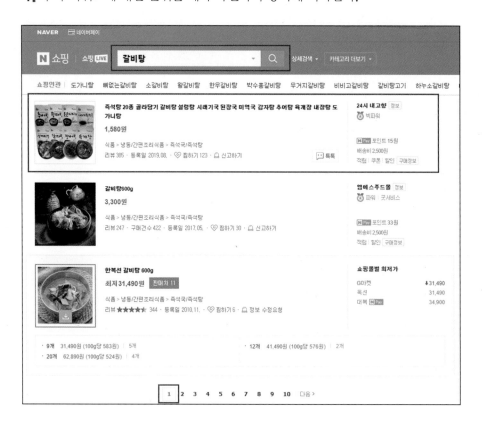

키워드	키워드	키워드	키워드	키워드	키워드
시래기국	미역국	갈비탕	설렁탕	된장국	감자탕
1 / 29 / 29 (↓4)	2 / 13 / 53 (0)	1 / 34 / 34 (0)	1 / 12 / 12 (↑2)	1 / 24 / 24 (0)	2 / 10 / 50 (0)
1 / 25 / 25 (0)	2 / 13 / 53 (0)	1 / 39 / 39 (0)	1 / 15 / 15 (0)	1 / 24 / 24 (0)	2 / 10 / 50 (0)

5. 순위 확인을 통해 타깃 키워드를 선정하고 순위 개선활동을 전개해 나가면 된다.

2 판매 분석하기

등록상품 종수가 늘어나고 판매량이 많아지면 상품 판매와 관련된 데이터도 차곡차곡 쌓이게 된다. 이러한 판매 상품에 대한 데이터는 사업의 성과를 살피는 지표가 되는 동시에 앞으로의 판매 활동과 마케팅 계획을 세우는 데 자료가 된다. 스마트스토어센터의 **통계** 메뉴에는 이와 관련한 다양한 데이터들이 있다. (※ 그동안 네이버 애널리틱스를 통해서도 스마트스토어 통계를 확인할 수 있었는데 2022년 12월 14일에 스마트스토어에 대한 네이버 애널리틱스의 연동은 종료되었다.)

1. 스마트스토어에서 **통계 → 판매분석**을 클릭한다.

2. 판매성과에서는 '일별 결제 금액', '일별 결제자수 및 결제수', '요일별 결제금액', '요일별 평균결제금액', '일별 환불율'을 알 수 있다.

일별 결제금액에서는 일별로 결제금액을 살펴볼 수 있으며, 7일 평균 차트를 통해 결제금액 트렌드를 살펴볼 수 있다. 통계 그래프의 추이를 통해 특정 이슈로 인한 결제금액의 변화를 살펴볼 수 있다. **요일별 결제금액**에서의 통계를 통해서는 요일별로 상품 결제 현황을 알 수 있다.

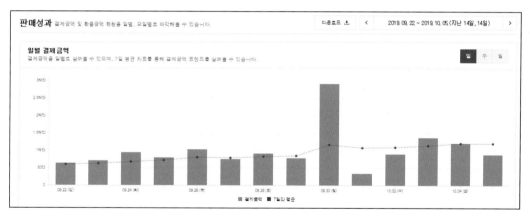

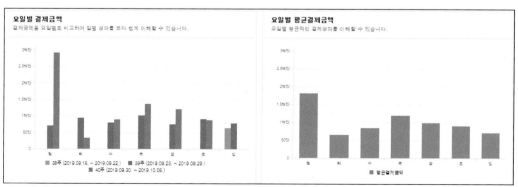

3. **상품성과** 탭의 '상품카테고리(소)별 결제금액', '상품별 결제금액'에서는 많이 팔리는 상품 카테고리와 상품을 알 수 있다. 이를 통해 자신의 주력 상품과 카테고리를 정하고 집중하는 것도 하나의 판매전략이다.

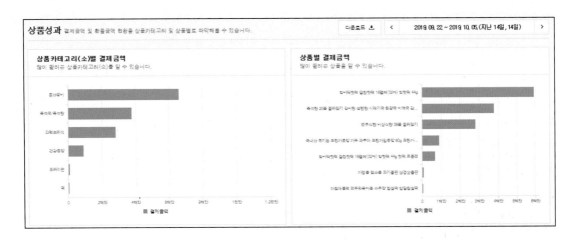

'상품카테고리(소)별 환불율', '상품별 환불율'에서는 상품에 대한 환불 비율을 알 수 있다. 환불은 어떤 이유에서이든지 고객이 상품을 구매한 후 마음에 들지 않았다는 뜻이다. 구매 후 타 상품과 비교해보니 가격이 비싸서 그럴 수도 있고, 배송이나 상품 퀄리티에서 문제가 있어서 그럴 수도 있다. 판매자는 유난히 환불 비율이 높은 상품이 있다면 상품의 리뷰 등을 살펴보고 빨리 원인을 캐치하여 개선해야 한다.

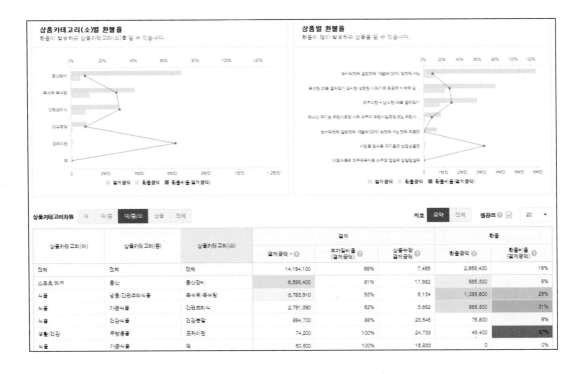

4. **상품/마케팅채널** 탭의 '상품카테고리(소)에 따른 마케팅채널별 결제금액(기여도추정)', '상품카테고리(소)에 따른 마케팅채널별 결제금액 비율(기여도추정)'에서는 상품카테고리(소)별로 결제에 기여한 마케팅 채널과 비율을 알 수 있다.

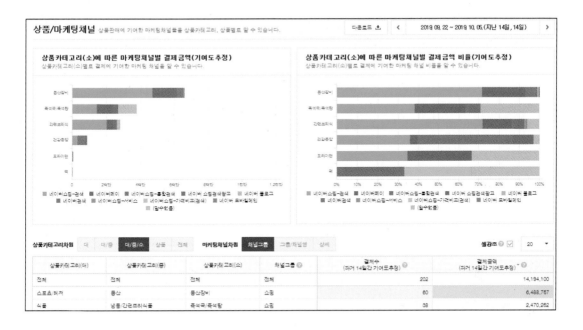

5. **상품/검색채널** 탭의 '상품카테고리(소)에 따른 검색채널별 결제금액(기여도추정)', '상품카테고리(소)에 따른 검색채널별 결제금액 비율(기여도추정)'에서는 상품카테고리(소)별 상품판매에 어떤 검색채널이 얼마나 기여를 하고 있는지를 알 수 있다.

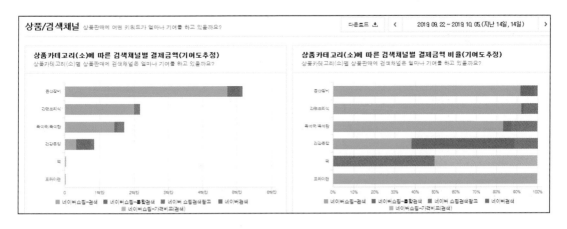

'결제금액 Top 10상품의 키워드별 결제금액(기여도추정)'에서는 상품별 판매에 어떤 키워드가 얼마나 기여를 하고 있는지를 알 수 있다. 이것을 통해 상품명에 넣은 블루키워드가 실제로 얼마나 판매에 영향을 미치고 있는지를 분석해볼 수 있다.

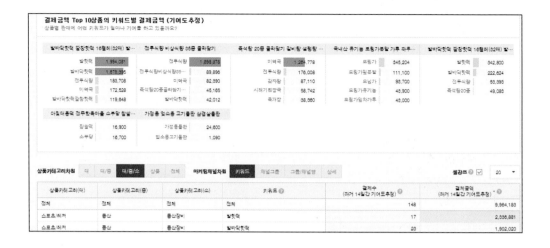

6. 상품/인구통계 탭의 '상품카테고리(소)에 따른 성별 결제금액', '상품카테고리(소)에 따른 나이별 결제금액'에서는 상품카테고리(소)별로 각 성별 결제금액을 알 수 있다.

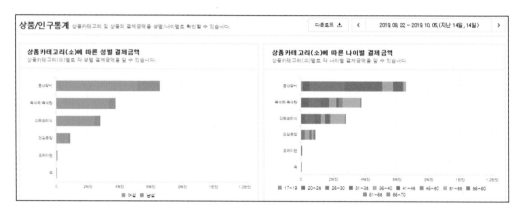

'상품카테고리(소)에 따른 성별 결제금액 비율', '상품카테고리(소)에 따른 나이별 결제금액 비율'에서는 상품카테고리(소)별로 각 성별 결제금액과 결제금액 비율을 알 수 있다.

7. **상품/고객프로파일** 탭의 '상품카테고리(소)에 따른 결혼여부별 결제금액', '상품카테고리(소)에 따른 가구인원수별 결제금액', '상품카테고리(소)에 따른 직업별 결제금액', '상품카테고리(소)에 따른 자녀여부 및 자녀나이별 결제금액'에서 세부 고객분석 결과를 알 수 있다.

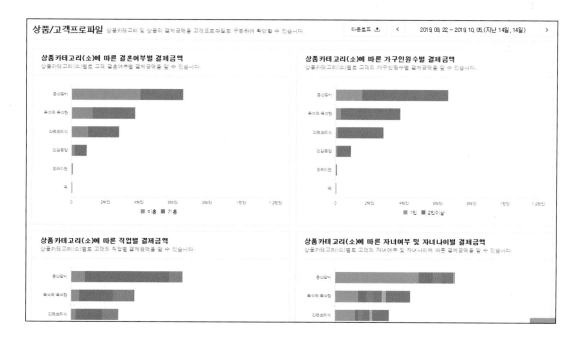

8. **상품/지역** 탭의 '상품카테고리(소)에 따른 지역별 결제금액', '상품카테고리(소)에 따른 지역별 결제금액 비율'에서는 상품카테고리(소)별로 고객의 결제지역별 결제금액과 비율을 알 수 있다.

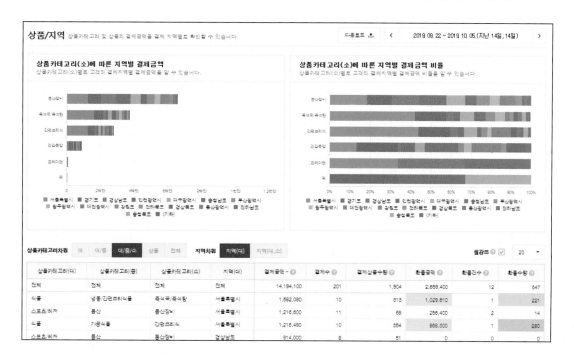

9. **배송통계** 탭에서는 배송유형별 결제금액 비율, 배송완료율, 배송발송일 준수율, 오늘출발 완료

비율 등 배송에 관한 통계를 확인할 수 있다.

3 마케팅 분석하기

상품을 등록하고 주문이 들어오면 고객이 '어떻게', '무슨 키워드'로 들어왔는지를 알아봐야 한다. 그래야 더 많은 구매를 일으킬 수 있는 전략을 세울 수 있다. 스마트스토어센터에서는 판매와 관련된 다양한 데이터를 제공하고 있다.

1. 먼저 스마트스토어센터의 **통계 → 마케팅분석**을 클릭한다.

2. 전체채널 탭에서는 '마케팅채널별 유입수', '마케팅채널별 결제기여금액', '마케팅채널별 유입수 및 유입당 결제율(기여도추정)', '마케팅채널별 비용 및 ROAS(기여도추정)'를 확인할 수 있다.

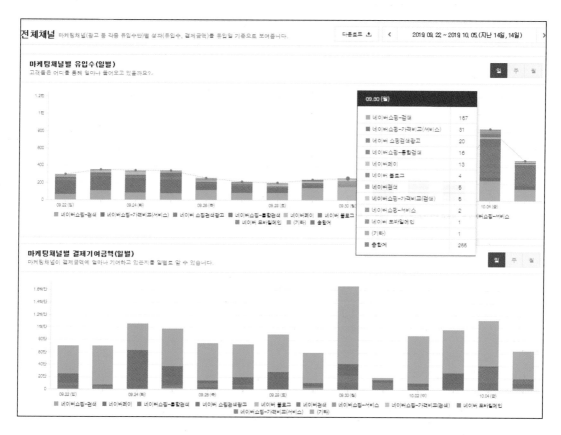

'마케팅채널별 유입수(일별)'에서는 고객들이 어디를 통해서 내 스토어에 들어오는지를 채널별 통계를 확인할 수 있다. 광고를 하지 않은 경우 대부분 '네이버쇼핑-검색'과 '네이버쇼핑-가격비교(서비스)'를 통해서 많이 들어오는 것을 알 수 있다.

만일 광고를 진행 중이었다면 해당 채널에서 얼마나 유입량이 늘었는지를 살펴보고, '마케팅채널별 결제기여금액(일별)', '마케팅채널별 유입수 및 유입당 결제율(기여도추정)'과 비교해봄으로써 광고를 통해 실제로 얼마나 구매가 일어났는지를 분석할 수 있다.

이렇게 유입수와 결제율을 각 채널별로 비교 분석하여 앞으로의 마케팅 전략을 세울 수 있다.

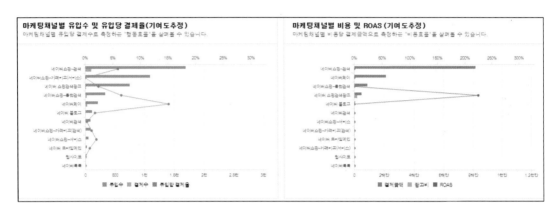

차원 강단 상세		유입		비용	결제(마지막클릭 기준)					결제(+14일 기여도추정)			
채널속성	채널그룹	고객수	유입수 ~	광고비	결제수	유입당 결제율	결제금액	유입당 결제금액	ROAS	결제수	유입당 결제율	결제금액	유입당 결제금액	ROAS
전체	전체	3,965	4,485	220,300	186	4.15%	12,631,170	2,816	–	178.7	3.99%	11,833,387	2,638	–
모바일	쇼핑	2,783	3,062	0	123	4.03%	8,505,670	2,787	0%	120.9	3.95%	8,116,189	2,669	0%
모바일	검색광고	569	648	190,010	18	2.78%	502,590	776	265%	18.2	2.81%	494,700	763	260%
PC	쇼핑	382	492	0	49	9.95%	3,574,610	8,275	0%	37.2	8.50%	3,187,640	7,283	0%
PC	검색광고	106	112	30,290	0	0.00%	0	0	0%	0	0.00%	0	0	0%
모바일	소셜	79	96	0	2	2.08%	48,300	503	0%	2.0	2.08%	48,300	503	0%
모바일	검색	40	68	0	0	0.00%	0	0	0%	0.3	0.38%	30,179	444	0%
PC	검색	8	22	0	0	0.00%	0	0	0%	0	0.00%	0	0	0%
모바일	일반유입	17	21	0	0	0.00%	0	0	0%	0.2	0.75%	6,379	304	0%
PC	소셜	15	17	0	0	0.00%	0	0	0%	0	0.00%	0	0	0%
PC	웹사이트	8	8	0	0	0.00%	0	0	0%	0	0.00%	0	0	0%
모바일	웹사이트	6	7	0	0	0.00%	0	0	0%	0	0.00%	0	0	0%
PC	메신저	1	1	0	0	0.00%	0	0	0%	0	0.00%	0	0	0%
모바일	메신저	1	1	0	0	0.00%	0	0	0%	0	0.00%	0	0	0%

‹ 1 ›

Tip 통계 보고서 다운로드

스마트스토어센터에서는 통계의 하위 메뉴(판매분석, 마케팅분석, 쇼핑행동분석) 보고서를 '오늘 기준 과거 18개월까지'의 데이터만 제공한다. 필요한 데이터는 미리 다운로드하여 백업을 해두면 된다.

3. 검색채널 탭에서는 '키워드별 유입수 및 유입당 결제율', '키워드별 결제금액'을 확인할 수 있다. 이것을 통해 고객이 무슨 키워드로 내 스토어에 들어와서 결제하였는지, 결제 기여도는 얼마나 되는지를 분석할 수 있다.

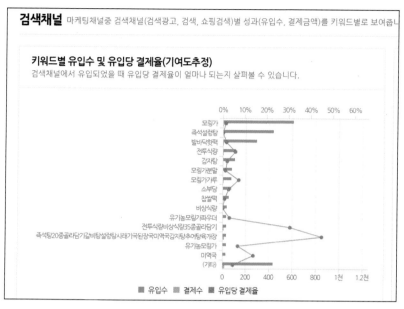

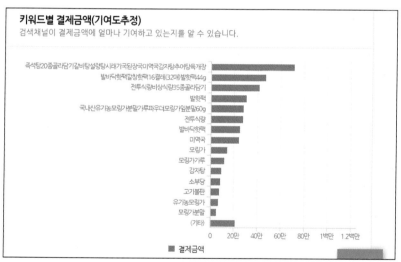

키워드	검색유입		결제(마지막클릭 기준)				결제(+14일 기여도추정)			
	고객수	유입수 ▾	결제수	유입당 결제율	결제금액	유입당 결제금액	결제수	유입당 결제율	결제금액	유입당 결제금액
전체	2,214	2,463	100	4.06%	5,212,160	2,116	80.7	3.28%	3,799,501	1,543
모링가	577	611	7	1.15%	132,600	217	7.6	1.25%	141,650	232
즉석설렁탕	431	438	0	0.00%	0	0	0	0.00%	0	0
발바닥핫팩	284	293	6	2.05%	405,700	1,385	4.7	1.59%	250,687	856
전투식량	104	112	9	8.04%	376,300	3,360	6.4	5.70%	279,355	2,494
감자탕	77	102	2	1.96%	91,420	896	2.0	1.96%	91,420	896
모링가분말	61	79	1	1.27%	138,000	1,747	0.9	1.19%	50,018	633

4. 웹사이트채널 탭에서는 고객이 어떤 웹사이트를 통해 얼마나 들어왔는지를 확인할 수 있다.

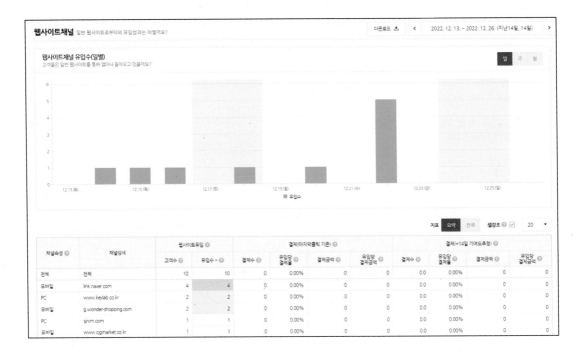

5. 사용자정의채널 탭에서는 판매자가 별도로 설정한 파라미터를 통해서 유입된 현황을 확인할 수 있다. 유입 시 랜딩되는 URL에 별도의 파라미터를 설정한 후 그 성과를 확인할 수 있다. 특정한 성질을 나타내는 파라미터, 예를 들어 A 블로그에서 B 키워드를 통해 C 스마트스토어로 랜딩되는 유입을 설정하여 통계를 확인할 수 있다.

파라미터 설정에 관한 자세한 내용을 알 수 있다.

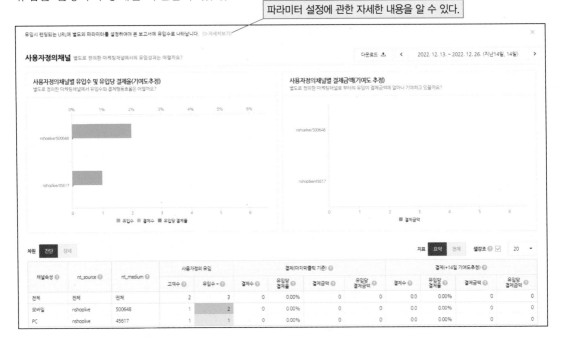

6. 인구통계 탭에서 유입 고객의 성별, 나이별 통계를 확인할 수 있고, **시간대별** 탭에서는 시간대별 유입 통계와 결제율을 확인할 수 있다.

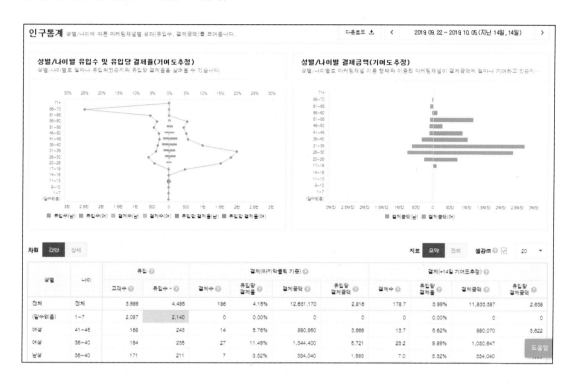

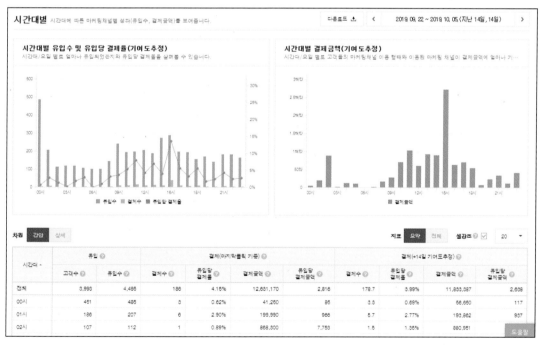

7. **상품노출성과** 탭에서는 상품별 평균노출순위와 유입수를 확인할 수 있다.

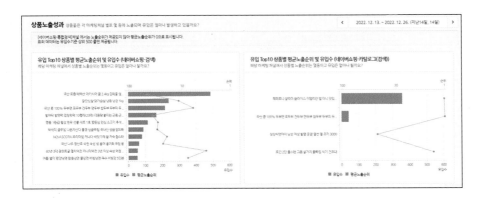

※ 상품등록 후에는 이러한 판매 데이터를 바탕으로 상품별로 맞춤형 마케팅 전략을 구상해야 한다.

4 쇼핑행동분석 / 시장벤치마크 / 판매성과예측 / 고객현황 / 재구매 통계

통계 → 쇼핑행동분석에서는 상품카테고리별 상세조회수와 결제율을 알 수 있고, 각 페이지별 고객 체류 시간을 알 수 있다.

통계 → 시장벤치마크에서는 내 사이트와 타 사이트 그룹을 비교할 수 있다.

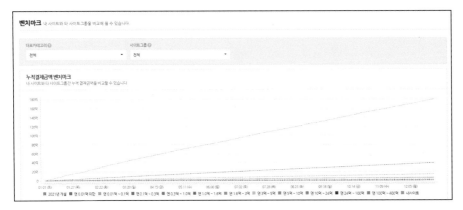

통계 → 판매성과예측에서는 과거의 데이터를 바탕으로 미래의 판매성과 예측을 보여준다.

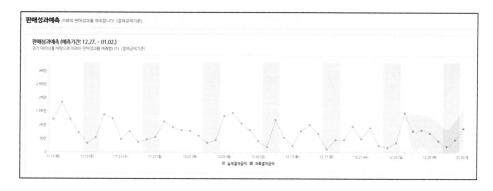

통계 → 고객현황에서는 전체고객, 기존고객, 신규고객 등 고객에 관한 데이터를 보여준다.

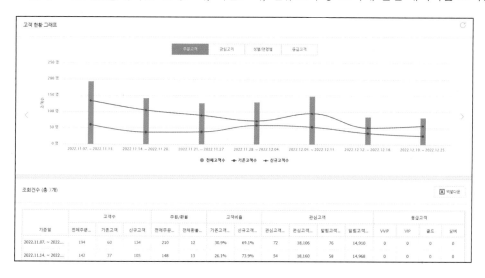

통계 → 재구매 통계에서는 재구매 고객에 관한 통계를 알 수 있다.

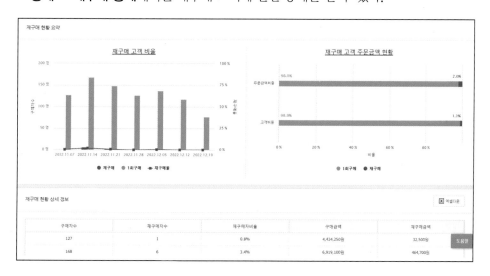

02 주문 확인과 발주 / 발송 관리하기

주문이 들어오면 '주문확인'을 하고 '발송처리'를 해야 한다. 발송처리 기한까지 발송처리를 하지 못하면 -1점의 페널티, 4영업일 경과 후에는 -3점이 중복 부과된다. 따라서 기한 내에 발송처리가 어려운 경우에는 '발송지연 안내' 처리를 진행해야 한다.

주문 상품을 아무 사고 없이 빠르고 정확하게 배송하는 것은 판매자의 신뢰도를 높이는 지름길이다. 고객이 판매자를 신뢰하는 것은 간단하다. 상세페이지에서 설명한 상품정보와 일치하는 상품을 파손이나 분실, 배송지연 없이 받아보면 된다. 배송사의 귀책사유로 인한 사고라 하더라도 상품 배송이 원활하지 않으면 고객은 판매자를 좋게 보지 않는다. 따라서 판매자는 배송사 선택이나 상품 포장에 신경을 써 이러한 사고를 미연에 방지해야 한다.

주문이 일어나면 ① **신규주문 확인** → ② **발주확인** → ③ **발송처리** → ④ **배송** → ⑤ **구매자 상품 수령** → ⑥ **구매확정** → ⑦ **정산**의 과정을 거친다.

1 발송처리 하기

1. '주문 확인'은 스마트스토어센터에서 **판매관리** → **발주(주문)확인/발송관리**를 클릭하여 **신규주문 (발주 전)**에서 확인할 수 있다.(**판매자 정보** → **판매자 관리** → **판매자 정보**에서 **실시간 알림 설정**을 해놓았다면 휴대폰으로 주문에 관한 메시지가 온다.) 주문건수를 클릭한다.

2. '신규주문'의 주문건수를 클릭하면 아래로 주문내역이 나타난다. 상품주문번호를 클릭하면 '상품주문정보 조회' 팝업창이 나타난다. 주문 상품과 배송지 주소를 확인한다.

3. 주문건을 선택하고 **발주확인**을 클릭하면 주문건은 '신규주문(발주 후)'로 넘어간다.

4. 신규주문(발주 후)에서 건수를 클릭하면 내역을 확인할 수 있다.

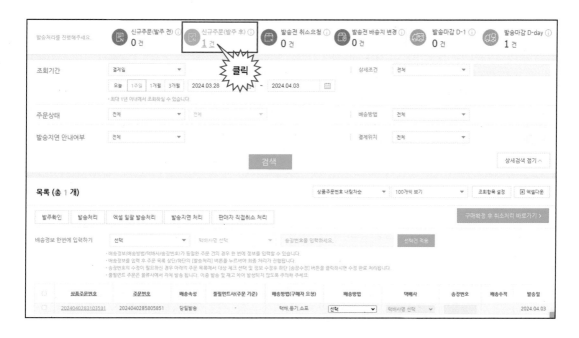

5. 상품을 발송한 후 '송장번호'를 입력하고 **발송처리**를 하면 발송처리가 완료된다. 그러면 고객에게 상품 출고 사실이 문자로 전달되고, 상품은 '배송중' 상태로 넘어간다. 이렇게 발송처리를 하고 나면 고객은 취소를 할 수 없다.

2 발송지연 안내 처리하기

만일 주문 상품을 3영업일 이내에 발송하지 못하는 경우라면 위의 화면에서 상품을 선택하고 **발송지연 안내** 버튼을 클릭한다. 그리고 해당 상품의 '발송지연 사유'와 '발송기한'을 입력한 후 **발송지연 안내하기**를 클릭하면 고객에게 SMS와 이메일을 통해 전달된다. 이렇게 하고 입력한 발송기한 내에 발송을 하면 발송지연으로 인한 페널티를 면할 수 있다.

- 발송기한 내에 상품 발송이 완료되지 않으면, 구매자 임의 취소 처리가 가능하다.
- 발송지연 처리 시 가능한 최대 발송예정일
  - 오늘출발 상품: 결제일 기준 +7일까지 설정 가능
  - 일반 주문: 결제일 기준 +90일까지 설정 가능
  - 예약구매 주문: 발송예정일 기준 +90일까지 설정 가능
- 발송지연 안내 처리는 1회만 가능하며 기한 수정이 불가하다.
- 발송지연 안내 처리를 한 후에도 발송기한 경과 시까지 발송처리가 되지 않으면 구매자 취소요청 시 즉시 환불처리가 진행된다.

3 판매 취소하기

'상품품절' 등으로 상품 출고가 어려운 경우는 판매자가 '판매취소'를 할 수 있다. 상품품절로 판매취소를 하게 되면 판매자는 페널티를 받게 되고, 해당 상품은 자동으로 품절 처리된다. 그외 '배송지연', '서비스 및 상품 불만족', '상품정보 상이' 등의 취소 이유가 있는데, 이때도 구매자와 잘 협의하여 구매자의 불만이 생기지 않도록 해야 페널티를 면할 수 있다.

- 하나의 상품번호에 여러 수량인 경우 부분취소는 불가하다.
- 본상품과 추가상품이 함께 주문된 경우 본상품만 환불하는 것은 불가하고, 추가상품만 환불하는 것은 가능하다.

1. 판매관리 → 발주(주문)확인/발송관리를 클릭한다. 처리할 주문 건을 조회하여 선택한 후 **판매자 직접 취소 처리**를 클릭한다.

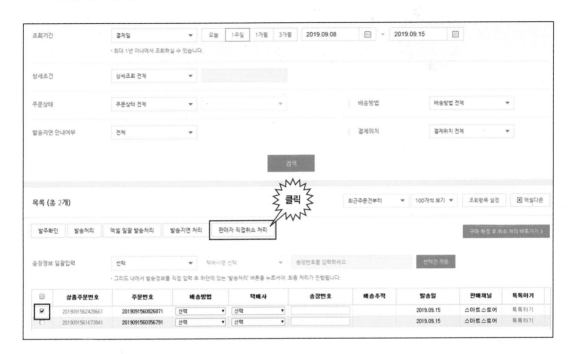

2. 팝업창에서 '판매불가 사유'를 선택한 후, '구매자에게 전하실 말씀'을 입력한 후 **선택건 판매취소**를 클릭한다. '상품품절'로 인한 판매취소 처리 시 스토어에 페널티가 발생하므로 '상품정보 상이'를 사유로 선택하는 게 적당하다.

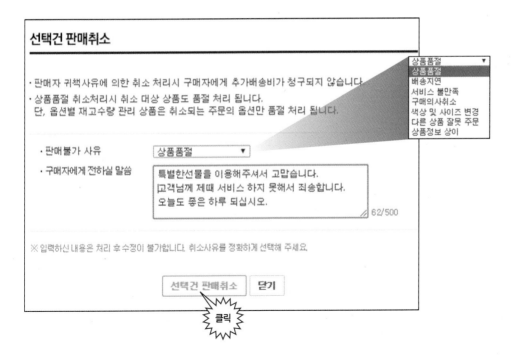

03 배송현황 관리와 구매확정 요청하기

1 배송현황 관리

주문 확인 후 상품을 발송하고 발송처리를 하였다고 해서 모든 게 끝난 게 아니다. 배송 중에는 예기치 않은 일들이 일어나기 때문에 판매자는 상품이 고객에게 무사히 전달되기까지는 안심을 할 수 없다. 배송현황에 관해서는 스마트스토어센터의 **판매관리 → 배송현황 관리**에서 확인할 수 있다.

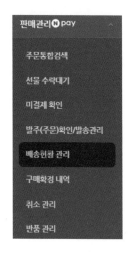

■ **배송중 문제건**

등록된 송장번호가 다른 주문 건에 입력되었다가 취소되었으나 택배사에 반영되는 시차 등으로 인해 정상적으로 업데이트되지 않은 주문건이다. 이 경우 택배사는 오류송장으로 판별한다. 이럴 때는 **배송현황** 관리 메뉴에서 송장번호를 수정해주면 된다.(송장 수정을 한 주문도 최초 발송처리일 기준으로 자동구매확정 처리가 진행된다.)

배송중 문제건의 상품을 선택한 후 **송장수정** 버튼을 클릭한 후 팝업창에서 송장 수정 대상 주문을 체크, 배송방법, 택배사, 송장번호를 입력하고 **송장수정** 버튼을 클릭하면 된다.(여러 개의 주문번호를 일괄 수정하려면 '**발주/발송관리**' 메뉴의 송장수정 기능을 이용하면 된다.)

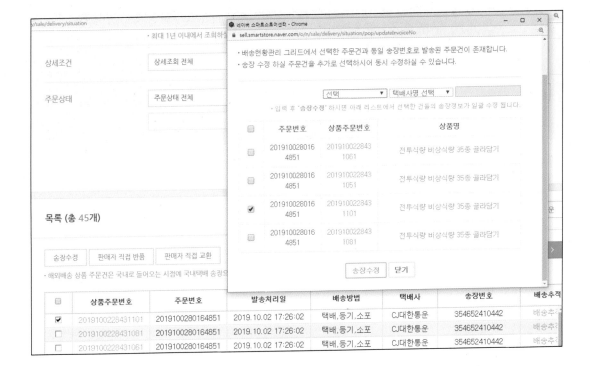

■ 구매확정 연장

구매자가 상품을 수령하지 못하거나 기타 사유로 인해 구매확정 기간을 연장한 주문이다. 구매확정 연장 사유를 확인하고, 해결된 경우라면 '구매확정 요청' 버튼을 클릭하여 구매자에게 구매확정을 요청할 수 있다.

■ 배송중

배송 진행 중인 주문건으로, 배송추적이 가능한 주문건은 배송이 완료되면 자동으로 '배송완료건'으로 넘어간다. '배송중'에 있는 상품은 구매자가 '구매 취소'를 할 수 없으며, 상품을 취소하고 싶으면 '반품'으로 접수해야 한다.

■ 배송완료

택배사 연동에 의해 자동으로 배송완료 처리된 주문건이다. 배송추적이 불가능한 직접전달/퀵서비스/방문수령/기타 택배 등은 자동으로 배송완료 처리가 되지 않으므로 구매자가 '구매확정'을 하거나 '자동구매확정' 처리가 되도록 기다려야 한다.

■ 구매확정 요청

'구매확정 요청' 기능을 이용해 판매자가 고객에게 구매확정을 요청한 주문건이다.

2 고객에게 구매확정 요청하기

구매확정 요청은 배송추적 불가 배송방법(퀵서비스, 직접 전달, 방문 수령 등)으로 발송처리한 일로부터 8일이 경과한 주문건에 한해 요청할 수 있는데, 배송 상태가 '배송중', '배송완료' 상태인 주문건만 할 수 있다. '자동구매확정' 대상이 아닌 경우에만 요청할 수 있다.

'구매확정 요청'을 하면 고객에게 안내 메일이 발송된다. '구매확정 보류' 사유가 없으면 구매확정 요청일로부터 5일 후 '자동구매확정'이 처리된다.

1. 판매관리 → 배송현황 관리를 클릭한다.

2. '배송중', '배송완료'의 건수를 클릭하여 구매확정 요청을 할 상품을 선택하고 **구매확정 요청** 버튼을 클릭하면 된다.

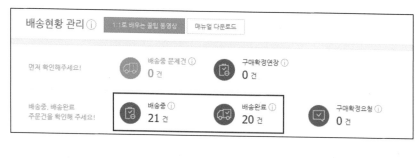

04 취소 / 반품 / 교환 / 환불해주기

물건이 판매된 후 정상적으로 배송이 이루어지고 정산대금이 판매자의 통장으로 들어오는 것이 일반적이고 가장 이상적인 판매 절차이다. 그런데 중간에 구매자가 주문을 취소하거나 반품/교환 및 환불을 요청하는 경우가 발생하기도 한다. 이럴 경우 판매자는 구매자의 귀책사유가 아닌 경우 신속하게 대응하여 처리해주어야 한다. 만일 이런 클레임에 잘못 대응하여 좋지 못한 리뷰가 달리게 되면 판매에 악영향을 미치게 된다.

1 취소처리 하기

(1) 결제완료 주문건 취소처리 하기

구매자는 상품을 결제한 후 취소 요청을 할 수 있다. 이때 아직 판매자가 '발주확인' 전이라면 판매자의 허락 없이 취소를 할 수 있다. 하지만 발주확인을 한 상태라면 판매자가 상품 발송을 하고 있는 단계이므로 이때는 판매자의 승인이 있어야 한다. 이 경우 판매자는 다음과 같이 취소처리를 해주면 된다.

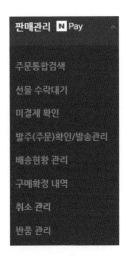

1. **판매관리** → **취소 관리**를 클릭한다. 처리할 주문 건을 조회하여 선택한 후 **판매취소**를 클릭한다.

2. 취소 관리 화면이다. 구매자가 요청한 취소 주문건에 대해 완료 및 거부처리를 할 수 있는 곳이다.(발송 전 주문건의 취소는 **발주(주문)확인/발송 관리** 메뉴에서, 구매확정이 완료된 주문건의 취소는 **구매확정 내역** 메뉴에서 진행할 수 있다.)

① **취소지연:** 구매자의 취소 요청일로부터 1영업일 이상 경과된 취소 요청건이다. 요청일로부터 4영업일 이내에 취소 환불처리 또는 거부처리를 하지 않으면 자동 환불처리가 진행된다.

② **취소요청:** 구매자로부터 취소 요청된 주문건으로 아직 환불처리 되지 않은 내역이다.

③ **취소완료(최근 3일):** 최근 3일 이내에 취소완료된 주문건이다.

3. 취소처리할 상품을 선택하고 **취소 승인처리** 또는 **취소 거부(철회)처리** 버튼을 클릭한다.

① **취소 승인처리:** 아직 상품을 발송하지 않았다면 취소승인 처리를 해준다.

- 환불 처리할 취소건을 선택한 후, '취소 환불처리' 버튼을 클릭하면 취소승인 및 환불처리가 진행된다.

② **취소 거부(철회)처리:** 이미 상품을 발송하였거나 취소가 불가능한 상태인 경우에는 '취소 거부(철회)처리'를 클릭하여 발송처리를 하면 된다.

- 해당 취소건을 선택한 후, '취소 거부(철회)처리'를 클릭하면 '취소건 발송처리' 팝업창에서 이미 발송된 상품의 송장번호를 입력할 수 있다. 발송정보가 정상 등록되면 취소요청이 거부되고, 주문상태는 '배송중'으로 처리된다.

(2) 구매확정 후 취소처리 하기

구매확정 주문건은 **판매관리 → 구매확정 내역** 메뉴에서 확인할 수 있다.

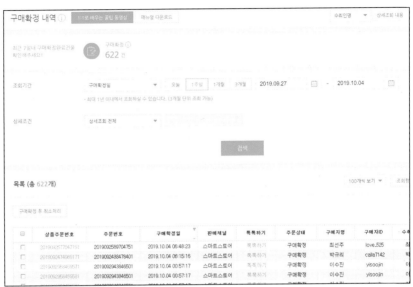

'구매확정'은 구매자가 물건을 이상 없이 수령하였으니 정산을 진행해도 좋다는 의미이다. 고객이 구매확정을 하지 않으면 시스템에서 자동으로 구매확정을 진행하며, 구매확정 후 1영업일 이후 정산이 된다. 배송추적이 가능한 상품은 배송완료일로부터 8일째 되는 날 '자동구매확정' 처리된다(배송이 없는 상품도 동일). 퀵서비스 등 배송추적이 불가능한 상품은 발송처리일로부터 28일째(출고지가 해외 주소인 상품 및 예약구매 상품인 경우 45일째) 되는 날 '자동구매확정' 처리된다.

■ 구매확정 후 취소처리

구매확정은 거래가 종료되었음을 의미하는 것이지만, 구매확정 후에도 구매자가 반품을 요청하는 경우가 있다. 이럴 때는 **구매확정 후 취소처리** 버튼을 클릭하여 진행하면 된다.

1. 취소 처리를 할 주문건을 선택한 뒤 **구매확정 후 취소처리** 버튼을 클릭한다.

2. '구매확정 후 취소처리' 팝업창에서 취소사유를 선택하고 **구매자 재결제 필요여부 확인하기**를 클릭하여 재결제가 필요한 주문건인지 확인한다. **고객 확인 여부 체크**(고객 확인 후 처리한다는 내용)에 체크한 후 **구매확정 후 취소처리**를 클릭한다.

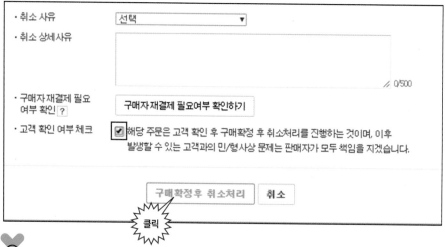

• 구매확정 후 취소처리는 반품배송비 청구가 불가하므로 취소(직권취소) 이전 별도 비용처리를 해주어야 한다.
• 취소처리 진행 시 결제 금액은 전액 환불된다.
• 구매확정 후 취소처리는 상품주문번호 단위로 한 건씩 진행할 수 있다.

3. 물품 수거가 필요한 경우 '반품하기' 과정을 참조하여 진행한다.

2 반품처리 하기

1. 판매관리 → 반품 관리를 클릭한다. 반품요청건을 클릭한 후 해당 상품의 '상품주문번호'를 클릭하면 반품 사유를 확인할 수 있다. 반품 사유에 따라 처리 방법을 다르게 하면 된다.

① **반품지연:** 반품 수거완료일로부터 1영업일 이상, 또는 반품 요청일로부터 7영업일 이상 경과되었으나 반품 환불처리가 되지 않은 주문건이다.

② **자동 환불대기:** 반품 수거완료일로부터 1영업일 이상 경과된, 환불보류 설정되지 않은 주문으로, 수거완료일 기준 4영업일 후에 자동 환불처리 된다. 환불불가 사유가 있는 경우, 환불 처리 전에 반드시 환불보류를 설정해야 한다.

③ **환불보류:** 특정 사유(미수거 / 배송비 청구 / 기타비용 청구) 등으로 인해 환불보류가 설정되어 있는 주문건이다. 환불보류 설정 후 해제가 되지 않으면 환불처리가 진행되지 않으니, 보류 사유가 해소

되면 환불보류를 해제해주어야 한다.

④ **반품요청:** 반품 접수된 주문건이다. '반품 완료처리' 또는 '반품 거부처리'를 해주어야 한다.

⑤ **반품수거중:** 상품 수거 중인 상태의 주문건이다. 상품 수거 및 반품배송비 결제 여부에 따라 '반품 완료처리' 또는 '반품 거부처리'가 가능하다.

⑥ **반품 수거완료:** 상품 수거가 완료된 상태의 주문건이다. 상품 수거 및 반품배송비 결제 여부에 따라 '반품 완료처리' 또는 '반품 거부처리'가 가능하다. 특정 사유로 환불이 불가할 경우 환불보류를 설정할 수 있고 구매자와 협의를 진행하면 된다.

2. 네이버페이 자동 수거 시스템에 의해 상품 수거가 진행된다.

3. '수거상태'를 클릭하여 수거 진행 상황을 확인할 수 있다.

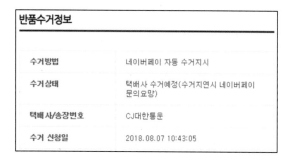

4. 수거가 완료된 상품의 상태를 확인하여 반품가능 여부를 결정해야 한다.

① '환불처리'를 할 경우 **반품 완료처리**를 클릭한다. 반품이 완료되면 주문상태가 '반품완료'에 표시된다. 반품완료건은 네이버에서 고객 환불처리(2~7일 소요)를 하게 된다.

② 상품 훼손 또는 기타 추가비용이 발생된 경우 **수거 완료처리**를 한다.

③ 상품 훼손이 심해 반품이 불가하거나 상품 수거가 되지 않은 경우 **반품 거부(철회)처리**를 할 수 있다.

④ **교환으로 변경:** 반품 상품을 수령했지만 고객이 교환을 요구하는 경우 반품을 교환으로 변경할 수 있다. 이때는 구매자와 협의를 한 후 교환처리를 해야 분쟁의 소지가 없다.

5. 판매자 과실 사유 시 택배비가 청구되지 않으며, 구매자 과실 사유 시 왕복택배비가 청구되므로, 접수된 반품 사유를 재확인하여 비용처리를 결정해야 하며, 고객과 상담을 통해 비용을 청구하면 된다.

- 판매자 과실: 상품품절, 배송지연, 서비스 불만족, 상품정보 상이
- 구매자 과실: 구매의사 취소, 색상 및 사이즈 변경, 다른 상품 잘못 주문

3 교환해주기

고객이 주문한 상품을 다른 상품으로 교환을 요청할 경우 다음과 같이 처리해주면 된다.

1. **판매관리 → 교환 관리**를 클릭한다. 교환요청건을 클릭한다.

① **교환지연:** 교환 수거완료일로부터 1영업일 이상, 또는 교환요청일로부터 10영업일 이상 경과되었으나 재배송 처리되지 않은 주문건이다. 교환 재배송 처리가 지연되면 페널티가 부여된다.

② **교환보류:** 특정 사유(교환배송비 / 기타 교환비용 청구 등)로 교환보류가 설정된 주문건이다. 교환보류

가 해제되기 전까지는 교환처리가 진행되지 않으므로 사유 해소 이후에는 교환보류를 해제해주어야 한다.

③ **교환요청:** 교환 접수된 주문건이다. '교환 재배송처리' 또는 '교환 거부처리'가 가능하다.

2. 해당 상품의 '상품주문번호'를 선택하여 교환 사유를 확인한다.

3. 네이버페이 자동 수거 시스템에 의해 상품 수거가 진행된다.

4. 수거가 완료된 상품의 상태를 확인하여 교환가능 여부를 결정해야 한다.

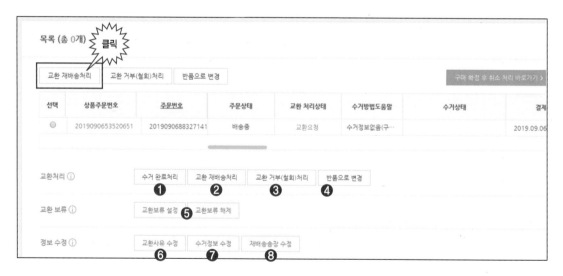

① **수거 완료처리:** 교환상품 수령 시 바로 '수거 완료처리'를 한다.

② **교환 재배송처리:** 교환상품을 수령한 후 교환 불가사유가 없으면 '교환 재배송 처리' 후 '재배송 송장정보'를 등록하면 된다.

③ **교환 거부(철회)처리:** 교환 불가사유가 있는 경우 교환을 철회할 수 있다. 철회 전 반드시 구매자와 협의하여 진행해야 한다.

　• 교환배송비가 결제되어 있는 상태에서 교환 거부처리가 진행되면 결제된 교환비용은 자동으로 환불된다.

④ **반품으로 변경:** 교환상품을 수령한 후 상품품절 등의 사유로 재배송이 불가한 경우, 반품으로 전환할 수 있다. 단, 재배송 처리가 완료된 이후에는 반품 전환이 불가하다.

- 반품 전환 처리 전에 반드시 구매자에게 직접 안내한 후 처리해야 한다.
- 교환배송비가 결제되어 있는 경우 반품으로 변경이 불가하다. 이 경우 교환 거부처리 후 배송현황 관리에서 반품을 접수해 주어야 한다.

⑤ **교환보류 설정과 해제:** 특정 사유로 교환이 불가한 경우, 교환보류를 설정하여 구매자와 협의를 진행해야 한다. 교환보류 사유가 해결되면 반드시 교환보류 해제 처리를 진행해주어야 한다.

- 구매자의 잘못에 의한 교환인 경우, 교환요청 시 '교환배송비 청구' 사유로 인해 교환보류가 자동으로 설정되며, 교환배송비 결제 시 자동으로 보류가 해제된다.
- 교환이 기접수된 건의 교환배송비를 청구하려면 해당 주문건의 교환사유를 구매자 귀책사유로 변경한 후에 '교환배송비 청구' 사유로 보류를 설정하면 된다.
- 도서산간지 추가배송비 발생 등의 사유로 교환배송비 이외의 추가비용을 청구하려면 '기타교환비용 청구' 사유로 교환보류를 설정하면 된다. 기타교환비용 청구금액에는 교환배송비와 추가교환비용의 합산금액을 입력하면 된다.
- 이미 결제되어 있는 교환배송비는 따로 환불처리를 진행할 수 없다. 환불이 필요한 경우 교환거부처리를 통해 환불해주거나 고객센터로 문의하면 된다.

⑥ **교환사유 수정:** 귀책사유자가 교환배송비를 부담해야 한다. 교환사유가 잘못 설정되어 있는 경우 수정할 수 있다. 수정 전에 반드시 구매자와 협의해야 한다.

⑦ **수거정보 수정:** 구매자가 직접 입력한 수거정보가 잘못된 경우, 수거정보를 수정할 수 있다.

⑧ **재배송송장 수정:** 재배송처리 시 잘못된 송장을 입력한 경우, 재배송송장을 수정할 수 있다. 재배송 송장은 자동구매확정일 등에 영향을 미치므로 정확히 입력해야 한다.

교환 처리를 할 경우 **교환 재배송처리**를 클릭하여 '송장번호'를 입력하고, 교환품을 출고한다. 교환 비용이 발생되는 경우 고객과 상담하여 비용을 청구하고 입금 확인 후 교환품을 출고한다.

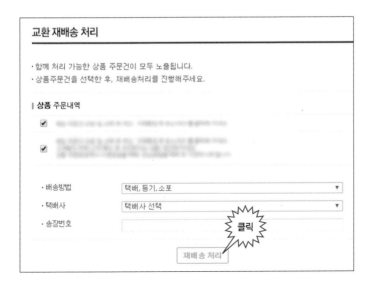

4 환불해주기

1. 판매관리 → 반품 관리를 클릭한다. 반품 수거가 완료된 주문은 '자동 환불대기' 상태가 된다. 비용 청구가 필요한 구매자 과실의 반품인 경우 **환불보류 설정**을 한다.

2. 비용 정산이 완료되면 **환불보류 해제**를 클릭하여 환불처리를 한다.

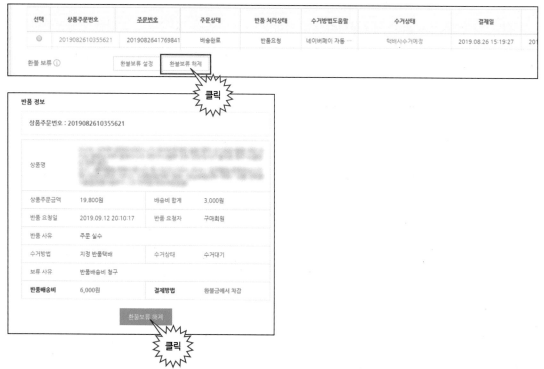

둘째
마당

네이버쇼핑
상위노출을 위한
비행 로직

이번 마당에서는 상품등록 후 순위가 잡히고 구매도 하나둘씩 일어날 때, 즉 이륙에 성공하고 비행의 시기가 되었을 때 해야 할 일들에 대해 살펴본다.

비행의 목표는 하나! 바로 1페이지 1위에 오르는 것이다.

11장

1페이지 상위노출을 위한 비행의 기술

01 1페이지로 가기 위한 전략
– 인기도에 집중하라

저자가 이 책에서 이야기하는 '비행'의 시기는 상품등록 후 판매가 일어나고 리뷰가 달리는 시점이다. 즉 상품명에 넣은 블루키워드로 네이버쇼핑에서 검색을 했을 때 순위가 잡히고, 판매가 일어나면서, 리뷰가 달리는 시점을 말한다. 순위가 잡히더라도 판매가 일어나지 않으면 의미가 없다. 판매가 일어나려면 적어도 블루키워드(예, 안벗겨지는페이크삭스. 국내산 모링가) 키워드에서 1~2페이지에는 있어야 한다. 이렇게 블루키워드에서 1위를 하고 판매지수를 쌓아 궁극적으로 대표카테고리(페이크삭스, 모링가분말)에서 1위를 하는 것이 비행의 목표이다.

비행 로직은 상대지수의 싸움이다. 상대가 나보다 점수가 높기 때문에 내가 순위에서 밀리는 것이다. 내 순위가 내려온다는 것은 경쟁자가 인기도에 부합되는 네이버랭킹 점수를 내 상품보다 더 얻었다는 것을 의미한다.

이 시기에는 네이버 쇼핑검색의 랭킹 구성요소 중 '인기도'에 해당하는 항목들에 집중해야 한다. 즉 고객들이 내 스토어를 많이 찾고, 내 상품을 많이 구매할 수 있도록 해야 한다.

이때부터는 앞서 설명한 '이륙'의 과정을 모두 훌륭히 해낸 판매자끼리의 싸움이다. 대부분의 판매자들이 상품명과 카테고리, 이미지, 상세페이지를 네이버가 원하는 적합도에 맞추어 상위에 노출시키고 있다. 이런 상황에서 경쟁업체를 이기고 상위노출을 하기 위해서는 네이버가 제시하는 인기도의 의미를 정확하고 명료하게 인식해야 한다.

02 비행의 3가지 조건

    셀러가 상위노출을 고민하듯이 플랫폼도 어떤 제품을 공정하게 상위노출을 해야 할지 고민을 하고 있다. 상위노출의 정답을 네이버가 제시하는 인기도에서 찾아보자.

    인기도는 내가 등록한 상품을 고객이 많이 찾고, 많이 팔리고, 좋은 평을 받는 것을 의미한다. 해당 상품이 가지는 클릭수, 찜수, 판매실적, 구매평수, 최신성 등의 고유한 요소를 카테고리 특성을 고려하여 인기도에 반영한다. 각각의 카테고리별, 키워드별 인기도 지수가 다르게 구성되어 사용된다.

    스마트스토어 SEO에 맞게 이륙 작업(상품등록)을 한 후 상품명에 심어놓은 키워드들로 순위 검색을 해보면 어떤 키워드에서는 순위가 잡히고, 또 어떤 키워드에서는 그렇지 않은 경우도 있을 것이다. 일단 상품명에 사용한 키워드로 상품을 검색했을 때 10~20페이지(PC 기준)에 들어오면 이륙 작업을 잘했다고 볼 수 있다. 그러고 나면 유입자 수가 하나둘씩 일어나는데, 이때가 비행의 초입 시기이다.

Tip 비행 시 주의할 점

비행 전에는 상관이 없지만, 비행이 시작되고 나면 상품명, 카테고리, 태그는 건드리면 안 된다. 이러한 것들을 수정하거나 추가, 삭제하면 로직이 흔들리게 되어 순위에서 밀릴 수 있다.

    성공적인 비행을 위한 3가지 조건은 크게 **검색어 유입 클릭, 판매건수와 판매금액, 리뷰수**이다.

① 네이버 검색 유입을 통한 클릭점수

    네이버쇼핑에서는 등록한 상품페이지에 최근 7일 동안의 쇼핑검색을 통해 발생한 상품 클릭수를 지수화하여 인기도 점수를 매기어 네이버 랭킹점수에 적용한다.

    클릭점수는 내 상품페이지의 방문자 수를 지수화한 것으로, 일반적으로 링크보다는 네이버쇼핑을 통한 검색으로 들어와야 한다. 가끔 친척이나 지인들이 내 상품을 구매하겠다고 링크를 보내 달라는 경우가 있다. 이럴 때 내 상품페이지의 주소창 URL을 보내주어 고객이 들어오게 되면 링크로 들어오는 것이 되어 클릭점수가 적용이 안 된다. 반면 내 상품이 있는 검색 결과 페이지, 예를 들어 '칫솔' 키워드로 검색하여 2페이지 세 번째 상품이 내 상품이라고 알려주고, 그렇게 해서 고객이 내 상품페이지에 들어왔다면 이것은 검색으로 들어온 것이 된다.

네이버는 검색어를 통해 유입된 고객이 일정 시간 머무르고, 구매 패턴으로 스크롤하는 행동을 지수화하여, 등급을 나누어 검색어를 통한 유입에 차등을 주고 있다. 한마디로 물건을 사지 않고 인위적으로 클릭하는 트래픽을 차단하는 시스템을 갖추어 검색어를 통한 유입 클릭을 유효타와 비유효타로 나누어 점수를 매기는 방식이다.

또한 검색어 유입 시 1개의 키워드로 유입된 페이지보다 제품과 관여도가 높은 다양한 키워드를 검색하여 유입된 클릭수(실제 유효타)에 가산점을 주는 방식을 취하며, 구매 유효타 클릭이 단발성이 아니라 지속적으로 누적이 되면 인기도에 크게 반영을 한다. 이렇게 하여 경쟁자보다 클릭 지수가 높아지면 순위가 올라가는 구조이다.

요약을 하면 내 상품페이지에 링크를 타고 들어오면 1점, 검색어를 타고 들어오면 3점, 검색어를 타고 들어와 구매 패턴의 일정한 체류시간을 지키면 10점을 주는 방식이라고 이해하면 되겠다.

이렇게 검색으로 들어오면 블로그나 카페, 인스타, 페이스북의 링크로 들어온 것보다 네이버 인기도가 제시하는 '검색을 통한 클릭점수'를 얻게 되어 순위 상승에 크게 영향을 미치게 된다.

저자가 상품명과 태그에 제품과 관여도가 높은 세부키워드를 다양하게 세팅하는 데 심혈을 기울이는 것도 등록한 상품의 검색어 유입을 다양하게 하여 '클릭점수'를 얻기 위한 것이다.

다시 한번 정리하면 네이버의 랭킹의 기본적인 상위노출 로직은 검색어를 통한 유입과 그에 따른 판매가 이루어져야 한다는 것이다.

② 네이버쇼핑 판매실적

네이버 랭킹을 결정하는 로직의 가장 큰 점수는 판매점수이다.

네이버는 인기도 판매지수를 상품명, 상품이미지처럼 서비스에 노출하지는 않지만, 검색랭킹에 매우 중요한 역할을 하는 것이 판매지수 데이터이다. 판매지수는 쇼핑검색결과, 쇼핑BEST 등 다양한 영역에서 상품의 랭킹을 만드는 기본적이고 비중이 높은 랭킹 요소이다.

동일한 상품이라고 했을 때 판매지수를 제공하는 경우는 상품 검색결과 랭킹에 매우 유리하게 작용하기 때문에 다른 판매자의 상품보다 상위에 노출될 기회를 얻을 수 있다. 특히 쇼핑BEST에서는 상품 검색결과 랭킹보다 판매지수가 사용되는 비중이 더 크기 때문에 판매지수의 제공은 매우 중요하다고 할 수 있다.

등록한 상품의 최근 판매점수는 구매건수와 구매금액으로 나누어지는데, 구매건수와 구매금액의 두 지표를 동시에 만족해야 상위노출을 이룰 수가 있다.

구매 유입 클릭 데이터와 구매건수 두 지표는 부부와 같은 관계이다. 타사 오픈마켓에는 구매건수에만 비중을 두는 반면 네이버쇼핑은 구매건수와 각 카테고리별 일정 구매금액 그리고 구매 유입자 지수를 충족해야 인기도 점수에 반영이 된다. 저자는 여러 번의 경험을 통해 구매건수와 구매금액을 세부키워드와 옵션 전략을 통해 점수를 확보하고 있다.

네이버는 실제 고객의 유입과 판매점수를 통해 공정하게 랭킹 순위를 평가하기를 원하지만 부당한 허위거래를 통해 순위를 조작하는 사례가 많이 일어나고 있다. 그래서 이를 막기 위한 로직으로 '검색어 유입 클릭수'와 '구매건수의 전환율'을 체크하여 신뢰도의 점수에 반영하니 이 부분도 주의를 기울여야 한다.

③ 리뷰 건수: 베스트리뷰

고객의 '상품평'은 새로운 고객이 물건을 구매하는 데 있어 중요한 요소이다. 기존에 아무리 많이 팔린 물건이라도 좋지 않은 평이 리뷰에 있으면 새로운 고객의 구매에 악영향을 미치게 된다.

네이버는 개별 상품의 리뷰수를 카테고리별로 상대적으로 환산하여 지수화한다. 리뷰가 없는 판매상품보다 리뷰가 많은 판매상품을 상대적으로 상위노출에 유리하게 적용하겠다는 것이다.

고객들이 써준 베스트리뷰는 내부적인 강력한 마케팅의 수단이 될 수 있다. 때문에 메인제품은 매일매일 리뷰를 체크하고, 고객의 반응을 관리하여 답글 등을 달면서 리뷰관리에 최선을 다해야 한다. 리뷰도 텍스트로만 작성된 경우보다 이미지와 동영상이 들어간 리뷰가 점수를 더 많이 확보한다.

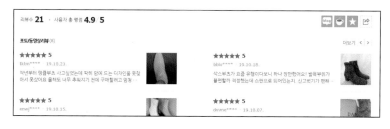

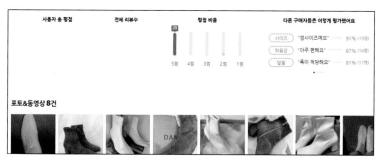

초기에 구매 리뷰를 얻기 위해선 판매가 이루어져야 하는데, 이를 위해선 쇼핑검색 광고, 인플루언서 마케팅, 원쁠딜과 원쁠템 진행 등 다양한 노력을 기울여야 한다. 그리고 구매한 고객이 리뷰를 남길 수 있도록 다양한 사은품 이벤트를 추진하여 구매고객이 전부 구매평을 남기도록 부단한 노력을 해야 한다.

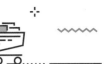

03 먼저, 3등을 잡아라

1 저공비행 – 계단식 전략

이륙 시 키워드 전략으로 순위를 최대한 위에까지 끌어올렸다면, 이제는 '계단식 전략'으로 순위를 상승시켜야 한다. 비행은 1페이지 1위에 오르기 위한 싸움이다. 하지만 단숨에 1위의 자리에 오르기는 쉬운 일이 아니다.

기존의 상위노출 페이지에는 누적점수가 쌓여 있기 때문에 신규등록 페이지가 상위노출이 되는 기본은 상위업체의 누적점수를 넘기는 것이다. 그래서 상위노출 시 구매가 보장되면서도 지수가 가장 낮은 3위 업체를 잡고, 숨 고르기를 하여 구매를 일으켜 지수를 쌓은 후 2위 업체를 잡고, 다시 1위 업체를 잡는 전략을 펴야 한다.

네이버 랭킹 로직은 상위노출이 어려운게 아니라 상위노출을 유지하는 것이 어렵다. 상위노출과 동시에 상위노출을 유지하기 위해선 누적점수를 쌓아가며 긴 호흡을 가지고 올라가야 1위 업체를 잡을 수 있다.

이 순위 공략법은 상대지수의 싸움이다. 경쟁자보다 내가 1점이라도 지수가 높으면 위로 올라가게 되어 있다. 상대지수 공략법은 저공비행이다. 저공비행을 하면서 계단식 전략으로 서서히 순위를 끌어올리면 된다. 그러기 위해서 먼저 1페이지 3등 상품을 공략하면 된다. 대표키워드에서 3위 업체를 1주일 만에 잡아야 한다.

네이버쇼핑 검색 결과 페이지는 일반적으로 PC에서는 위에서부터 광고상품이 4개, 그 아래로 일반상품이 40개가 진열된다. 모바일에서는 광고 2개, 일반상품 3개가 진열된다. 우리의 목표는 1페이지 1등(광고상품을 제외하고)에 오르는 것이다. 적어도 모바일 화면에서 3등 안에 들어야 한다. 그래야 고객들이 화면을 넘기지 않아도 검색에 노출된다. 4등, 5등이 되면 모바일 화면에서 고객들이 화면을 옆으로 밀어야 상품을 볼 수 있다.

PC 화면에서의 검색 결과를 보면 4~6등에는 CJ몰, 신세계, 쿠팡, 인터파크, 롯데닷컴 등의 대형 자사몰이나 타 오픈마켓이 포진하고 있는 것을 알 수 있다.

네이버쇼핑의 상위노출 조건 중에는 '트래픽' 점수가 있는데, 이들 업체의 트래픽은 네이버에서 알 수가 없다. 하지만 그 트래픽이 일반 셀러들의 스토어와는 비교가 안 될 정도로 어마어마하다는 것은 누구나 알고 있다. 처음에 네이버는 이 대형 자사몰과 오픈마켓의 트래픽 점수를 인정해주지 않았지만, 이제는 인정해주어 4~6등 정도의 위치에 자리를 내어주었다. 이들 업체는 대부분 트래픽 점수로 올라간 것이기에 무시하고, 일반 셀러의 상품인 3등을 분석하여 공략하는 것이다.

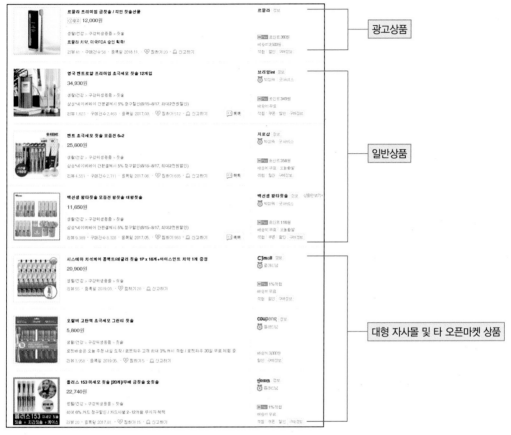

네이버쇼핑 검색 결과 화면 예시(PC 화면)

네이버는 클릭수, 체류시간, 판매건수, 리뷰수, 포토리뷰 수 등을 지수화하여 순위를 매겨 검색 결과를 보여준다. 따라서 3등 판매자보다 위로 올라가려면 이러한 것에서 점수가 높아야 한다.

첫째, 검색어 유입자 수가 많아야 한다.
· 방문자 수는 1점이고, 클릭수는 3점이다.
· 클릭수는 7일 단위로 합계를 내어 비교한다.
· 내부 세부키워드 세팅과 외부 마케팅을 통해 클릭 유입자 수를 늘려야 한다.

둘째, 3등 판매자의 하루 판매량을 파악하여 내 상품의 판매건수를 늘리는 데 최선을 다해야 한다.

- 판매점수는 2일, 7일, 30일 누적점수를 가지고 최신 등록일 기준으로 그룹을 구분하여 랭킹을 정한다. 때문에 엑셀로 내 판매지수를 2일, 7일, 30일 단위 누적 데이터를 기록하는 습관을 통해 경쟁사 판매지수에 대응해야 한다.

셋째, 리뷰수가 많아야 한다.

- 네이버는 리뷰점수를 대단히 높게 본다. 내 상품이 60개 판매에 10개의 리뷰가 달려 있고, 경쟁자가 50개 판매에 20개 리뷰가 달려 있다면 경쟁자의 상품이 위로 올라간다.
- 리뷰점수는 한 달을 가지고 비교한다.

Tip 상위노출 4가지 조건

① 검색어 유입률
- 검색으로 들어오면 10점이고, 링크로 유입되면 1점이다.
- 체류 시간: 30초 이상 머물러야 한다. 스크롤이 있어야 한다.
② 구매는 1점, 베스트 리뷰가 동반되면 100점이다.
③ 장바구니/질문/찜 점수
④ 굿서비스/할인/포인트/오늘발송/(악플, 지연배송 없어야 한다.)

2 방문자 수와 클릭수를 높여라

고객이 상품을 클릭하여 상품페이지에 들어왔다가 바로 나가버리면 '방문자 수'에도 잡히지 않고 '클릭수'에도 잡히지 않는다. 어느 정도 체류를 하면 '방문자 수'에 잡힌다. 그런데 이 체류 시간만으로 '클릭수'에 잡히는 것은 아니다. 여기에 스크롤바를 내려보고 클릭을 해본다든지 하는, 즉 구매자가 하는 패턴에 부합하는 행동을 하는 사용자만 '클릭수'에 잡힌다. 결국 네이버는 구매와 관련되는 행동을 하는 것에만 '클릭수' 점수를 부여하고 이 점수가 높은 상품을 상위로 올려준다.

CPC 광고를 해서 최대한 순위를 끌어올려도 더 이상 순위가 안 올라갈 때가 있다. 그럴 때는 이 '클릭수' 점수를 높이면 상위로 올라간다. 또 올라간 상위 순위를 지키기 위해서도 이 '클릭수' 점수가 높아야 한다.

그런데 이것은 판매자가 할 수 있는 것이 아니다. 고객이 하는 것이다. 우리가 할 수 있는 일은 유입된 고객이 최대한 오래 머무르도록 상세페이지를 구성하는 것이다. 호기심을 유발하는 사진이나 동영상 등을 삽입하여 고객의 클릭을 유도하고 체류 시간을 늘려야 한다. 내 상품을 보러온 고객의 발목을 잡고 끝까지 물고 늘어져야 한다. 그래야 설사 그 고객이 상품을 구매하지 않는다 하더라도 '클릭수' 점수를 받아 내 상품을 상위로 올릴 수 있다.

'디지털/가전' 상품의 경우는 특히 클릭수가 중요하다. 디지털/가전은 '전자인증번호'가 있기 때문에 동일 제품은 무조건 묶인다고 봐야 한다. 또 총판에서는 가격 동일 정책을 쓴다. 이렇게 가격비교에 묶인 상품들의 가격이 동일하다면 어떻게 해야 내 상품을 1위에 올릴 수 있을까? 그럴 때 필요한 것이 클릭수이다. 클릭수가 높아야 묶인 데서 상위에 노출된다.

유효 클릭수는 섬네일 패턴값도 인정한다. 그래서 상품등록 시 추가이미지도 5개 이상, 최대 9개를 모두 등록하는 것이 좋다.

3 3등 판매자 분석하기

3등 판매자 분석은 앞서 설명한 '경쟁업체 분석하기'와 같은 방법으로 하면 된다.

① 상대방의 판매건수를 알아본다.

상품페이지에서 섬네일에 팝업되는 '구매 유도 메시지'를 통해 판매건수를 유추한다. 또는 '스마트스토어 판매건수 뷰어' 크롬 확장 프로그램을 이용하여 알아본다.(200~201쪽 참조)

② 오늘 방문자 수를 확인한다.

해당 판매자가 '스토어관리 → 스토어 전시관리 → 스마트스토어 → 컴포넌트 관리 → 스토어 및 셀러 정보'에서 방문자 수를 노출로 설정해 놓은 경우 스마트스토어 화면 상단에서 방문자 수를 확인할 수 있다. 그러나 이 방문자 수보다 네이버는 클릭수(유효타)를 더 중요하게 본다. 이것이 많아야 순위가 올라간다. 그런데 상대방의 클릭수를 볼 수 없으니 방문자 수로 자신의 것과 비교하여 어림 짐작하는 수밖에 없다.(판매량에 ×10을 하면 대강의 클릭수가 된다.)

③ 리뷰는 최신순을 눌러 오늘 리뷰를 세어본다.

최신 리뷰를 봐야 현재 판매가 잘되고 있는지를 알 수 있다. 고객들의 리뷰를 통해 경쟁상품의 장단점을 분석해보고, 내 상품을 보완할 수도 있다.

이렇게 3등 업체의 상품을 분석했다면 그보다 높은 점수를 받을 수 있는 전술을 짜야 한다.

- 유입률을 높여 클릭수 점수를 올린다.
- 판매건수를 올린다.
- 리뷰수를 늘린다.

이러한 과정을 살펴보면 무엇을 어떻게 해야 하는지를 알 수 있다. 먼저 고객을 많이 유입시켜야 한다. 판매건수와 리뷰수는 그 뒤에 선순환적 구조로 따라오는 것이다.(이것은 상품의 가격이나 품질 등 상품의 상태에 따라 영향을 받는 요소이다.)

유입률을 높이는 방법으로는 CPC 광고, 내외부 채널을 활용한 SNS 마케팅(블로그 체험단, 공동구매, 페이스북 광고 등) 등이 있다. 그중에서 가장 효과적인 것이 CPC 광고이다. 이때가 바로 CPC 광고를 고려해볼 때이다.

Tip 내 상품의 클릭수 확인하기

내 상품의 클릭수는 스마트스토어센터에서 **쇼핑파트너센터 → 상품리포트 → 상품클릭리포트-모바일**에서 '상품별'을 클릭하여 확인할 수 있다.

N 쇼핑파트너센터	스마트스토어센터	광고	페이

쇼핑파트너존 홈 정보관리 충전/계좌관리 상품관리 상품리포트 광고등록/관리 광고리포트 문의/공지

상품클릭리포트-PC **상품클릭리포트-모바일** MY리포트

클릭

상품클릭리포트

카테고리별 **상품별 ▾**

조회기간 설정 **일간** **주간** 〈 **2019.09.23** 🗓 - **2019.09.23** 🗓 〉

카테고리 검색 [＿＿＿＿＿] 검색 전체 카테고리 보기
• 카테고리명 혹은 카테고리 ID를 직접 입력 후 검색 버튼을 클릭하면 상품이 리스팅 됩니다.

상품 [상품ID ▾] [＿＿＿＿＿]

조회 초기화

클릭

• 상품리포트의 데이터는 쇼핑파트너사 기준으로 집계된 정보입니다.

2019-09-23 ~ 2019-09-23 기간합

상품ID	상품명	클릭			CPC수수료	
		노출수	클릭수	클릭율	적용 수수료	클릭당 수수료
3291132845	가정용 업소용 고기불판 삼겹살불판	312	5	1.6	0	0
3467308256	스위스 7일 디톡스 다이어트 남자다이어트 식단	30	0	0	0	0
3478084324	스위스 3일 디톡스 다이어트 남자다이어트식단	23	0	0	0	0
3948173560	발바닥핫팩 깔창핫팩 16켤레(32매) 발핫팩 44g	1,114	8	0.72	0	0
4439944069	국내산 유기농 모링가분말 가루 파우더 모링가잎분말 60g 모링가차 모링잎차 모링가티	504	27	5.36	0	0

04 인플루언서 마케팅

인플루언서(Influencer)는 유명인은 아니지만 타인에게 영향을 주는 개인을 말한다. SNS의 발달과 함께 유튜브, 인스타그램, 페이스북 등에는 연예인처럼 대중에게 널리 알려진 사람은 아니지만, 수많은 팔로워들을 거느리면서 트렌드를 선도하고 타인에게 영향을 미치는 사람들이 등장하게 되었다. 이러한 인플루언서에게 비용을 지불하고 내 상품을 소개하여 판매를 일으키는 것이 인플루언서 마케팅이다.

■ 키워드의 성질을 연구하라

통합검색에서 '발모제'를 검색하면 블로그판이 제일 먼저 온다. 이것은 발모제를 검색하여 블로그로 들어가는 유저가 가장 많다는 뜻이다. 이 경우 발모제 판매자는 블로그 체험단 등을 통해 블로그 마케팅을 하는 것이 좋다.

이렇게 판매하는 상품의 키워드 성질에 따라 마케팅 전략을 세워야 한다. 키워드를 검색했을 때 상위노출 되는 블로그에 쪽지를 보내 상품에 대한 포스팅 글을 의뢰하고 대가를 지불하면 된다. 블로그 포스팅 글 속에는 스마트스토어 URL 링크를 걸어 고객의 유입과 구매를 유도하면 된다.

■ 달리는 말에 올라타라

클릭수(유입률)와 찜수를 높이기 위해서는 SNS 마케팅만한 것이 없다. 블로그나 인스타그램, 페이스북 마케팅을 잘하는 판매자는 자신이 직접 하면 된다. 그렇지 못한 사람은 인플루언서를 이용하면 된다.

네이버에서 검색하면 영향력 있는 인플루언서를 쉽게 찾을 수 있다. 예를 들어 판매하는 상품이 다이어트 제품이라면 네이버에서 '다이어트 공구'를 검색해서 블로그를 살펴본다. 그리고 상위노출 블로그 운영자에게 쪽지나 메일을 보내 공동구매 행사 제안을 하고 답변이 오면 협의를 하고 진행한다. 포스팅 글 속에 판매자의 스마트스토어를 링크해서 고객들의 유입을 유도한다.

이들 인플루언서들은 SNS 마케팅의 전문가들이라서 알아서 잘 진행해준다. 인플루언서를 활용한 마케팅을 통해 판매자는 클릭수와 함께 판매건수, 찜수를 올릴 수 있다.

05 원쁠딜과 원쁠템 진행하기

1 원쁠딜 개요

원쁠딜은 이름 그대로 1+1 상품 또는 1+@ 상품 또는 **1+적립** 상품을 모아서 보여주는 핫딜 서비스로, 2021년 12월부터 서비스를 시작하였다. 구매자들이 1+1 상품을 좋아하기 때문에 많은 관심을 끌 수 있으며, 복수의 개수 혹은 상품을 한 번에 많이 팔 수 있기 때문에 판매자에게 유리한 점이 많은 서비스이다.

2021년 12월 27일부터 네이버앱 왼쪽(WEST)판에 '원쁠딜'판이 생겨 고객들에게 원쁠딜 상품을 직관적으로 보여주고 있다. 모든 상품은 **무료배송** 상품이어야 한다.

원쁠딜은 판매자가 조건에 맞는 상품을 구성하여 제안한 후 선정이 되면 노출되는 구조이다.

상품	노출	수수료
모든 상품 1+1 구성 그리고, 1+1이라 가능한 저렴한 가격	**하루 30개** 핫아이템만!	**원쁠딜** **5% 매출 연동 수수료** 주문관리 수수료(결제수수료) 별도
단품 1+1 합 기준 전상품 무료배송	3일간의 딜(72시간), 하루 90개의 브랜드 핫템, SNS 핫템	전 카테고리 동일 수수료 원쁠딜Beta 기간 내 5% 과금

출처: 스마트스토어센터–원쁠딜–공지/FAQ–매뉴얼–[원쁠딜] 스마트스토어 이용가이드 내 첨부파일

Tip 럭키투데이 서비스 종료

그동안 판매자가 자신의 상품을 선정하고 등록하여 고객에게 특가로 제공하는 서비스로, 무료로 진행할 수 있었던 럭키투데이는 2022년 12월 21일자로 서비스가 중단되었다.

■ 원쁠딜 노출 영역

모바일 > WEST > 원쁠딜판

모바일 > 네이버쇼핑 > 원쁠딜 버티컬

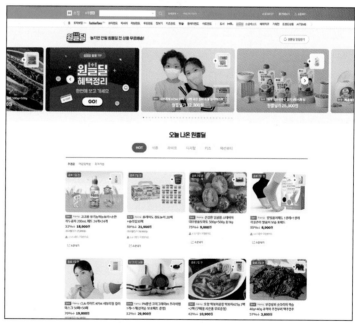

PC > 네이버쇼핑 > 원쁠딜 버티컬

2 원쁠딜, 알고 진행하자

1) 원쁠딜 상품 구성

원쁠딜에 제안하기 위해서는 다음의 구성 중 하나에 해당하는 상품으로 구성하여야 한다.

① 1+1 상품

완전히 동일한 상품 2개 구성 또는 동일 상품의 속성만 다른 2개의 상품을 구성한다. (예: 다우니 엑스퍼트 실내건조 섬유유연제 4L+4L 구성, 다우니 퍼퓸 섬유유연제 미스티크 1L+스프링가든 1L 구성)

▶ 옵션 구성

- 옵션 상품은 유사상품군이라면 1+1, 1+@ 구성 가능하다.
- 옵션 상품인 경우 대표상품 가격 기준으로 +/−가 가능하다.
  예를 들어 대표상품이 '리스테린 쿨민트 1L 1개 + 쿨민트 1L 1개'인 경우
  옵션 1(대표상품): 리스테린 쿨민트 1L 1개 + 쿨민트 1L 1개(O) − default
  옵션 2: 리스테린 쿨민트 1L 1개 + 헬시브라이트 1L 1개(−1,000원) (O)
  옵션 3: 리스테린 헬시브라이트 1L 1개 + 헬시브라이트 1L 1개(+1,000원) (O) − 동일 아이템 유형의 1+1
  옵션 4: 리스테린 쿨민트 1L 2개 + 쿨민트 1L 2개(+10,000)(O) − 개수가 1개짜리 1+1에서 2개짜리 1+1으로 바뀐 것이므로 허용
  옵션 5: 리스테린 쿨민트 1L 2개 + 그린티 1L 2개(+10,000) (O) − 상품 자체는 다르지만, '동일한 아이템 유형'에 속하는 구성이므로 허용
  옵션 6: 리스테린 1L 1개 + 1L 3개(+10,000) (O) − 구성은 다르지만, '동일한 아이템 유형'에 속하는 구성이므로 허용
  옵션 7: 리스테린 1L 1개 + 덴티스테 치약 200ml 1개(O) − 상품 자체는 다르지만, '유사상품군'에 속하는 구성이므로 허용

② 1+@ 상품

- 1+1 구성이 어려운 상품의 경우 1+@ 구성으로 하면 된다.
- 판매율이 높은 2가지 상품의 결합
- 1+1이 불가한 상품 대상(예: 고가여서 1+1 구성이 어려운 가전, 가구 카테고리 상품 등)
- +@ 상품은 원상품과 동일한 상품 불가함(예: 우유 20개 + 우유 2개 구성 불가)
- +@ 상품은 '네이버쇼핑에서 가격 확인 가능'해야 하고, '메인상품 가격의 20% 이상 가격에 판매중'이어야 한다.
  (예: 2만 원 로션+1천 원 핸드크림 구성 불가)
  ※ 단, 아래의 경우 예외적으로 비매품 불가 및 20%룰을 제외한 완화 기준 적용 가능
    − 메인상품이 고가의 상품이라 20% 이상의 +@ 상품 구성이 어려운 경우
    − 1+@에서 @상품의 제품력이 좋고 플러스 구성이 합리적인 경우
  예) 쿠쿠 6인용 IH전기압력밥솥 + 프리미엄 고시히카리쌀 10kg 구성, 로지텍 키보드 + 마우스 구성

▶ 옵션 구성

- 원상품은 대표상품과 동일하거나 유사상품군으로 구성해야 함(관련 없는 상품군 불가)
- 옵션상품인 경우 대표상품 가격 기준으로 +/−가 가능하다.

예를 들어 대표상품이 '더미식 장인라면 얼큰한맛 4개 + 더미식 백미밥 3개'인 경우

옵션 1(대표상품): 더미식 장인라면 얼큰한맛 4개 + 더미식 백미밥 3개(O) – default

옵션 2: 더미식 장인라면 담백한맛 4개 + 더미식 백미밥 3개(O)

옵션 3: 더미식 장인라면 얼큰한맛 4개 + 더미식 장인라면 얼큰한맛 4개(O) – 동일 구성 1+1도 가능

옵션 4: 틈새라면 빨개떡 4개 + 햇반 3개(–1,000원) (O) – 원상품(장인라면)과 다른 상품(틈새라면)이지만 유사상품군
으로 옵션 설정 가능함.

옵션 5: 해피콜 프라이팬 24cm + 더미식 백미밥 3개(+10,000원)(X) – 옵션 상품이 원상품과 유사상품군이 아님

옵션 6: 네스프레소 캡슐커피 10개 + 핫초코 10개(+10,000원) (X) – 옵션상품이 원상품과 유사상품군이 아님

> ※ 주의!
> 기존에 판매 중인 상품을 원쁠딜이나 원쁠템에 옵션 상품으로 추가할 경우, 중복상품으로 '네이버쇼핑 검색
> 에서 삭제되어 노출 제외'될 수 있다. 중복상품으로 삭제되지 않도록 기존 판매 중인 상품을 옵션으로 추가할
> 경우 '기존 판매가격과 다르게 설정'해야 한다.(미준수로 인한 삭제 및 페널티는 판매자 부담임)

③ 1+적립 상품

- 1+1 또는 1+@ 구성이 어려운 경우 '1+적립 구성'으로 상품을 제안하는 것도 예외적으로 허용된다. 단, '1+적립 구성'
  의 상품은 일정 수량만 노출하므로 '1+1 및 1+@ 구성'에 비해 선정될 가능성이 낮을 수 있다.
- 1+적립 구성 제안 시 아래 기준에 따른 등록이 필수이다.
  - 5% 이상의 최소적립률 적용, 판매가의 20% 초과 불가
  - 단, 고가가전제품인 경우 정액적립만 가능
    29만 원 이상: 3% 이상의 정액적립만 가능
    99만 원 이상: 2% 이상의 정액적립만 가능
  ※ 최소적립률 이상의 정액적립도 가능하다.   ※ 적립률은 최대 100%까지 설정 가능하다. (소수점 불가)
  ※ 정액적립은 최대 99,900원까지 100원 단위로 설정 가능하다.

2) 옵션 설정 시 유의사항

- 사이즈와 컬러 설정이 필요한 상품의 경우 상품등록 시 옵션에 상품등록 → 옵션 등록 시 1+1 각각 색상과 사이즈를
  표현할 수 있도록 옵션값을 설정한다.
- 옵션에 컬러_사이즈 단위를 묶어서, 선택1 / 선택2로 각각 설정한다.
  ex) 대표상품='운동화 1컬레+1컬레'인 경우
      선택1: 블랙_230mm, 블랙_240mm, 핑크_230mm, 핑크_240mm……
      선택2: 블랙_230mm, 블랙_240mm, 핑크_230mm, 핑크_240mm……
- 상품명에는 첫 번째 옵션만 표기 가능하며, 여러 옵션을 표기하거나 포괄하는 명칭 사용 불가
  (상품명에 표기된 상품은 첫 번째 옵션에 등록해야 함)
- 첫 번째 옵션 품절 시 상품 자체를 품절 처리해야 함
- 첫 번째 옵션은 기본상품 가격에 구매 가능해야 함
  ※ 상품명에 표기된 상품을 타 상품으로 교체할 경우 상품 ID 재사용으로 제재됨
  ※ 색상, 사이즈, 맛, 향 옵션의 경우 가격이 같다면 상품명에 표기하지 않을 수 있음
      (상품명에 표기하는 경우에는 첫 번째 옵션만 표기해야 함)

3) 원쁠딜 상품 기본 사항

① 스마트스토어 상품이면서 정상 판매 중인 상품(네이버쇼핑 연동 Y인 계정)이어야 신청 가능하다.

   → 카테고리 제한은 없으나 전체 연령 및 누구나 구매 가능한 상품이어야 한다.

   → 해외배송(해외직구) 상품은 불가하다.

② 원쁠딜 내 노출되는 모든 상품은 '1+1' 또는 '1+@' 구성 / 무료배송 / 경쟁력 있는 가격이 필수조건이다.

③ 원쁠딜가는 동일 구성인 상품의 가격 대비 경쟁력이 있어야 한다.

   → 원쁠딜가는 배송비 포함 가격(무료배송이 기본) 기준으로, 가격경쟁력이 높아야 선정 가능성이 높다.

   → PC와 모바일 가격이 동일해야 한다.(원쁠딜은 PC와 모바일 모두 노출된다.)

④ 최초 상품등록 후 원쁠딜에 노출되는 3일 간 상품가격 및 상품 구성 정보 변경이 불가하다.

⑤ 원쁠딜은 3일 동안 집중 노출되므로 재고 수량이 충분해야 한다.

   → 원쁠딜가×재고수량 = 1,000만 원 이상의 재고 보유 필수

⑥ 원쁠딜에 노출하고자 '1+1', '1+@'로 상품을 구성할 때는 '신규상품' 등록으로 진행해야 한다.

⑦ 기존 판매 상품이 1+1, 1+@ 구성인 경우, 상품에 대한 변동이 없다면 원쁠딜 연동 상품으로 활용 가능.

⑧ 기존에 판매하던 상품의 '구성을 바꾸거나' '상품을 바꿀 경우' '상품ID 재사용'으로 판단되어 네이버 쇼핑검색에서 상품이 삭제되거나 복구 불가능할 수 있으므로 절대 하지 말아야 한다.(미준수로 인한 삭제 및 페널티는 판매자 부담임)

⑨ 원쁠딜 '대표상품' 외에 '옵션상품', '추가구성 상품'도 등록 가능. 옵션상품인 경우 대표상품을 가격 기준으로 +/−가 가능하고, 추가구성 상품인 경우 선택한 상품(대표상품 또는 옵션상품) 가격 기준으로 가격이 +된다.('옵션상품', '추가구성 상품'이 기존에 판매 중인 상품이라면 중복상품으로 상품이 삭제되는 일이 없 도록 가격을 다르게 설정한다.) '추가구성 상품'은 '대표/옵션상품'과 다른 상품군이어야 한다.

⑩ 브랜드 상품은 정품 관련 서류를 제출해야 한다.(상품 선정 시 별도 요청)

⑪ 캐릭터 상품은 본사 직영몰, 본사 확인된 상품만 노출 가능(홀로그램, 바코드 등)

⑫ 식품, 화장품 등 '유통기한 표기 의무상품군'은 유통기한 입력 필수, 신청일 기준 최소 2개월 이상의 유통기한이 남아 있어야 함(신선식품 제외)

⑬ 1+1 상품의 경우 각각 별도 상품 구성이 원칙이나 신선식품 또는 한 개의 박스로 배송될 수 있는 상 품의 경우 원쁠템 상품 상세페이지에 고지한다면 1박스로 구성 가능(예: 고구마 2kg + 고구마 2kg → 고구마 4kg 박스 한 개로 배송 가능 / 프라이팬 25cm + 궁중팬 구성의 경우 세트로 구성된 한 개의 포장으로 배송 가능)

⑭ 기존에 원쁠딜에서 높은 판매를 기록했던 상품은 앵콜 제안 시 선정에 유리한 가산점이 부여된다.

⑮ 시즌에 맞거나 기타 이슈들에 의한 판매량이 급등하는 상품일 경우 선정 확률이 높아진다.

⑯ 상품명 또는 몰명에 '원쁠딜' 또는 '원쁠템' 문구가 있으면 상품 선정 시 제외될 수 있음.

⑰ 할인율이 0%이거나 현재 판매가와 동일한 경우 진행 불가

⑱ 모바일 상세보기가 가능한 상품이어야 한다.

⑲ 대표이미지와 상품 상세페이지 상품이 다를 경우 진행이 불가능하다.

⑳ 주류, 전자담배, 성인용품 등 온라인으로 판매 부적격한 상품은 진행 불가.(전통주는 허용)

㉑ 원쁠딜 상품의 상세페이지에 타 상세페이지로 이동되는 링크를 게시할 수 없다.

4) 원쁠딜 상품명 작성하기

- 한글 기준 최소 10~최대 30자(최대 60byte)로 작성한다.(띄어쓰기 포함)
- 원쁠딜로 판매하는 상품의 특징이 명확하게 표현될 수 있도록 상품명을 등록한다.
- 옵션이 있는 상품의 경우 첫 번째 옵션(대표상품)에 등록된 상품/구성으로 상품명 표기한다.
- '1+1', '1+@' 문구는 기재하지 않는다.(자동으로 붙는다.)
- 상품명 구성은 '+'를 사용해 작성한다.(예: 마스크 KF94 50매+50매, 만두 1kg 1봉+1봉)
- 박스 구성, 패키지 구성 등의 사유로 총 개수 표시가 필요한 경우 ( ) 안에 표기한다.
- 할인율, 원쁠딜 가격은 자동 노출되고, 원쁠딜 상품은 '무료배송'이 기본이기 때문에 별도로 기재하지 않는다.
- 연예인명을 상품명에 무단 사용한 경우 검수 불가될 수 있다.
- 상품 설명은 명확하게 기재하고, 추상적인 문구는 지양한다.
- '원쁠딜 노출 상품명'은 '원상품 상품명'을 다르게 하여 제안할 수 있다. 원쁠딜 노출 상품명은 수정해도 쇼핑검색 순위에 영향을 주지 않지만, 원상품 상품명을 수정하면 네이버 쇼핑검색 결과에 따라 순위에 영향을 줄 수 있으므로 주의해야 한다.(미준수로 인한 삭제 및 페널티는 판매자 부담임)

5) 원쁠딜 이미지 작성하기

(1) 메인이미지

원쁠딜 메인이미지는 판매하고자 하는 상품을 잘 표현한 선명한 이미지를 사용한다.

- 사이즈: 678×400Pixel (200KB 이내, JPG)
- 좌우상 80px의 마진을 두고, 메인상품이 노출되도록 제작
- 모델이 있는 경우 착용컷이 기본이며, 모델이 없는 상품 이미지의 경우나 다양한 컬러 강조가 필요한 경우 보기 좋은 연출컷으로 제작/등록한다.
- 배경이 있는 이미지로 제작하며, 배경이 없는 경우 상품이 잘 표현되는 연한 그레이 컬러(배경컬러 #f5f5f5 권장)로 제작한다. (강한 원색의 배경색 또는 가독성을 저해하는 배경색의 경우 검수 불가될 수 있다.)
- 플러스이미지가 별도로 존재하므로, 메인이미지에는 메인상품 1개만 노출 가능하다. (플러스이미지도 우상단에 노출되므로 메인상품이 가려지지 않도록 미리보기 확인하여 메인이미지 피사체 위치를 구성한다.)
  - 1+1 구성인 경우 1개 이미지 / 1+@ 구성인 경우, 메인상품 1개 이미지
  - 메인상품이 복수개인 경우, 복수개 구성 노출 가능
  ※ 연출샷은 복수개의 상품 노출 가능하나, 하나의 메인상품이 부각되는 이미지여야 함. 검수자에 의해 불가 처리될 수 있음.
- 이미지 내 텍스트가 기재 또는 도형컷이 포함된 이미지는 사용 불가하다. (+, → 등 기본도형 포함 사용 불가)
- 이미지 내 제품 이미지가 너무 작거나, 제품이 일부 잘린 경우 검수 불가될 수 있다.
- 메인이미지에 보이는 상품은 스토어 대표이미지 중에서 확인이 가능해야 한다.
- 앵콜 진행의 경우, 직전 진행 시 사용한 메인이미지와 동일하거나 유사한 이미지는 메인이미지로 재사용 불가.(단, 플러스이미지는 재사용 가능)

(2) 플러스이미지

원뿔딜 플러스이미지는 추가로 구성된 상품을 잘 표현한 이미지로 선명하게 제작한다.

- 사이즈: 116×116Pixel (50KB 이내, JPG)
- 좌우상하 20PX의 마진을 두고 누끼 이미지로 제작 (배경컬러 #f5f5f5로 제작 필요)
- 투명 배경의 누끼 이미지로 등록 시 배경컬러(#f5f5f5)가 자동으로 설정된다.
  - 원뿔딜 플러스이미지의 경우 투명 배경의 PNG 파일 등록 가능
  - 등록 후 미리보기로 배경 설정 확인 필요
- 1+1 상품의 경우 하나의 구성 이미지로, 1+@ 상품의 경우 +@ 상품 이미지로만 제작한다.
  - 1+1 구성인 경우 1개 이미지
  - 1+@ 구성인 경우, 플러스 상품 1개 이미지
  - 플러스 상품이 복수개인 경우에도 가독성을 위해 1개만 노출 가능
    (예외로 1개 피사체로 보일 수 있는 박스나 겹쳐진 이미지는 가능)
- 이미지 내 텍스트가 기재 또는 도형컷이 포함된 이미지는 사용 불가하다. (+, → 등 기본 도형포함 사용 불가)
- 로고 삽입이 불가하므로 강조하고자 하는 브랜드명, 쇼핑몰명은 상품명 맨 처음에 기재한다.
- 이미지 내 제품 이미지가 너무 작거나, 제품이 일부 잘린 경우 검수 불가될 수 있다.
- 1+적립 구성의 경우, 적립률/적립액에 따라 자동으로 등록된다.

(3) 서브이미지

원뿔딜 서브이미지는 메인이미지와 동일한 소재를 정사각 비율로 제작한다.

- 사이즈: 244×244Pixel (100KB 이내, JPG)
- 정사각 비율로 제작
- 이미지 가이드는 메인이미지와 동일하게 적용된다.
- 이미지의 일부를 정사각 비율로 잘라내서 제작하거나 동일한 소재를 별도의 이미지로 제작하는 것도 가능하다.
- 단, 메인이미지와 서브이미지의 소재가 다르다고 판단되면 검수 불가될 수 있다.
- 서브이미지는 메인이미지보다 사이즈가 작기 때문에 피사체를 가급적 크게 보이도록 제작하기를 권장한다.

(4) 이미지 제작 기본 가이드 - 불가 사항

- 이미지 내 공백이나 로고/텍스트는 허용 불가
- 이미지가 가독성이 낮다고 판단되거나 합성, 흑백, 동적 이미지는 허용 불가
- 이미지 내 외곽 라인 및 강한 원색의 배경색 허용 불가
- 한 피사체에 이미지가 반복되거나 분할된 이미지는 허용 불가
- 이미지 내 상품 사이즈가 너무 작아 상품 종류를 예측하기 어렵거나 여백이 전체의 60% 이상인 이미지 허용 불가
- 상품/모델이 전체의 80% 이상을 차지하는 지나친 클로즈업/잘린 이미지 허용 불가
- 연예인 이미지는 소속사 등의 이미지 사용 허가 승인을, 브랜드/명품 이미지는 정품 관련 서류 제출해야 함(상품 선정 시 요청)

3 원쁠딜 진행하기

원쁠딜 제안과 소재 등록 프로세스는 다음과 같다.

	단계 설명
❶ 제안하기	1주차 월(11시 ~ 17시): 제안관리 메뉴에서 원쁠딜로 노출할 상품 구성을 제안한다. 2주차 월요일(11시): 제안관리 메뉴에서 제안한 상품의 선정 및 노출 스케줄 결과를 확인한다.
❷ 상품 수정 및 등록	제안 선정된 기준으로 원쁠딜 구성 상품으로 상품을 '새로 등록'한다.
❸ 소재 등록/검수	원쁠딜 구성으로 생성된 상품을 불러와서 원쁠딜에 노출할 이미지 및 가격 정보 확인 후 소재 검수 요청을 한다. (2주차 월 11시 ~ 목 17시)
❹ 노출	검수완료 된 원쁠딜 상품 소재가 3주차부터 스케줄링된 시작 시점에 맞추어 원쁠딜에 노출된다. (3일 간 노출)
❺ 리포트 제공	원쁠딜을 통해 발생한 유입/매출 리포트를 확인할 수 있다.
❻ 서비스 기간 종료	3일 간의 서비스 기간이 종료되면 원쁠딜 소재 노출이 중지된다. (17시 오픈 후 3일 간 노출됨)

1) 원쁠딜 제안하기

1. 원쁠딜 제안을 하기 위해서는 스마트스토어센터 **스토어관리 → 서비스 연결 → 네이버 서비스 연결**을 클릭하여 '원쁠딜' 항목에서 '연결안함'을 클릭하여 이용약관에 동의한 후 **'연동중'**으로 설정하여야 한다.

2. 프로모션 관리 → 원쁠딜 → 원쁠딜 제안관리를 클릭한다. '제안 이력' 탭에서 기존에 등록한 제안의 상태를 확인할 수 있다. **'제안 등록하기'**를 클릭한다. 그러면 '제안 등록' 탭으로 이동한다.

3. 제안등록 탭에서 원쁠딜에 제안할 상품의 상세 정보를 입력한다.

원쁠딜 제안관리

제안 이력 　제안 등록

| 원쁠딜 진행 제안 상품 | 이번주 제안한 상품이 선정되면 2주뒤인 (2023-07-24 ~ 2023-07-30) 기간에 노출됩니다. 단, 노출일정은 스케줄링에 따라 변경될 수 있습니다. |

❶ 채널 선택 •

❷ 제안 구분 •　○ 신규등록　○ 앵콜제안
· '앵콜제안'은 원쁠딜 진행이력이 있는 경우에만 선택해주요.

❸ 상품 구성 •　○ 1+1 구성　○ 1+@ 구성　○ 1+적립 구성
· '1+적립 구성' 상품은 스마트스토어센터 > 상품관리 > 상품등록(or 상품조회수정) > 구매/혜택 조건 > 「상품 구매 시 지급」 체크 후 세팅까지 완료해야합니다 (원쁠딜 공지/FAQ 참조)
· '1+적립 구성'의 상품은 일정 수량만 노출하므로 '1+1 및 1+@ 구성'에 비해 선정될 가능성이 낮을 수 있습니다.
· 불가피한 경우가 아니라면 1+1, 1+@ 구성을 활용해주요.

❹ 상품명 •　원쁠딜에 판매를 제안하실 상품명을 입력해주요.　0/60 byte
· 원쁠딜 성격에 맞는 직관적인 상품명을 입력해주요. (최대 60byte, 한글기준 최대 30자)
· 특수문자 사용이 불가합니다.
· 원쁠딜은 모든 상품이 무료배송이라 무료배송 문구를 별도로 입력할 필요 없으니 참고 바랍니다.
· 상품명에 '1+1', '1+@' 등의 문구는 사용 불가하며, 무게, 용량, 개수 등의 셈 단위로 풀어서 표현해주요. (ex. 50ml+50ml, 400g+400g, 1개+1개 등)
· 규격화되지 않은 상품(ex.신선식품)의 경우 개당중량, 사이즈 등 정확한 스펙을 기재해주요. (ex. 천도복숭아 소과 500g+500g (총 1kg 14-18과))

❺ 카테고리 •
· 제안하시는 상품의 스마트스토어 대카테고리와 동일하게 선택해주요.
· 제안 시 카테고리와 상품의 실제 카테고리가 다를 경우, 선정에서 제외될 수 있습니다.

❻ 기존판매가 •　　　　원
· 기존에 판매하던 동일 상품의 가격을 입력해주요.

❼ 원쁠딜 제안가 •　· 각 구성(1+1, 1+@, 1+적립)을 포함한 '최종 판매가'를 입력해주요.
· 원쁠딜은 모든 상품이 무료배송이며, 매출연동수수료 5%가 과금됩니다. (결제수수료 별도)
　　　　원

❶ 스마트스토어 또는 윈도 채널 중 제안할 스토어 채널을 선택한다.

❷ '신규등록'이 기본이며, 원쁠딜 진행 이력이 있는 상품의 경우 '앵콜제안'을 선택한다.

상품구성을 선택한다.
· 1+1: 완전히 동일한 상품 2개 또는 동일한 상품의 속성만 다른 2개의 상품으로 구성
❸ · 1+@: 원상품과 + @ 상품으로 구성(판매율이 높은 2가지 상품의 결합 또는 1+1이 불가한 상품 대상)
· 1+적립: 원상품과 추가 적립으로 구성. 추가 적립은 원쁠딜가의 5% 이상으로 설정 필요

❹ 원쁠딜에 판매를 제안할 상품명을 입력한다.(한글 기준 최대 30자)

❺ 제안하는 상품의 카테고리를 선택한다.

❻ 기존에 판매하던 가격을 입력한다.
Ex) 10,000원에 판매하던 A라는 상품을 1+1 구성인 A+A로 제안하는 경우, 기존 판매가는 10,000 + 10,000 = 20,000원

❼ 실제 원쁠딜에서 판매할 금액을 입력한다.

⑧ 적립률 ●

○ 5% (기본적립률)

적립률 직접입력 [5]

정액적립(금액으로 적립 설정) [   ] 원

- 1+적립 구성 제안 시, 최소 적립율은 제안하는 원쁠딜가에 따라 다르게 적용됩니다. [적립률 상세기준 보기]
- 괄호 안의 기준은 '최소적립률'을 위한 기준으로, 그 이상의 적립률을 적용하는것은 가능합니다.
- 기준을 충족하지 못하는 경우 제안이 불가하니 선택한 적립률이 제안하는 원쁠딜가의 최소 적립률 기준을 충족하는지 꼭 확인해주세요.

⑨ 재고수량 ●

[   ] 개

- '원쁠딜 판매가 x 재고수량' 은 1천만원 이상이어야 하며, 선정 이후 변경할 수 없습니다.
- 선정된 이후 재고수량을 임의로 변경 시 원쁠딜 상품노출이 중단됩니다.
- 1+1의 또는 1+@의 각 단품기준이 수량이 아닌, 1+1(or @) 세트 수를 입력해주세요.
  ex. A상품 2,000개를 1+1 구성으로 판매할 때, 1+1 구성인 1,000개가 재고수량이 됩니다.

⑩ 상품URL ●

[판매하실 상품을 확인할 수 있는 url을 넣어~] [0/200 byte] [URL확인] [+]

- 1+1, 1+@ 구성과 무관하게, 원쁠딜에 판매하고자 하는 상품(대표상품)이 무엇인지 확인 가능한 url이면 됩니다.
- 네이버 스마트스토어에 없는 경우 타 사이트 url도 가능합니다.
- 서로 다른 상품으로 구성된 조합인 경우 참고상품 url은 최대 2개까지 등록 가능합니다.
- 링크가 정상적으로 작동되는지 반드시 확인해주세요.

⑪ 참고 코멘트

[원쁠딜 판매를 제안하는 상품에 대한 설명을 입력해주세요.   0/200 byte]

- 3개월 이내 행사 레퍼런스를 기재해주세요. 타사 행사도 가능합니다.
- 레퍼런스 입력 시 진행기간 및 매출도 함께 입력해주세요.

⑫ 추가옵션 여부 ●

○ 추가상품옵션 없음   ○ 추가상품옵션 있음

- 메인상품(1+1, 1+@, 1+적립 구성)외에 추가옵션 상품이 있다면 '추가상품옵션 있음'을 선택해주세요.

⑬ 우대항목 선택 ●

○ 해당없음   ○ 신박/아이디어 상품   ○ 우주최저가 어필   ○ 리뷰좋은 상품   ○ 재고처분 초특가   ○ 원쁠딜 단독진행   ○ 바이럴 마케팅 진행

- 제안하는 상품이 선정 우대항목에 해당한다면, 해당되는 항목을 선택해주세요. 우대항목에 해당되면 선정될 가능성이 높아집니다.
- 단, 허위로 기재 시 선정에 불이익이 있을 수 있습니다.

⑭ 희망노출 타겟 ●

○ 해당없음   ○ 남성향   ○ 여성향

- 성별을 선택할 경우, 해당 성별의 이용자에 '우선적으로 노출'됩니다.
- 선택한 성별에만 노출되는 것이 아니라 '모든 이용자에 노출'이 되지만 '희망노출 타겟에 우선적으로 노출'되는 점 참고해주세요.
- 선택한 노출타겟은 검수과정에서 관리자에 의해 변경될 수 있습니다.

---

⑧ 상품 구성에서 '1+적립' 유형을 선택한 경우에만 나타나는 옵션이다. 기본적으로 5% 이상의 최소적립률 필수

- 단, 고가가전제품에 한해 정액적립만 가능
  - 29만 원 이상: 3% 이상의 정액적립만 가능 / - 99만 원 이상: 2% 이상의 정액적립만 가능

※ 최소적립률 이상의 정액적립도 가능 / 적립률 최대 100%까지 가능 / 정액적립은 최대 99,900원까지 100원 단위로 설정.

⑨ 판매 가능 수량을 입력한다.('원쁠딜 판매가×재고수량'은 1천만 원 이상이어야 하며 선정 이후 변경할 수 없다.)

⑩ 제안상품의 경쟁력을 어필하기 위해 참고할 수 있는 상품 URL을 입력한다.(최대 2개까지 등록 가능)

⑪ 참고 URL이 입력된 경우 해당 URL에 대한 설명을 입력한다.(URL이 입력된 경우 활성화됨)

⑫ 추가 옵션이 있는 경우 '추가상품옵션 있음'을 선택 후 입력란에 추가 상품 옵션에 대한 정보를 간략히 입력한다.

⑬ 제안하는 상품에 해당하는 우대항목이 있다면 선택한다.

⑭ 제안하는 상품에 맞는 희망노출 타겟을 선택한다. 성별을 선택할 경우, 해당 성별의 이용자에 '우선적으로 노출'된다.

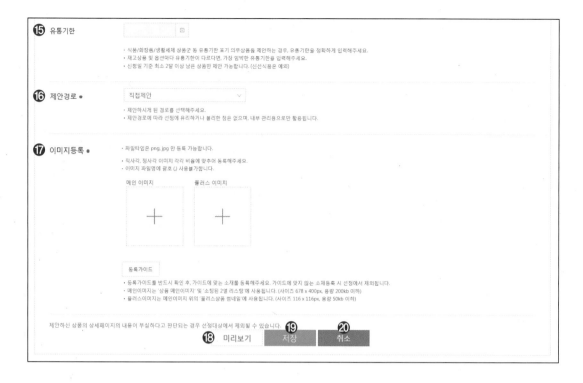

⑮ 유통기한

- 식품/화장품/생활세제 상품군 등 유통기한 표기 의무상품을 제안하는 경우, 유통기한을 정확하게 입력해주세요.
- 재고상품 및 옵션마다 유통기한이 다르다면, 가장 임박한 유통기한을 입력해주세요.
- 신청일 기준 최소 2달 이상 남은 상품만 제안 가능합니다. (신선식품은 예외)

⑯ 제안경로 •

직접제안

- 제안하시게 된 경로를 선택해주세요.
- 제안경로에 따라 선정에 유리하거나 불리한 점은 없으며, 내부 관리용으로만 활용됩니다.

⑰ 이미지등록 •

- 파일타입은 png, jpg 만 등록 가능합니다.
- 직사각, 정사각 이미지 각각 비율에 맞추어 등록해주세요.
- 이미지 파일명에 괄호 (.) 사용불가합니다.

메인 이미지　　　플러스 이미지

등록가이드

- 등록가이드를 반드시 확인 후, 가이드에 맞는 소재를 등록해주세요. 가이드에 맞지 않는 소재등록 시 선정에서 제외됩니다.
- 메인이미지는 '상품 메인이미지' 및 '소팅된 2열 리스팅'에 사용됩니다. (사이즈 678 x 400px, 용량 200kb 이하)
- 플러스이미지는 메인이미지 위의 '플러스상품 썸네일'에 사용됩니다. (사이즈 116 x 116px, 용량 50kb 이하)

제안하신 상품의 상세페이지의 내용이 부실하다고 판단되는 경우 선정대상에서 제외될 수 있습니다. ⑲ ⑳
⑱ 미리보기　저장　취소

---

⑮ 유통기한 표기 의무상품을 제안하는 경우, 유통기한을 입력한다.(최소 2달 이상 남은 상품만 제안 가능. 단, 신선식품은 예외)

⑯ 원쁠딜 상품을 제안하게 된 경로를 선택한다. 특별한 사유가 없다면 '직접제안'으로 둔다.

원쁠딜에 노출할 메인이미지, 플러스이미지, 서브이미지를 등록한다.
- 메인이미지: 원쁠딜 리스팅에 노출되는이미지
  (678×400px 좌우 폭이 넓은 직사각 비율)
- 플러스이미지: 원쁠딜 리스팅에 노출되는 이미지
  (116×116px 정사각 비율)

⑰
- 서브이미지: 추가노출 영역에서 활용된다.
  (244×244px 정사각 비율)

등록된 이미지는 검수 완료 후 원쁠템 리스팅 및 원쁠딜판에 노출되니 반드시 가이드에 맞게 등록한다.
가이드에 맞지 않는 이미지 소재 등록 시 선정에서 제외될 수 있다.
※ 1+적립 구성 제안 시, 플러스이미지는 설정한 적립률/적립액에 따라 자동으로 등록된다.

⑱ 원쁠딜에 노출될 내용을 미리보기로 확인할 수 있다.

'저장' 버튼을 누르면 원쁠딜 상품제안 내용이 등록된다.

⑲ 저장 후 삭제는 가능하나, 승인 절차가 시작되면 제안이력을 삭제할 수 없다.
※ 제안한 상품의 상세페이지의 내용이 부실하다고 판단되는 경우 선정 대상에서 제외될 수 있다.

⑳ 제안등록이 취소되며 입력한 내용은 저장되지 않는다.

2) 원쁠딜 소재 관리하기

원쁠딜 제안 후 **차주 월요일**(11시)에 스마트스토어센터 **프로모션 관리 → 원쁠딜 → 원쁠딜 제안관리 → 제안 이력**의 '제안 상태'에서 선정 결과를 확인할 수 있다.

선정이 되면 노출될 소재를 등록해야 한다.

1. 프로모션 관리 → 원쁠딜 → **원쁠딜 소재관리**를 클릭한다.

2. 원쁠딜 선정내역을 살펴보고 '소재관리'의 **등록**을 클릭하여 소재를 등록한다.

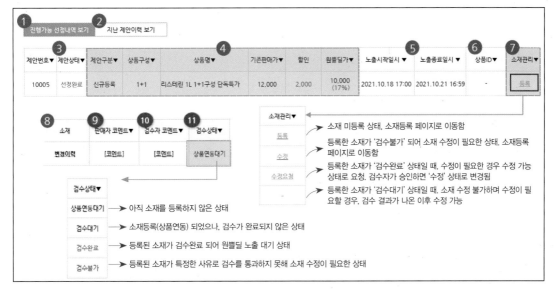

❶ 제안이 선정되어 원쁠딜 진행이 가능한 내역을 확인할 수 있다.

❷ 지난 제안 이력을 확인할 수 있다.

❸ 제안이 선정완료 된 건만 노출된다.

❹ 제안 시 입력한 내용이 자동으로 노출된다.

❺ 스케줄링된 노출 시작일시와 노출 종료일시를 확인한다.

❻ 원쁠딜에 노출할 상품이 연동되면 연동된 상품의 ID가 노출된다.

❼ 원쁠딜 소재등록 페이지로 이동한다.

❽ 원쁠딜 소재를 수정한 이력이 있다면 변경된 이력을 한눈에 확인할 수 있다.

❾ 소재 등록 시 등록한 코멘트를 확인할 수 있다.

❿ 검수자가 등록한 코멘트를 확인할 수 있다.

⓫ 원쁠딜 노출 소재의 검수상태를 확인할 수 있다.

3. 원쁠딜 상품의 소재를 등록하고 **저장**을 클릭한다.

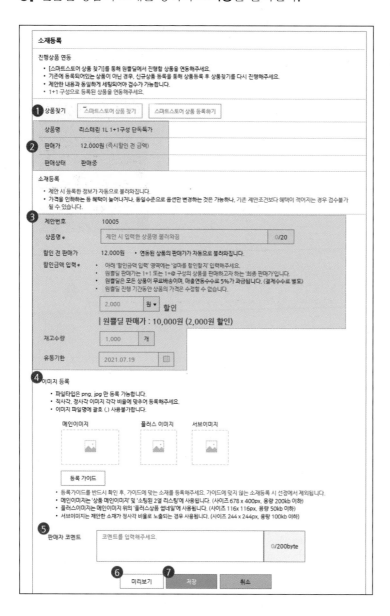

① 원쁠딜 노출에 연동할 스마트스토어 상품을 찾아서 등록한다.(윈도 상품 불가)

② 상품찾기를 통해 연동된 상품의 정보를 확인할 수 있다.

③ 제안 시 등록한 원쁠딜 정보가 자동으로 노출된다. 가격을 인하하는 등 혜택이 늘어나거나, 동일 수준으로 옵션만 변경하는 것은 가능하나, 기존 제안 조건보다 혜택이 적어지는 경우 '검수불가' 될 수 있다.

④ 제안 시 등록한 이미지를 자동으로 불러온다. 상품을 좀 더 잘 표현할 수 있는 이미지로 수정도 가능하다.

⑤ 검수자에게 전달할 내용이 있으면 입력한다.

⑥ 등록한 내용을 바탕으로 원쁠딜에 노출될 내용을 미리보기로 확인할 수 있다.

⑦ 등록된 내용을 확인 후 '저장' 버튼을 누르면 검수요청이 진행되며 소재목록으로 이동한다.

4 원쁠템 개요

원쁠딜은 많은 판매자의 제안 중에서 선정된 일부 상품에만 노출 기회가 주어진다. 이에 네이버에서는 더 많은 판매자에게 노출의 기회를 제공하고자 2022년 12월 21일, '원쁠템' 영역을 오픈하였다. 원쁠템은 원쁠딜 서비스 내의 노출 영역으로, 판매자 누구나 제안하여 노출할 수 있는 서비스이다. 별도의 수수료는 없다.

상품	노출	수수료
모든 상품은 1+1, 1+@, 1+Npay	누구나 제안하면 노출 가능!	매출 연동 수수료 0%
구매자가 선호하는 전상품 무료배송	3일부터 최대 14일간의 딜, 소재검수만 완료되면 노출 가능	판매자의 수수료 부담을 덜기 위해 원쁠템Beta 기간 내 0% 과금

출처: 스마트스토어센터-원쁠딜-공지/FAQ-매뉴얼-[원쁠템] 스마트스토어 이용가이드 내 첨부파일

■ 원쁠템 노출영역

모바일 > 쇼핑판 > 원쁠딜카드
(원쁠딜 상품과 섞여서 노출)

모바일 > WEST > 원쁠딜판
(월쁠딜 상품 모두 노출 후 원쁠템 상품 노출)

모바일/PC > 네이버쇼핑 > 원쁠딜 버티컬
(월쁠딜 상품 모두 노출 후 원쁠템 상품 노출)

■ 원쁠템 요약

· 모든 상품이 '무료배송'이어야 하며, 1+1 / 1+@ / 1+적립 구성으로 되어 있어야 진행이 가능하다.
· 원쁠템 상품은 원쁠딜과 달리 선정 절차가 없으며, 상품 판매에 문제가 없다면 노출이 가능하다. 단, 별도의 검수를 거쳐 제안기간 내 노출된다.
· 원쁠템 노출기간은 '3일부터 최대 14일'까지 진행할 수 있으며, 해당 기간 동안 매출 연동 수수료는 부과되지 않는다.
· 원쁠템 상품은 '쇼핑판', '원쁠딜판', '원쁠딜 버티컬 영역' 등 다양한 영역에서 노출된다.
· 원쁠템 진행 중이라도 원쁠딜 제안이 가능하며, 반대로 원쁠딜 진행(제안) 중이라도 원쁠템 진행이 가능하다.
· '1+적립' 구성 상품은 1+1/1+@ 상품들과 일정 비율 유지를 위해 원쁠템 상품 중 '1+적립' 구성 상품 비율이 높을 경우 노출되지 않을 수 있다.

5 원쁠템, 알고 진행하자

원쁠템은 원쁠딜 서비스 내에 존재하는 영역으로, 원쁠딜이 제안 후 선정이 되어야 진행이 가능한 반면, 원쁠템은 제안 후 검수 과정을 거쳐 상품에 문제가 없다면 누구나 노출이 가능하다.

원쁠템도 제안을 하기 위해서는 '1+1' 또는 '1+@' 또는 '1+적립'으로 상품을 구성해야 한다. 상품 구성이나 상품명, 이미지 등 소재 작성 방법도 원쁠템과 거의 동일하므로 앞의 원쁠딜 관련 내용을 참조하면 된다. 여기서는 원쁠딜과 다른 원쁠템만의 내용 위주로 설명한다.

1) 원쁠템 상품 구성

1+적립 상품 구성

· 1+1 및 1+@ 구성이 어려운 경우, 1+적립 구성도 가능하다.
· 단품+Npay 적립 구성
· 메인상품 판매가(원쁠템가)의 3% 이상의 적립률 필수(단, 판매가의 20% 초과 불가)
· 고가가전제품인 경우는 아래 기준의 정액적립만 가능
  – 29만 원 이상: 2% 이상 정액정립
  – 99만 원 이상: 1% 이상 정액정립
  ※ '고가가전' 여부는 내부 기준에 따라 판단한다.
  ※ 최소적립률 이상의 정액적립도 가능하다.
  ※ 적립률은 최대 100%까지 설정 가능하다.(소수점 불가)
  ※ 정액적립은 최대 99,900원까지 100원 단위로 설정 가능하다.
  예) 식기세척기+Npay포인트 90,000원 구성 / 수박 8kg+Npay 포인트 2,000원 구성 / 대용량가습기+Npay 포인트 5% 구성
  ※ 단, '1+적립 구성' 상품은 일정 수량만 노출하므로 '1+1' 및 '1+@' 구성과 달리 노출에 제한이 있을 수 있다.

▶ 옵션 구성

· 1+적립 구성은 대표상품이 '단품'인 경우로, 상품옵션에 대해서 기본적으로 스마트스토어 가이드를 따름

· 옵션 상품인 경우 대표상품 가격 기준으로 +/−가 가능하다.

· 예를 들어 대표상품이 '매일두유 99.9 190ml 24팩'인 경우,

옵션 1(대표상품): 매일두유 99.9 190ml 24팩 + 네이버포인트 1,000원 적립(O) – default

옵션 2: 매일두유 초콜릿 190ml 24팩 + 네이버포인트 1,000원 적립(O) – 단품이 변경되어도 허용

옵션 3: 매일두유 검은콩 190ml 24팩 + 네이버포인트 1,000원 적립(+1,000원) (O) – 단품이 변경되며 옵션가 변경되

었으므로 허용

옵션4: 매일두유 검은콩 140ml 24팩 + 네이버포인트 1,000원적립(−2,000원) (O) – 단품이 변경되며 옵션가 변경되었

으므로 허용

2) 원쁠템 상품 기본 사항

① 원쁠템은 스마트스토어 상품이면서 정상 판매 중인 상품(네이버쇼핑 연동 Y인 계정)이어야 신청 가능하다.

　→ 카테고리 제한은 없으나 전체 연령 및 누구나 구매 가능한 상품이어야 한다.

　→ 해외배송(해외직구) 상품의 경우 '배송과 관련된 모든 책임은 판매자에게 있다'는 내용이 상품

　　상세페이지에서 확인되어야 검수 가능하다.

② 최초 상품등록 후 원쁠템에 노출되는 기간 동안 상품 구성 정보 변경이 불가하다.

③ 원쁠템 진행 중 상품가격은 수정 가능하나 제안 당시 원쁠템가보다 높게 수정되는 경우 비노출된다.

④ 원쁠템은 최소 10개 이상의 재고가 있어야 함.(단품 기준이 아닌 1+1, 1+@ 구성으로의 재고(10세트)가 필수)

⑤ 1+적립 구성으로 제안하는 경우 기존에 판매하던 '단품' 구성의 상품을 그대로 활용할 수 있다.(상품

조회/수정 메뉴 → 구매/혜택 조건 → 포인트 영역에서 '상품 구매 시 지급' 체크, 지급할 포인트를 설정해주면 된다.)

⑥ 원쁠템 대표상품 외에 '옵션상품', '추가구성 상품'도 등록 가능하다. '옵션상품', '추가구성 상품'이

기존에 판매 중인 상품이라면 중복상품으로 상품이 삭제되는 일이 없도록 가격을 다르게 설정한다.

'추가구성 상품'은 '대표/옵션상품'과 다른 상품군이어야 한다.

⑦ 동일 기간 내 1개 스토어가 1개의 상품만 진행 가능. 원쁠템 제안과 원쁠딜에는 중복 제안 가능

⑧ 1주일에 1개 상품만 제안 가능.(마지막 제안 후 7일 이후 새로운 제안 가능)

⑨ 한 번 진행한 상품은 30일 이후 다시 제안 가능

⑩ 무검수 대상(화이트리스트) 조건에 해당(최근 3개월 간 3개 이상 상품 제안, 매월 1건 이상 제안, 최근 3개월 간

검수불가 0회)인 경우 무검수로 노출된다.

6 원쁠템 제안하기

원쁠템 제안과 소재 등록 프로세스는 다음과 같다.

	단계 설명
❶ 제안 및 소재등록	스마트스토어센터의 프로모션 관리 > 원쁠딜 > 원쁠템 제안관리 메뉴에서 원쁠템으로 노출할 상품 구성을 제안한다. 원쁠템 제안은 요일 /시간에 제한 없이 항상 열려 있다.(상시 접수)
❷ 소재검수	원쁠딜과 달리 원쁠템은 별도의 '선정' 절차가 없기 때문에 제안 시 등록한 소재가 검수되면 세팅한 일정에 따라 노출된다. 소재검수는 제안한 시점 기준으로 순차적으로 이뤄진다.
❸ 노출	제안 시 세팅한 스케줄링에 따라 검수완료 된 원쁠템 상품 소재가 노출된다. 노출 첫날 17:00부터 최소 3일 ~ 최대 14일 간 노출 진행된다.
❹ 리포트 제공	원쁠템을 통해 발생한 유입/매출 리포트를 확인할 수 있다.
❺ 서비스 기간 종료	노출 일정이 종료되면 원쁠템 소재 노출이 중지된다.

※ 원쁠템 제안을 하기 위해서는 스마트스토어센터 **스토어관리 → 서비스 연결 → 네이버 서비스 연결**
에서 '원쁠딜'이 연동되어 있어야 한다.

1. 스마트스토어센터에서 **프로모션 관리 → 원쁠딜 → 원쁠템 제안관리**를 클릭한다. **제안 등록** 탭을
클릭한다.

2. 원쁠템을 제안할 상품을 등록하고 **저장**을 클릭한다.

제안 이력	제안 등록

진행상품 연동

· [스마트스토어 상품 찾기]를 통해 원쁠템에서 진행할 상품을 연동해주세요. 판매중인 상품이 있어야 원쁠템에 노출 제안이 가능합니다.
· 제안하고 싶은 상품이 기존에 등록되어있는 상품이 아닌경우, 신규상품 등록을 통해 상품등록 후 상품찾기를 다시 진행해주세요.
· 1+1, 1+@, 1+적립 구성 모두 제안 가능합니다. 단, 1+적립 구성의 상품은 일정 수량만 노출하므로 불가피한 경우가 아니라면 1+1, 1+@ 구성을 활용해주세요.
· 소재등록 시 문의사항은 <u>원쁠템 가이드</u> 및 <u>FAQ</u> 를 확인해주세요.

채널선택 ● ❶ 제안할 채널 선택 ∨

소재등록

소재등록

· 위에서 연동한 상품정보를 참고해, 원쁠템에서는 어떤 소재, 어떤 조건으로 판매를 진행할지 내용을 등록해주세요.
· 원쁠템 가이드에 부합하지 않는 소재는 검수불가될 수 있습니다.

❷ 상품 구성 ●　　　　　○ 1+1 구성　　○ 1+@ 구성　　○ 1+적립 구성

· '1+적립 구성' 상품은 스마트스토어센터 > 상품관리 > 상품등록(or 상품조회수정) > 구매/혜택 조건 > 「상품 구매 시 지급」 체크 후 세팅까지 완료해야합니다.
· '1+적립 구성'의 상품은 일정 수량만 노출하므로 검수자에 의해 검수불가 처리될 수 있습니다.
· 불가피한 경우가 아니라면 1+1, 1+@ 구성을 활용해주세요.

❸ 원쁠템 상품명 ●　　　| 원쁠템에 판매를 제안하실 상품명을 입력해주세요. |

❹ 원쁠템 제안가 ●　　　| 　　　　　　| 원 |

· 원쁠템 제안가는 각 구성(1+1, 1+@, 1+적립)의 상품을 판매하고자 하는 '최종 판매가'입니다.
· 원쁠템은 모든 상품이 무료배송입니다.
· 원쁠템 진행중 상품의 가격을 수정할 수는 있으나, 제안가격보다 높게 수정되는 경우 원쁠템 리스팅에 비노출됩니다.
· 가격 수정은 판매자 어드민(스마트스토어센터)의 상품관리 메뉴에서 직접 수정가능합니다.

❺ 재고수량 ●　　　| 　　　　　　| 개 |

❻ 유통기한　　　| 　　　　　　| 🗓 |

· 식품/화장품/생활세제 등 '유통기한 표기 의무상품군' 은 제안 시 유통기한 입력 필수이며, 상품상세에서 유통기한이 확인 가능해야합니다. (소재등록가이드 참고)

❼ 소재이미지 ●

· 파일타입은 png, jpg 만 등록 가능합니다.
· 직사각, 정사각 이미지 각각 비율에 맞추어 등록해주세요.
· 이미지 파일명에 괄호 () 사용불가합니다.

메인 이미지　　　　　　　　　서브 이미지

＋　　　　　　　　　　＋

[등록가이드]

· 등록가이드를 반드시 확인 후, 가이드에 맞는 소재를 등록해주세요. 가이드에 맞지 않는 소재등록 시 검수불가 처리됩니다.
· 메인이미지는 '상품 메인이미지' 및 '소팅된 2열 리스팅'에 사용됩니다. (사이즈 678 x 400px, 용량 200kb)
· 서브이미지는 제안한 소재가 정사각 비율로 노출되는 영역에 사용됩니다. (사이즈 244 x 244px, 용량 100kb 이하)

❽ 진행기간 ●　　| 　　　　| 🗓 | 17:00 ~ 　　　| 　　　| 🗓 | 16:59

· 제안일 기준 +2영업일부터 시작일을 선택할 수 있으며, 최소 3일에서 최대 14일까지 선택할 수 있습니다.
· 검수는 영업일 기준 약 2일 소요되나, 경우에 따라 검수기간이 더 길어질 수 있습니다.

❾　　　　　　　[미리보기]　　[저장]　　[취소]

---

❶　제안할 채널을 선택한다.(해당 채널의 스토어에 상품이 이미 등록되어 있고, 판매 중이어야 원쁠템 제안이 가능하다.)

❷　상품 구성을 선택한다.

❸　원쁠템에 판매를 제안할 상품명을 입력한다. (한글 기준 최대 30자, 특수문자 사용 불가)

❹　원쁠템에서 판매하고자 하는 가격을 입력한다.

❺　판매 가능 수량을 입력.(재고수량은 세트 기준으로 최소 10개 이상이어야 한다)

❻　유통기한 표기의무 상품을 제안하는 경우, 유통기한 입력.(최소 2달 이상 남은 상품만 제안 가능. 단, 신선식품은 예외)

❼　원쁠템에 노출할 이미지를 등록한다.
　　– 메인이미지: 원쁠딜 리스팅에 노출되는 이미지(678×400px 좌우 폭이 넓은 직사각 비율)
　　– 서브이미지: 추가노출 영역에서 활용(244×244px 정사각 비율)

❽　원쁠템 진행기간 입력(제안시점 기준 +2영업일 이후를 시작일로 설정할 수 있으며, 최소 3일~ 최대 14일 간의 기간 설정)

❾　원쁠템에 노출될 내용을 미리보기로 확인할 수 있다. 저장을 클릭하면 원쁠템 제안이 완료된다.

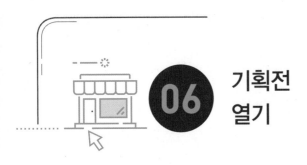

06 기획전 열기

1 기획전 개요

기획전은 내 스토어의 상품을 다양한 방식으로 홍보, 판매할 수 있는 쇼핑플랫폼이다. 기획전은 내 스토어에 있는 여러 상품을 판매자가 직접 구성하는 것으로, 콘셉트에 따라 다양하게 운영할 수 있다.

상품 할인행사
단골 고객 늘리기: 알림받기 고객 쿠폰 증정, 톡톡친구 추가 고객 쿠폰 증정
시즌별, 콘셉트별 상품 모음전
월별 프로모션

이렇게 행사 목적에 맞는 다양한 기획전을 등록하여 제안하면 네이버쇼핑 고객들에게 내 스토어를 홍보할 수 있다.

기획전은 무료로 진행할 수 있는데, 내 스토어의 많은 상품을 노출 및 홍보할 수 있다는 장점이 있다.

1) 기획전 종류

■ 스마트스토어 센터 내 기획전

'스마트스토어 센터 내 기획전'은 판매자가 스마트스토어 센터에서 **프로모션 관리 → 기획전 관리** 메뉴에서 제안하는 기획전으로, 선정되면 '네이버쇼핑 〉 기획전' 영역에 노출된다. 이 기획전은 '즉시할인', '알림받기 쿠폰', '포인트 적립' 3가지 타입으로 제안할 수 있으며, 제안하는 기획전 타입에 따라 기획전 기간에 맞춰 할인, 포인트 설정 및 쿠폰 발행이 되어야 제안할 수 있다.

기획전은 판매자 스스로가 만들어 자신의 스마트스토어에 전시할 수 있다. 하지만 판매자의 스토어에만 전시한다는 것은 별 의미가 없다. 따라서 판매자는 기획전을 만들어 '기획전 노출 심사요청'을 진행하여 네이버쇼핑의 기획전 페이지에 노출되도록 해야 한다.

'심사완료' 상태가 되면 판매자의 기획전은 네이버쇼핑의 '기획전' 페이지에 노출되고, 네이버쇼핑의 소재로 활용되어 노출될 수 있다.

신청된 모든 기획전이 네이버쇼핑의 소재로 노출되지는 않는다. '시즌이슈', '특가', '포인트 혜택' 등 내부 선정 기준에 의해 선정된다. 상품 할인이나 적립 혜택이 많고 우수한 양질의 기획전은 선정될 확률이 높다.

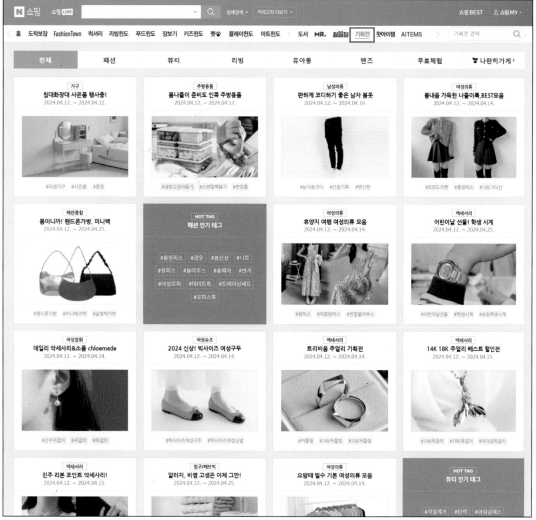

■ 네이버 쇼핑 파트너 블로그 내 기획전

'네이버 쇼핑 파트너 블로그 내 기획전'은 네이버 쇼핑 파트너 블로그를 통해 제안 및 선정 여부를 확인할 수 있는 기획전으로, 모바일 '네이버 쇼핑 〉쇼핑투데이'에 노출된다.

이 기획전은 '네이버 쇼핑 파트너 공식 블로그(https://blog.naver.com/naver_seller)'에서 공지하는 기획전에 제안서를 제출하여 선정이 되어야 한다. '네이버 쇼핑 파트너 공식 블로그'에는 스토어별로 기획전 공지에 관한 글들이 올라온다. 이것을 보고 판매자는 기획전 의도와 필요조건을 만족하는 기획전을 만들어 제안서를 제출하면 된다.

판매자는 네이버쇼핑에서 공지하는 이런 다양한 기획전 행사에 참여하여 판매뿐만 아니라 방문자의 유입을 크게 늘릴 수 있으며, 단골 고객을 확보할 수 있다.

2 기획전, 알고 진행하자

1) 기획전 선정 기준

기획전은 공통적으로 할인, 쿠폰, 포인트 등 고객에게 혜택을 제공해야 한다.

구분	상세조건
기획전 공통조건	• 명확한 기획전 주제가 있어야 한다. • 가품 및 배송, 재고에 대한 이슈가 없어야 한다. • 기획전 내 등록상품 수: 최소 50개 이상~500개 미만(섹션당 최소 11개 이상~100개 이하 권장) • 상품 상세 내 모바일 미리보기가 가능해야 한다. • 모바일/PC 할인 및 할인 혜택이 동일해야 한다. • 기획전은 기간 내 1개의 기획전만 운영이 가능하며, 복수로 진행은 불가하다.
① 즉시할인	• 기획전을 위한 할인 혜택이 적용되어야 한다.
② 알림받기 쿠폰	• 해당 고객 대상으로 추가 할인쿠폰 제공이 가능해야 한다. • 쿠폰 할인금액은 5% 이상(금액으로 1,000원 이상)부터 진행 가능하다. • 쿠폰기획전 타입 진행시 전상품 대상 상품할인쿠폰으로 발급해야 진행 가능하다.
③ 포인트 적립	• 네이버페이 포인트가 적용된 상품만 진행이 가능하다.(시스템 공통 적용 포인트 제외) • 판매상품 가격의 최소 3%~최대 20%까지 적용이 가능하다.(금액 기준 2만 원까지 적용 가능)
할인 및 혜택 설정	• 신청하고자 하는 기획전 등록상품의 할인 및 포인트 설정 등 각종 혜택이 기획전 기간에 맞춰 설정된 후 기획전 등록이 가능하다.(특정기간 할인 설정 상품일 경우 상품할인기간이 기획전 진행기간과 동일하거나, 진행기간을 포함할 수 있게 설정) • 상품가, 할인가는 모바일/PC 모두 동일해야 한다. • 쿠폰 기획전의 쿠폰 할인금액은 5% 이상(금액 1,000원 이상)부터 진행 가능하다.
배너 등록 시 유의사항	• 기획전 배너의 이미지는 기획전 내 등록된 상품의 이미지만 허용 가능하며, 배너 상품은 기획전 내 최상단 1, 2번째에 노출되어야 함. (판매 상품의 구체적인 이미지로 배너 설정) • PC와 모바일의 이미지는 동일한 것을 권장함. • 텍스트가 포함된 이미지는 심사 거부 대상이다. • 배너 이미지 사용 시 테두리 없는 이미지 사용 • 공인되지 않은 로고는 사용이 불가(텍스트로 간주), 로고는 배너 이미지 우측 최상단에 위치 • 초상권, 저작권, 상표권 등 타인의 권리를 침해하는 이미지 사용 불가 • 배너이미지, 상품 대표이미지에 타투 모양 이미지 사용불가 • 배너이미지, 상품 대표이미지에 속옷 착용컷 이미지 사용불가(보정속옷 제외) • 선정/음란/신체 노출 이미지 사용 불가(퀄리티 있는 이미지로 진행) • GIF 애니메이션 이미지 노출 불가하며, JPEG 및 PNG로 등록할 수 있다. • PC 노출 시 이미지 자동 크롭 되며, 배너 내 이미지는 꽉 차지 않게 위, 아래 여백 있게 작업 권장. • 분할 컷 이미지는 지양하며, 대표상품을 정확히 나타낼 수 있는 단독 상품 이미지 권장

2) 기획전 FAQ

Q. 즉시할인 타입으로 기획전 제안 시 상품에 즉시할인이 모두 설정되어야 하나요?

A. 네, 기획전 내 모든 상품의 즉시할인(1%~) 설정이 되어 있어야 합니다. 즉시할인 타입으로 기획전 제안 시 기획전 내 모든 상품의 할인 설정이 되어 있어야 하며, 기획전 타입을 복수(여러 개)로 선택하신 경우, 선택한 혜택이 기획전 내 모든 상품에 설정되어 있어야 합니다.

예시) '즉시할인', '소식알람쿠폰 할인', '포인트 적립' 총 3가지의 혜택을 선택한 경우 기획전에 등록하고자 하는 상품 모두에 3가지 혜택이 100% 설정되어 있어야 기획전 신청이 가능합니다.

Q. 심사요청이 안 되요. 왜 그런가요?

A. '즉시할인', '알림받기', '포인트 적립' 기획전 모두 혜택 설정이 진행되어야 기획전 심사요청이 가능합니다. 추가로 쿠폰기획전(알림받기) 제안 시 입력한 진행 일자와 발급한 쿠폰의 일자가 일치해야 하며 분할 발급 시에는 심사요청이 불가합니다.

> ※ 쿠폰은 상품 할인 쿠폰으로 발급 진행해야 하며, 그 외 쿠폰(예시: 장바구니 쿠폰)으로 발급 시 심사요청이 불가합니다.

※ 쿠폰 발급기한은 기획전 제안 일자와 동일하거나 보다 길어야 합니다.

	기획전 제안일	쿠폰 발급기한	심사 구분
예시 1	4/1~4/10	4/1~4/10	심사 가능
예시 2	4/1~4/10	4/1~4/5, 4/6~4/10 (2개)	심사 불가

Q. 기획전 타입을 여러 개(복수) 선택이 가능한가요?

A. 네, 기획전 타입은 여러 개를 선택할 수 있습니다. '즉시할인', '톡톡친구', '알림받기', '포인트 적립' 등 기획전에 등록하는 상품의 혜택에 따라 선택하면 됩니다.

Q. 기획전 제안 수량은 어떻게 되나요?

A. 기획전 전체 등록상품 수는 최소 50개 이상, 최대 500개 미만입니다. 기획전 섹션별 최소 상품 수는 11개 이상, 최대 100개 미만입니다.

Q. 노출기간은 어떻게 되나요?

A. 기획전 최대 노출기간은 2주이며, 추가 노출을 원하는 경우 진행 중인 기획전 종료 일정 이후 신규로 제안하면 됩니다.

Q. 기획전 제안 후 심사기간은 얼마나 걸리나요?

A. 최대 3영업일 내에 심사를 진행합니다. 사정상 그 이상 지연될 경우 고객센터(1588-3819)에 연락해 선처리 요청을 하면 됩니다.

Q. 내 기획전의 상품 노출순서는 스마트스토어에서 등록한 상품 순서대로 노출되나요?

A. 기획전 제안 시 등록한 상품 순서대로 동일하게 노출됩니다. 다만, 쇼핑판 등의 노출 이슈 발생 시 담당자가 임의 조정할 수 있습니다.

Q. 내 기획전의 상품 노출순서를 변경할 수 있나요?

A. 심사요청 전에는 수정이 가능합니다. 기획전 상품등록 시 직접 노출순서를 설정하여 주면 설정 순서와 동일하게 노출되며, 심사 완료 승인 이후는 수정이 불가합니다.

Q. 심사완료 후 기획전 수정이 가능한가요?

A. 심사완료 후에는 수정할 수 없습니다. 다만, 심사완료 이후 기획전에 노출 중인 상품이 품절처리 된 경우 기획전에서 삭제하지 않아도 기획전의 해당 상품도 노출이 중단됩니다. 가격 변동 역시 스마트스토어에서 소재의 가격을 변경한 경우 기획전에도 자동 반영됩니다. 심사 이후 가격/쿠폰/포인트 정보를 임의 수정할 경우 사후 모니터링을 통해 노출 중단 및 제재를 받을 수 있습니다.

Q. 심사 완료된 기획전의 '타입' 변경이 가능한가요?

A. 심사완료 후에는 수정할 수 없습니다. 만약 기획전 노출 중단이 필요한 경우 고객센터(1588-3819)로 요청주면 됩니다.

Q. 노출기간을 수정할 수 있나요?

A. 심사요청 전에는 스마트스토어 판매자센터에서 직접 수정할 수 있습니다. 심사완료 승인 이후 수정 불가하며, 기획전 노출 중단 후 신규 기획전을 등록하여 제안해야 합니다.

Q. 기획전 노출 종료 건을 일자만 수정해서 재제안할 수 있나요?

A. 종료된 기획전은 서비스 기간 및 수정이 불가합니다. 신규 제안을 통해 진행해야 합니다.

Q. 모바일, PC의 '기획전' 페이지의 기획전에 노출되는 기준이 있나요?

A. 현재 기준은 최신 등록순입니다. 기획전 페이지에는 다양한 기획전이 노출되며, 노출기준은 수시 변동될 수 있습니다.

Q. 이미 제안 이력이 있는 상품을 재등록하여 제안해도 되나요?

A. 기간이 중복되지 않으면 상품 재진행이 가능합니다.

Q. 복수 아이디로 기획전 제안이 가능한가요?

A. 복수 아이디로 제안 및 선정이 가능합니다. 단, 복수 아이디로 동일 상품이나 동일하거나 유사 기획전을 제안할 경우 심사 완료 이후에도 기획전 노출 중단 등의 각종 제약이 있을 수 있습니다.

Q. 기획전에는 노출하지 않고 스토어 안에서만 노출할 경우 상품 개수 제한이 있나요?

A. 기획전은 노출 영역에 구분 없이 최소 50개~최대 500개 미만으로 등록할 수 있으며, 섹션당 최대 100개 미만까지 등록 가능합니다.

Q. 기획전 제안 시 상품 중복 제안이 가능한가요?

A. 기획전은 섹션별 중복 상품 확인시 진행이 불가합니다.(동일 상품번호 섹션별로 확인 시 중복 적발) 섹션별이 아닌, 동일 섹션 내에서 상품 번호는 다르나 상품의 구성, 가격, 이미지, 상세페이지 등 내용을 통해 동일상품으로 판단 시 진행이 불가합니다.

Q. 브랜드 상품 제안 문의

A. 특정 브랜드 적용대상 : 나이키/아디다스/구찌/생로랑(입생로랑)/보테가베네타/컨버스/리복/발렌시아가/몽클레르 특정 브랜드 제품의 경우 정품 입증이 가능한지 내부 검토를 통해 확인된 상품만 노출 가능함으로 제안 주신 진행 기간을 기준으로 최대 2주까지 노출이 지연될 수 있으니 이점 참고 바랍니다. 또한 소명결과와 무관하게 기획전 모니터링 기준에 맞아야 정상 노출 가능합니다.

출처: 스마트스토어센터 공지사항 → 매뉴얼 탭 → 네이버쇼핑 기획전 매뉴얼(https://sell.smartstore.naver.com/#/center-notice/detail/100001076), 네이버쇼핑_기획전_가이드_202005.pdf

---

3 기획전 등록하기

기획전 등록 기간은 영업일 기준으로 등록일 3일 이후부터 시작할 수 있으며, 진행기간은 최소 3일~최대 14일 이내로 설정해야 한다.

1. 스마트스토어센터에서 **프로모션 관리 → 기획전 관리**를 클릭한다. 새로운 기획전을 등록하기 위해 **신규 기획전 등록**을 클릭한다.

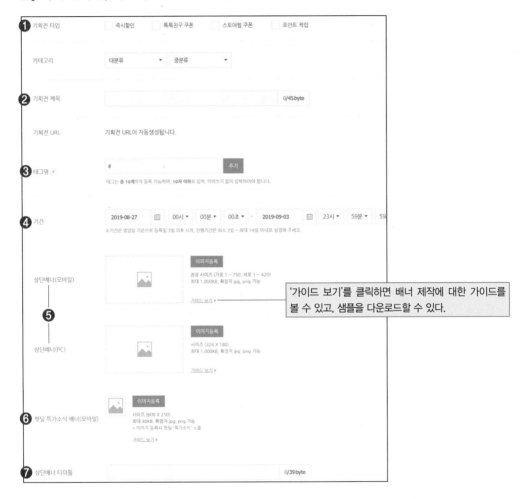

2. 기획전 타입, 제목 등 기본 정보를 입력한다.

① **기획전 타입:** 즉시할인, 쿠폰발행, 포인트 적립 등 기획전 혜택을 선택한다.

② **기획전 제목:** 기획전의 명확한 주제를 입력한다(혜택 내용 등).

③ **태그명:** 기획전 주제 및 상품과 연관된 태그를 입력한다. 상단 배너에 노출된다.

④ **기간:** 기간은 등록일 3일 이후부터 시작하여 3일~14일 사이로 설정할 수 있다.

⑤ **상단배너(모바일), 상단배너(PC):** 기획전 상단에 올라가는 대표이미지이다. '상단배너(모바일,

PC)'와 '핫딜 특가소식 배너(모바일)' 이미지에 사용된 상품은 기획전 최상단에 위치해 있어야 한다.

⑥ **핫딜 특가소식 배너(모바일):** 모바일에서 '핫딜 〉 특가소식'에 올라가는 대표이미지이다. 이것을 설정해야 모바일 특가소식에 노출된다.

⑦ **상단배너 타이틀:** 기획전 제목을 입력한다.

Tip 태그 등록 시 주의사항

기준에 맞지 않는 태그를 등록할 경우, 기획전 승인이 불가될 수 있다.

① 의미가 불명확하고 모호한 단어 및 포함 형태는 불가함.(기타헤어제품, 일반가방)
② 드라마명, 연예인 단독 및 포함 형태 불가함.(이효리안경, 프로듀사공효진옷)
③ 광고성 및 과대포장, 최상급 표현이 포함된 형태 불가함.(특가, 초특가, 단독할인, 무료배송, 사은품, 대박, 최고, 엄지척)
④ 표준어/외래어표기법에 맞는 단어 사용 필수
⑤ 비속어/유행어 사용 불가함.(죽여주는 스타일, 끝내주는 라인)
⑥ 의미를 규정하기 어려운 형용사형 단어는 사용 불가함.(예쁜, 편안한, 인기 있는)
⑦ 문장형 태그는 사용 불가함.(명품보다 예뻐, 이건 사야 돼)

3. 섹션 설정 및 노출 상품을 등록한다.

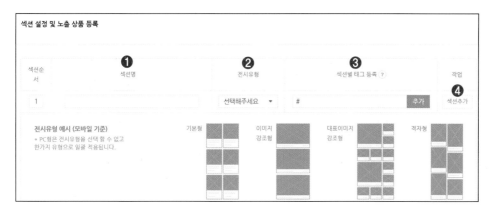

① **섹션명:** 섹션은 기획전에 등록할 상품을 그룹으로 구분하는 기능이다. 상품이 다양하면 섹션으로 구분해서 등록하면 소비자가 제품을 찾는 데 훨씬 도움이 된다. 섹션명은 최대 13자까지 입력할 수 있다.

② **전시유형:** 전시유형 예시는 모바일 기준이다. PC형은 전시유형을 선택할 수 없고 한 가지 유형으로 일괄 적용된다.

③ **섹션별 태그 등록:** 네이버 검색 정보로 활용되는 태그로, 카테고리를 나타내는 태그 중심으로 입력한다.(네이버 검색 시 해당 태그로 검색되어 노출될 수 있다.)

④ **섹션추가:** 섹션추가 버튼을 클릭하면 섹션을 추가할 수 있다. 그러면 '상품관리'와 '섹션삭제' 버튼이 생긴다.

4. 섹션명과 전시유형, 상품별 태그를 입력한 후 **섹션추가**를 클릭하고, '**상품관리**' 버튼을 클릭한다.

5. **상품찾기**를 클릭하여 기획전에 전시할 상품을 선택한 후 '**상품등록**'을 클릭한다. 섹션당 11개 이상의 상품을 등록해야 한다.

Tip 상품등록 시 주의사항

① 첫 번째 섹션의 최상단 상품은 상단 배너에 사용된 상품을 등록해야 한다.
② 각 섹션을 먼저 선택한 후, '상품찾기'를 통해 상품을 등록해야 한다.
③ '상품찾기' 버튼을 클릭하면 상품을 검색할 수 있다.
④ 상품 검색 후 좌측의 체크박스를 체크한 뒤 '상품등록' 버튼을 클릭한다.

6. 이렇게 섹션별로 상품등록을 모두 한 후 '**저장하기**'를 클릭한다. 등록된 기획전은 기획전 목록에서 확인할 수 있다. **기획전 노출 심사요청**을 클릭하면 네이버쇼핑에서 심사를 하게 된다.

■ 심사 요청하기

기획전을 등록하였다면 '심사요청'을 해야 한다. 심사요청을 하지 않거나 '승인거부'가 되면 기획전은 내 스마트스토어에서만 전시할 수 있다. 즉 네이버쇼핑의 기획전 페이지에는 노출되지 않는다. 기획전이 내 스토어에서만 노출되어서는 별 의미가 없다.

기획전 작성을 완료하고 **'기획전 노출 심사요청'** 버튼을 클릭하면 관리자가 심사를 진행하게 된다. '심사완료' 상태가 되면 기획전에 노출되고 네이버쇼핑의 소재로 선정되어 노출될 수 있다.

다음은 심사 상태에 따른 내용과 노출 상태를 보여주는 표이다.

심사 상태	설명	수정/중단	노출		
			스마트스토어	기획전	네이버쇼핑 소재
기획전 노출 심사요청 버튼	저장이 완료된 상태로 기획전 노출 심사요청 버튼을 클릭하면 관리자가 심사를 진행한다.	기 등록한 내용에 대해서 수정이 가능하다.	○ • 판매자 본인의 스마트스토어에 노출이 된다. • 판매자가 노출 여부 선택 가능하다.	×	×
심사요청	판매자가 심사요청을 한 상태로 현재 심사가 진행 중인 상태이다.	심사 진행 중이므로 수정은 불가하나 심사 중단은 할 수 있다.	○ • 판매자 본인의 스마트스토어에 노출이 된다. • 판매자가 노출 여부 선택 가능하다.	×	×
심사완료	내용과 혜택 설정에 문제가 없을 경우, 심사완료 처리되며, 진행 기간에 기획전 페이지에 노출된다.	심사완료 된 기획전에 대해서는 수정 및 중단 처리를 할 수 없다.	○ • 판매자 본인의 스마트스토어에 노출이 된다. • 판매자가 노출 여부 선택 가능하다.	네이버쇼핑 기획전 페이지에 노출이 된다.	○ 네이버쇼핑 소재로 이용될 수 있으며, 선정 시 개별 연락이 온다.
승인거부	내부 기준에 맞지 않을 경우, 승인거부 처리되며, 사유는 승인거부 사유의 관리자 코멘트를 참고하면 된다.	수정/중단 처리가 가능하며, 수정 후 '재심사' 요청을 누르면 심사요청 상태로 돌아간다.	○ • 판매자 본인의 스마트스토어에 노출이 된다. • 판매자가 노출 여부 선택 가능하다.	×	×

 Tip 기획전 주의사항

다음의 경우 임의로 기획전이 중단되거나 노출이 제한될 수 있으니 주의하기 바란다.

• 기획전 스케줄에 맞게 즉시할인 및 페이지 설정이 안 되어 있는 경우
• 노출 소재로 선정 이후, 기 제안 내용과 기획전 설정 내용이 다를 경우(할인율, 상품 개수, 상품정보 등)
• 기획전 진행 상품 중 가품 및 배송, 재고에 대한 이슈가 있는 경우(특정 브랜드 제품의 경우, 정품 입증이 가능한지 내부 검토를 통해 확인된 상품만 노출 가능하므로, 제안한 진행 기간을 기준으로 최대 2주까지 노출이 지연될 수 있다. ▶적용 대상: 나이키/아디다스/구찌/생로랑(입생로랑)/보테가베네타/샤넬/컨버스/리복/발렌시아가/몽클레르)

07 재구매 고객을 위한 혜택 설정하기

네이버는 고객이 구매한 이력이 있는 상품을 검색하면 통합검색과 네이버쇼핑에서 그 상품을 보여준다. 이것은 네이버의 에이아이템즈(AiTEMS)가 고객 정보를 축적해 두었다가 검색어와 연관되는 콘텐츠를 보여주는 것이다. 고객은 자신이 원하는 상품을 네이버가 알아서 보여주니 좋고, 판매자 또한 상품이 이런 식으로 노출되어 재구매가 일어나니 좋은 일이다.

이러한 기능은 고객이 스마트스토어에서 최근 6개월 내에 키워드로 검색하여 구매했던 상품 중 '만족'을 준 상품을 대상으로 하며, 구매평이 '보통'이나 '나쁨'인 경우는 추천에서 제외된다.

판매자는 고객을 모으기 위해 알림받기 할인쿠폰 등을 발행하면서 여러 가지 노력을 하는데, 내 스토어에서 구매한 이력이 있는 재구매 고객에게 특별한 혜택을 주는 것도 그중의 하나이다. 재구매 고객을 위한 혜택은 단골 고객을 확보하거나 늘리는 데 효과적이다.

다음은 재구매 고객을 위한 혜택을 설정하는 방법이다.

1. 스마트스토어센터에서 **혜택/마케팅 → 혜택 관리 → 혜택 등록**을 클릭한다.

2. '타겟팅 대상'에서 **재구매고객**을 선택하고 '혜택 이름'을 입력한다. 혜택 이름은 고객이 쉽게 혜택의 내용을 알아볼 수 있도록 지으면 된다.

3. '재구매조건', '혜택종류', '포인트 적립', '혜택기간', '혜택상품 지정' 등 할인 혜택을 설정하고 **저장**을 클릭한다.

타겟팅 목적	재구매 고객 늘리기 (최근 6개월간 구매이력이 있는 고객 대상)
거래기간	최근 6개월(180일 전~ 어제까지의 거래기간)
구매빈도	1회이상(2회째 구매부터 혜택적용)
재구매조건 ●	● 스토어구매 ⓘ ○ 상품구매 ⓘ
예상 고객수	**4,188**명 ↻ 예상 고객수 확인 · 선택한 조건에 해당하는 예상 고객수로 실시간 정보와 다를 수 있습니다.
혜택종류 ●	○ 쿠폰 ● 포인트적립 혜택 노출 예시보기
포인트 적립 ●	상품구매시 [10] % 지급 ⓘ · 포인트 적립은 카드청구할인/배송비/추가구성상품가격은 제외, 옵션 가격은 포함하여 지급액이 결정됩니다.
혜택기간 ●	☑ 특정 기간만 혜택 제공 [1주일] [1개월] [3개월] [6개월] [1년] [2022.12.27. 📅] ~ [2023.01.26. 📅] · 설정된 기간 동안 포인트 적립 혜택이 노출됩니다.
혜택상품지정 ●	● 내스토어 상품전체 ⓘ ○ 카테고리선택 ⓘ ○ 상품선택 ⓘ

클릭

[확인]   [취소]

4. 포인트 적립 혜택이 발행되었다.

선택삭제

	혜택중지	수정	복사	혜택상태	혜택이름	혜택종류	할인적립율/액	발행방법	타겟팅 대상	메시지이력	혜
☐	중지	-	복사	적용중	재구매 고객 포인트 적립	포인트적립	10%	구매확정시 적립	재구매고객	상세보기	20
☐	중지	-	복사	적용중	소식알림 받고 5% 할인쿠폰	상품중복할인	5% (최대 1,000원)	다운로드	소식알림	상세보기	20

5. 이제 발행한 포인트 적립 혜택을 고객들에게 알려야 한다. 스마트스토어센터에서 **혜택/마케팅 → 마케팅메세지 → 마케팅 보내기**를 클릭한다.

① '발송 스토어'를 선택 확정하고, ② '목표 설정'에서 '추가 구매 유도' – '재구매 고객'을 선택한다. ③ 타켓팅 설정 ④ 혜택 첨부를 설정하고 ⑤ '톡톡 마케팅 편집' 버튼을 클릭하여 메시지를 작성한 다. 메시지 유형을 선택하고 '다음 단계' 버튼을 클릭하여 작성한다.

6. 메시지를 작성하고 **전송하기**를 클릭한다. 그러면 고객에게 메시지가 전송된다.

■ 혜택 효과 확인하기

1. 스마트스토어센터의 **혜택/마케팅 → 혜택 관리 → 혜택 리포트**를 클릭한다.

2. 혜택을 **조회**한 후 '혜택 이름'을 클릭하면 발행한 포인트적립/쿠폰으로 인한 구매자 수, 구매건수, 상품주문수량, 구매전환율, 쿠폰사용건수, 할인 금액 등 쿠폰 발행의 효과를 확인해볼 수 있다.

기준일	혜택이름	혜택종류	할인적립율/액	최대할인금액	최소주문금액	발행방법
2019.05	스토어찜 혜택	상품중복할인	500원	-	10원	다운로드
2019.05	톡톡친구 혜택	상품중복할인	500원	-	10원	다운로드
2019.04	스토어찜 혜택	상품중복할인	500원	-	10원	다운로드

선택한 마케팅: 스토어찜 혜택 (마케팅기간: 2018.12.28 ~)

| 날짜 | 상품정보 | | | | | | 조회수 | 구매자수 | 구매건수 |
	상품명	상품번호	대분류	중분류	소분류	세분류			
2019.05.29.	국내산 유기농 모...	4439944069	식품	건강식품	건강분말		0	3	3
2019.05.28.	아침대용떡 진주...	4440870360	식품	가공식품	떡		0	1	1
2019.05.28.	국내산 유기농 모...	4439944069	식품	건강식품	건강분말		0	1	1
2019.05.25.	국내산 유기농 모...	4439944069	식품	건강식품	건강분말		0	1	1

| 혜택지표 | | | | | 상품 전체 결제현황 | | | |
상품주문수량	구매전환율	쿠폰사용건수	할인금액	결제금액	전체 구매자수	전체 구매건수	전체 상품주문수량	전체 결제금액
5	0.0%	3	1,500	250,000	1	1	1	13,900
1	0.0%	1	500	19,900	0	0	0	0
1	0.0%	1	500	50,000	0	0	0	0
1	0.0%	1	500	50,000	0	0	0	0

08 CPC 광고 진행하기

CPC(Cost-Per-Click) 광고는 클릭한 횟수당 비용을 지불하는 광고이다. 키워드 광고의 일종으로, 고객이 검색을 하면 연관된 내용의 광고 배너나 링크를 노출해준다. 광고 노출 횟수와는 상관없이 클릭이 일어났을 때만 비용을 지불한다. 광고 대금은 대행사에 일정 금액을 예치시킨 후, 클릭당 차감해나가는 방식이다.

1. 먼저 네이버 검색광고 광고주로 가입을 한다.(네이버 메인화면 맨 하단의 **네이버 비즈니스**를 클릭하여 진행하면 된다.)

2. 가입 후 로그인을 하고 '나의 광고 현황'에서 **광고플랫폼**을 클릭한다.

3. 광고를 등록할 수 있는 광고관리 페이지가 나타난다. **광고 만들기**를 클릭한다.

4. [1단계: 캠페인 만들기] '캠페인 유형', '캠페인 이름', '하루예산'을 설정하고 **저장하고 계속하기**를 클릭한다.

① **파워링크 유형:** 네이버 통합검색 및 네이버 내외부의 다양한 영역에 텍스트와 사이트 링크를 노출하는 기본형 검색광고이다. 고객이 광고를 클릭해 사이트에 방문했을 때에만 광고비가 지불된다.

② **쇼핑검색 유형:** 네이버쇼핑의 검색 결과 화면 등에 상품 이미지와 정보를 노출하는 판매 유도형 검색광고이다.

 • 사용자가 특정 상품을 검색했을 때 네이버 통합검색의 쇼핑 영역 및 네이버쇼핑의 검색 결과에 광고주의 '상품' 또는 '제품 카탈로그' 단위로 광고를 노출할 수 있는 이미지형 광고 상품이다.

③ **파워컨텐츠 유형:** 블로그, 포스트, 카페 콘텐츠를 네이버 통합검색 결과 및 콘텐츠 지면에 노출하는 정보 제공형 검색광고이다.

 • 네이버 모바일 통합검색 결과의 '파워컨텐츠' 영역 및 콘텐츠 지면에 제목, 설명 등의 정보와 섬네일 이미지가 함께 노출된다.

④ **브랜드검색/신제품검색 유형:** 브랜드 연관 키워드(브랜드 검색) 또는 제품 및 서비스 관련 일반 키워드(신제품 검색)로 검색했을 때 네이버 통합검색 결과에 다양한 콘텐츠를 노출하는 브랜딩형 검색광고이다.

⑤ **플레이스 유형:** 네이버 스마트플레이스의 업체 정보를 네이버 콘텐츠 서비스에 노출하는 지역 정보 광고이다.

 • 지역 소상공인 광고를 등록하는 캠페인으로, 네이버 스마트플레이스에 등록된 업체 정보를 연동해 원하는 지역에서 업체 이름, 위치, 업체 설명, 업체 이미지 등이 함께 네이버 콘텐츠 서비스에 노출된다.

⑥ **캠페인 이름:** 광고 관리 목적용으로 사용되는 것으로 실제로 광고에 노출되지는 않는다.

⑦ **하루예산:** 하루 동안 해당 캠페인에서 지불할 의사가 있는 최대 비용이다.

 • 하루에 지출 가능한 예산을 설정하여 과다하게 광고비가 지출되는 것을 예방하기 위한 기능으로, 하루 예산을 설정하면 설정한 예산만큼 비즈머니가 소진되거나, 설정한 예산보다 많이 과금될 것으로 예상되는 시점에 광고를 자동으로 중단한다. 예를 들어 한 달 검색광고비의 예산을 30만 원으로 계획하였다면, 하루 예산을 만 원으로 설정하여, 한 달 광고비를 관리할 수 있다. 예산은 언제든지 수정 가능하며, 광고주의 광고 전략에 맞춰 활용 가능하다.
 • 하루 예산은 계정 단위가 아닌 캠페인 단위로 설정되므로, 복수의 캠페인이 있다면 캠페인마다 설정해야 한다.
 • 주의 : 경우에 따라 예산을 초과하는 금액이 과금될 수 있다.

⑧ **하루 예산 균등배분:** 설정된 하루 예산을 하루 동안 고르게 배분하여 광고 노출을 조절한다.

 • 시스템이 광고 진행 추이를 고려하여 자체적으로 광고를 중단하였다가 재개하기를 반복하면서, 하루 동안 꾸준히 광고가 유지되도록 조절하는 기능이다.
 • 이 방식은 하루 예산이 조기에 소진되는 것을 막을 수 있지만, 특정 시간대에 빈번한 광고 노출이 필요할 경우에는 충분히 노출되지 않을 수 있다.

⑨ **고급옵션:** 해당 캠페인의 광고 노출 기간을 설정할 수 있다.

5. [2단계: 광고 그룹 만들기] 'URL'은 자사몰이나 스마트스토어를 입력한다. '기본 입찰가'는 70원으로 그대로 두고, 예산에 따라 '하루예산'을 지정한다. **저장하고 계속하기**를 클릭한다.

① **URL**: 사이트(웹사이트, 쇼핑몰)를 대표하는 최상위 도메인을 입력한다.

② **기본 입찰가**: 네이버 통합검색 영역을 기준으로, 해당 광고 그룹에 속한 키워드의 한 번 클릭에 대해 지불할 의사가 있는 최대 비용이다.

- '쇼핑검색' 캠페인에서는 키워드 단위가 아니라 소재 단위로 입찰한다.
- 입찰 금액은 최소 70원부터 최대 100,000원까지(VAT 제외 금액, 10원 단위로 입력)
- 해당 광고 그룹에 속한 키워드의 입찰가를 모두 동일하게 설정한다. 예를 들어 기본 입찰가를 100원으로 설정했다면, 동일한 광고 그룹에 속한 키워드의 입찰가는 모두 100원이 된다.
- 만약 광고 그룹에 포함된 키워드의 입찰가를 각각 다르게 설정하고 싶다면 키워드 목록에서 키워드마다 입찰가를 다르게 설정할 수 있다.
- 기본 입찰가는 키워드별 입찰가가 설정된 키워드를 제외한 모든 키워드에 적용되는 입찰가이다.

6. [3단계: 광고 만들기 (키워드/소재)] 키워드 직접입력 방식과 연관키워드 선택 방식이 있다. 좌측의 '선택한 키워드' 영역에 추가할 키워드를 직접 입력(한 줄에 한 개씩 입력)하거나, 우측 '키워드기준 연관키워드'를 검색하여 등록할 수 있다.

7. '소재 만들기'에서 고객이 최초로 접하는 내 상품 및 서비스에 대한 정보를 등록한다.

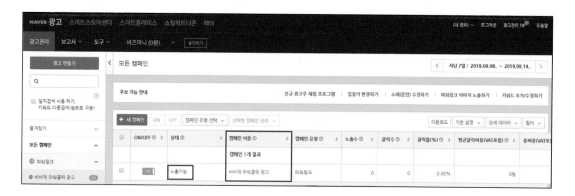

① **제목:** 제목은 최대 15자까지 기재할 수 있으며, 설명은 최소 20자 이상 45자 이내로 작성한다.

② **연결 URL:** 연결 URL은 해당 광고그룹 등록 시 입력한 웹사이트 URL을 자동으로 불러온다.

　• 웹사이트 내 세부 페이지를 연결 URL로 설정하고자 하는 경우 수정할 수 있다.

③ **기존 소재 불러오기:** 다른 광고에 있는 기존 소재를 불러올 수 있다.

　소재를 작성하면 오른쪽에 제공되는 '**미리보기**'를 통해 입력한 소재의 내용이 PC 또는 모바일에서 어떻게 보이는지 확인할 수 있다. 모든 입력이 끝나면 **광고 만들기** 버튼을 클릭한다. 이렇게 모든 과정이 완료되면 광고 검토가 진행된다.

8. 검토요청이 완료되면, 상태가 '노출가능'이 된다. 그러면 광고가 진행된다.

9. 키워드를 추가 입력하려면 **캠페인 이름 → 광고그룹 이름 → 키워드** 탭을 순서대로 클릭한다. 그리고 **새 키워드** 버튼을 클릭하여 키워드를 추가할 수 있다.

노출 순위를 조정하려면 **입찰가 변경**을 통해 순위를 조정한다. 입찰가 변경은 전체 키워드나 개별 키워드별로 수정이 가능하다. 입찰가를 조정하면서 원하는 순위로 지정을 할 수 있다.

12장

카탈로그 매칭을 통한 상위노출 전략

01 카탈로그 매칭은 어떨 때 해야 하는가

'카탈로그'는 상품 정보를 모아 한번에 보여주어 편하게 비교할 수 있는 네이버쇼핑의 '가격비교 서비스'이다.

'카탈로그 매칭'은 생성되어 있는 '카탈로그'에 내 쇼핑몰의 상품을 매칭하는 것으로, 매칭이 되면 '가격비교'가 가능하게 된다. 그래서 카탈로그 매칭을 흔히 '가격비교에 묶인다'라고 말한다.

카탈로그 등록 시 가격비교에 바로 매칭되는 것이 아니라 내부 운영자의 검수를 통해 실제 매칭 완료되게 된다. 또 판매자가 별도 카탈로그를 등록하지 않아도 카탈로그(가격비교)에 매칭될 수 있다.

판매자는 카탈로그 매칭을 전략적으로 잘 이용해야 한다. 카탈로그 매칭이 되어 '쇼핑몰별 최저가' 그룹에 묶이게 되면 최저가 그룹 내에서의 노출 순위는 **가격 → 트래픽 → 판매량 → 리뷰** 순으로 결정된다. 이것은 묶인 그룹 내에서 최저가로 팔 수 있고, 트래픽이 높아야 1위에 랭크되고 판매가 된다는 뜻이다. 그런데 초보자의 경우 이런 경쟁력을 갖추기가 쉽지 않다.

최저가 그룹에서 고객은 노출 상위에 있는 가장 싼 가격의 상품을 구매한다. 같은 제품을 굳이 비싸게 사는 바보는 없다. 때문에 최저가 가격을 맞추지 못하면 판매가 어렵다고 봐야 한다. 그래서 대부분의 판매자는 최저가 그룹에 묶이는 것을 바라지 않는다.

1) 카탈로그 매칭(가격비교)의 단점

① 카탈로그 매칭 상품은 내 마음대로 키워드를 노출시키지 못한다.

네이버에서는 같은 제품은 카탈로그 매칭을 하면서 '가격비교 서비스의 상품명'을 정한다. 그러다 보면 내 상품명에 있던 키워드가 사라질 수도 있다. 예를 들어 보자.

등록한 내 상품명: 좋은 미세모 어금니 교정 잇몸 치과용 치과칫솔
가격비교 서비스 상품명: 좋은 어금니 교정 잇몸 치과용 칫솔

내 상품명에 있던 '미세모'와 '치과칫솔'이 카탈로그에 매칭되면서(가격비교에 묶이면서) 상품명에서 빠졌다. 그러면 내 상품은 '미세모칫솔'과 '치과칫솔' 키워드 검색에서 노출이 안 되고, 그동안 이 키

워드로 노출되어 판매되던 물량도 사라지게 된다. 당연히 전체 매출량이 줄어들 수밖에 없다.

2) 카탈로그 매칭을 통한 판매전략

카탈로그 매칭의 장점도 있다. 내가 하기에 너무 센 키워드의 제품일 때, 그 제품이 만약 카탈로그가 만들어져 있다면 의도적으로 그 카탈로그에 내 제품을 매칭하여, 최저가 그룹에 묶어 판매하는 것도 하나의 전략이다.

최저가 그룹은 그룹 내에 있는 각 스토어의 트래픽을 통합하여 하나로 보기 때문에 대부분 검색결과 1페이지의 최상위에 노출된다.

아직 트래픽 등 상위노출 지수가 부족하고, SEO 작업만으로는 상위노출이 어렵다고 판단되면 카탈로그 매칭 전략을 고려해볼 수 있다. 최저가 그룹에 묶이고자 할 때는 반드시 그룹 내 최저가 판매가보다 싸게 팔 수 있어야 한다. 내가 10원이라도 싸게 팔 수 있으면 카탈로그 매칭 전략으로 1페이지 상위노출에 무임승차할 수 있다. 그렇지 못할 때는 화약을 지고 불구덩이로 뛰어드는 것과 같다. 가격비교는 반드시 내가 핸들링이 가능한 상품일 때만 들어가야 한다.

네이버쇼핑에서 '원피스'를 검색하면 1페이지의 대부분이 '쇼핑몰별 최저가' 그룹이다.

3) 자사몰과 카탈로그 매칭하기 전략

'카탈로그'는 인기 있는 제품에 대해서 네이버에서 알아서 만들기도 하고, 브랜드 패키지에 참여하여 네이버의 승인을 받은 브랜드 권한권자가 직접 생성할 수도 있다.

자사몰과의 카탈로그 매칭(가격비교 묶기) 전략은 운영하는 쇼핑몰이 있을 때 할 수 있는 전략이다. 예를 들어 내가 상품을 11번가, G마켓, 옥션 등 타 오픈마켓에서도 판매를 하고 있고 자사몰에서도 판매를 하고 있다고 하자. 그럴 때 자사몰과 11번가 등 오픈마켓에서 판매하는 상품을 네이버쇼핑의 카탈로그에 매칭하면, 자사몰과 오픈마켓의 트래픽과 리뷰를 인정받아 노출 상위로 올라간다. 이러한 전략은 내가 판매 제품의 브랜드 권한권자로서 카탈로그 내의 상품을 핸들링할 수 있을 때 유용하다.

'식품' 카테고리 상품은 자사몰을 운영하는 게 좋다. 식품은 재구매율이 높으며 이미 1, 2위 업체는 재구매와 리뷰가 너무나 많다. 또 식품에서는 블루키워드를 찾기가 쉽지 않다. 그래서 블루키워드 전략보다는 리뷰 전략, 트래픽 전략으로 가야 하는데, 그러려면 자사몰을 운영해야 한다.

■ 카탈로그 생성 방법

① **네이버가 생성**: 고객들이 많이 찾는 인기상품 등이나 필요에 의해서 네이버가 카탈로그를 생성하여 최저가 그룹에 묶기도 한다.

② **판매자가 생성**: 브랜드 패키지 프로그램에서 브랜드 등록/승인을 받은 판매자는 그 브랜드에 대해서 카탈로그를 생성할 수 있다.

■ 카탈로그 매칭 방법

카탈로그 매칭은 네이버가 묶는 것과 판매자가 묶는 방법이 있다.

① **네이버가 묶는 방법**: 네이버가 대표이미지, 제조사, 브랜드, 상품명, 상품코드가 같으면 묶이도록 컴퓨터를 세팅을 해놓고, 조건에 해당되는 상품은 자동으로 묶는다(스마트 카탈로그). 네이버 컴퓨터가 세팅되기 전에 등록된 상품은 네이버 직원이 수동으로 찾아서 묶기도 한다.

② **판매자가 묶는 방법**: 카탈로그가 생성되어 있는 상품인 경우 판매자가 전략적으로 카탈로그 매칭을 요청하여 묶을 수 있다.

02 카탈로그 매칭 공통가이드 요약

　　다음은 네이버에서 공표한 카탈로그 매칭에 관한 요약이다. 자세한 내용은 **스마트스토어센터 → 공지사항 → 매뉴얼** 탭에서 '**[매뉴얼] 네이버쇼핑 카탈로그(가격비교) 가이드**'의 pdf 파일을 참조하면 된다. 이것을 참조하여 최저가 그룹에 묶이거나 묶이지 않는 전략을 펼칠 수 있다.

공통 적용사항	• 상품 기본정보가 일치하는 상품만 매칭 가능(기본정보: 대표이미지, 제조사, 브랜드, 상품명, 상품코드) • 카탈로그에 상품코드가 있으나 상품명에 상품코드가 없을 경우 대표이미지, 제조사, 브랜드, 상품명, 기본가인 구매옵션이 일치하는 상품에 한하여 매칭 허용 　– 제외 카테고리: 디지털/가전, 식품, 화장품/미용 　– 패션의류 및 패션잡화는 보세상품 제외하고 적용
사이즈, 용량, 수량, 형태 등	• 사이즈, 용량, 수량, 형태 등으로 카탈로그가 나뉜 경우 해당 조건이 모두 상품명에 있어야 매칭 가능
상품구성	• 구성품, 패키지 형태 등이 같은 경우에만 매칭 가능
구매조건	• 카탈로그가 구매조건으로 구분된 경우, 구분값이 상품명에 없으면 매칭 불가
단품, 세트	• 단품 상품은 단품 카탈로그에만 매칭 가능하고, 세트 상품은 세트 카탈로그에만 매칭 가능
색상	• 카탈로그가 색상이 통합되어 있거나 별도 표기가 없는 경우 상품도 같은 기준만 매칭 가능 • 카탈로그가 색상별로 분리된 경우, 해당 색상 표기된 상품만 매칭 가능
연도 표기 카탈로그	• 카탈로그에 연도 표기가 있을 경우, 상품설명 내 스펙 및 상품명에 연도 표기가 있어야 매칭 가능 • 상품설명의 연도와 상품명의 연도가 일치해야 함
1+1 상품	• 1+1 상품은 2개 구성으로 간주
렌탈 상품	• 정수기 등 렌탈 취급 상품군은 렌탈 상품을 별도로 구분하여 서비스함
'택1' 등 선택형 상품	• 추가금이 없는 기본가의 상품을 카탈로그에 매칭
상품을 여러 개 표기하거나, 조건을 여러 개 표기한 상품	• 상품페이지에서 확인되는 상품과 동일한 카탈로그에 매칭

03 카탈로그 매칭하기와 풀기

1 카탈로그에 매칭되지 않는 법

카탈로그에 매칭되지 않으려면 상품등록 시 다음과 같이 하면 된다.

① 제조사, 브랜드, 모델명을 변경한다.
② 대표이미지를 나만의 사진으로 한다.
③ 상세페이지를 다르게 한다.
④ 1+1 상품은 묶이지 않는다.
⑤ '18종 골라담기', '〜종 택1'처럼 선택형 상품은 묶이지 않는다.

　도매몰에서 소싱하여 판매하는 상품인 경우 나 말고도 같은 상품을 파는 판매자가 많이 있다. 이럴 때 상대지수가 낮은 초보자가 가격비교에 묶이게 되면 그룹 내에서 노출 하위로 밀리게 되어 판매를 기대하기 어렵다.

　이럴 때는 제조사, 모델명, 브랜드명을 바꾸면 된다. 또 제품을 하나 구매하여 사진을 직접 찍어 대표이미지(섬네일)를 만든다. 예전에는 도매몰의 섬네일을 가져와 파일명을 변경하여 등록하면 묶이지 않았는데, 요즘에는 파일명을 바꿔도 묶인다. 때문에 자신이 직접 찍은 사진으로 섬네일을 만드는 것이 제일 안전하다. 상세페이지도 도매몰의 것을 그대로 쓰지 말고 직접 만드는 것이 안전하다. 네이버는 계속 진화하고 있다.

카탈로그에 매칭하는 법

'쇼핑몰별 최저가' 그룹이 있는 상품인 경우 그 카탈로그에 내 상품을 매칭하여 가격비교 그룹에 묶을 수 있다.

카탈로그에 매칭이 되기 위해서는 가격비교 그룹의 상품과 '대표이미지', '제조사', '브랜드', '상품명', '상품코드(모델명)'가 같아야 한다. 이것을 동일하게 해주고 카탈로그 매칭을 요청하면 된다.

1) 카탈로그 매칭을 위한 상품등록 작업

카탈로그 매칭을 통해 가격비교 그룹에 묶이기 위해서는 가격비교 그룹의 상품과 같게 상품등록을 해주면 된다.

1. 묶이고자 하는 '쇼핑몰별 최저가' 그룹의 상품명을 복사하여 내 상품명에 붙여넣는다.

2. 쇼핑몰별 최저가 페이지에서 카테고리를 확인하고 동일하게 설정한다.

3. 판매처의 상품페이지에 들어가서 '제조사', '브랜드', '모델명'을 확인하고 동일하게 입력한다.

바이온 핫한날 미니 붙이는 핫팩 22g		N 구매하기
60원 ~~1,000원~~		

상세정보	리뷰 16	Q&A 1	반품/교환정보

🔘 이 스토어의 배송기간

평균 배송기간 2일 이내 스토어입니다.

배송기간은 주말/공휴일을 제외한 영업일 기준

1일 이내	23건 (42%)
2일 이내	32건 (58%)
3일 이내	0건 (0%)
4일 이상	0건 (0%)

상품정보

상품상태	새상품	상품번호	4100901868
제조사	바이온	브랜드	핫한날
모델명	핫한날 미니 붙이는 핫팩 22g	원산지	중국산(바이온)
제조일자	2018.10.31.	유효일자	2021.01.11.

ⓘ 상품정보 관련 문의사항은 Q&A에 남겨주세요.

종류	핫팩	사용형태	부착형, 휴대형, 일회용
형태	가루형	무게	22g
지속시간	8시간	최고온도	63도
평균온도	53도		

만일 내가 네이버쇼핑으로부터 브랜드 권한을 승인받은 판매자라면 최저가 그룹에 묶여 있는 불량한 업체(오매칭 업체)를 신고하여 내보내 달라고 요청할 수 있다. 그런데 브랜드 등록이 안 되어 있으면 그럴 수 없다.

네이버는 제조사, 브랜드, 상품명이 같은 경우 판매자가 요청하면 가격비교 그룹에 묶어준다. 예를 들어 내가 '따뜻한손 핫팩'이라는 상품명으로 가격비교에 묶여 핫팩을 팔고 있다고 하자. 그런데 다른 셀러가 가격비교에 자신의 상품을 묶고 나보다 10원이라도 싸게 팔면 나보다 상위에 포진하게 된다. 특히 도매사이트의 상품을 위탁 판매하는 경우 이런 일은 심심찮게 일어난다. 이럴 경우 내가 '따뜻한손'의 브랜드 권한권자면 이 판매자를 내보내 달라고 네이버에 요청할 수 있다. 하지만 브랜드 등록을 하지 않았다면 그럴 권한이 없다. 따라서 내가 브랜드 소유권자라면 네이버쇼핑의 '브랜드 패키지'에 참여하여 브랜드 권한을 승인받는 것이 좋다.

상품을 단독 페이지에서만 팔 수 있으면 브랜드 등록을 하지 않아도 상관없다. 하지만 단독 페이지만으로 상위노출에 한계가 있을 때는 카탈로그 매칭 전략으로 상위로 올라가야 한다.

4. 섬네일을 복사하여 내 상품에 등록한다. 섬네일은 '가격비교 페이지'의 대표 섬네일을 복사하여 등록하면 된다('쇼핑몰별 최저가' 내에 있는 1위 상품의 섬네일이 아니다). 이미지는 수정하지 말고 그대로 저장하여 사용한다.

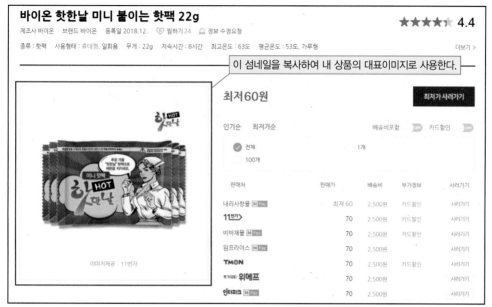

가격비교 서비스에 나와 있는 섬네일을 복사한다. 최저가 업체 1위(내리사랑몰)의 섬네일을 복사하는 것이 아니다.

5. 상세페이지 내용은 내 상품정보를 입력한다. 이렇게 하여 내 상품을 등록한 후 적용이 되면 카탈로그 매칭을 네이버쇼핑에 요청하면 된다.

2) 카탈로그 매칭 요청하기

가격비교 그룹의 상품과 내 상품이 똑같은가는 내 '대표상품'과 똑같은가를 의미한다. 대표상품은 옵션 중 추가금액이 0인 상품이다. 이 외에 다른 옵션 상품이나 추가 상품은 달라도 된다.

이제 **쇼핑파트너센터**에서 가격비교 매칭 요청을 하면 된다. 가격비교 매칭 요청은 아무 상품에나 할 수 있는 것이 아니라 이미 가격비교에 묶여 있는 상품에만 할 수 있다.

1. 스마트스토어센터에서 **쇼핑파트너센터 → 상품관리 → 상품현황 및 관리**를 클릭한다.

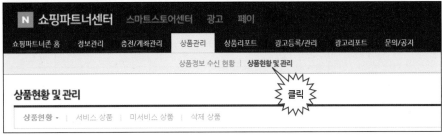

2. **서비스 상품**을 클릭하면 판매 중인 상품이 나온다.

3. 가격비교로 묶고 싶은 상품을 선택하고 **가격비교 매칭요청** 버튼을 클릭한다.

4. 화면 오른쪽의 '가격비교 검색' 항목에 있는 '가격비교 서비스ID'에 가격비교 ID를 입력한다. 가격비교 ID는 내가 묶고 싶은 가격비교 페이지의 URL에서 catalog 다음의 숫자이다. 이것을 복사하여 붙여넣으면 된다. 그리고 **조회하기**를 클릭한다.

Tip 가격비교 서비스 ID 확인하기

가격비교 서비스 ID는 가격비교 그룹 페이지의 URL에서 catalog 다음의 숫자이다.

5. 그러면 아래에 내 상품을 묶고 싶은 가격비교 서비스가 검색된다. 먼저 왼쪽의 '가격비교 추천'의 '자동추천 & 수동선택'의 **변경** 버튼을 클릭한다. 그리고 오른쪽의 '가격비교 검색'에 있는 상품의 '수동 변경'에 있는 **변경** 버튼을 클릭한다. 그러면 '자동추천 & 수동선택'에 가격비교 서비스 상품이 나타난다. 그러면 **가격비교매칭요청**을 클릭하여 요청하면 된다.

매칭 완료까지는 영업일 기준 평균 2일 정도 걸린다. 해당 서비스의 제품과 다른 정보의 제품이면 묶이지 않을 수도 있다.

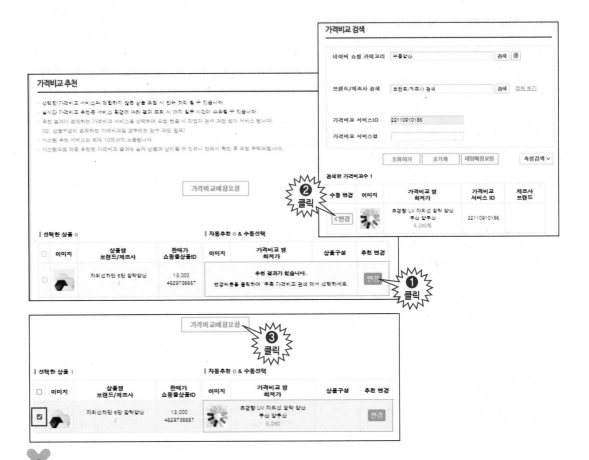

'가격비교 서비스 ID'를 넣고 '조회하기'를 했을 때 아래에 나타나는 상품의 정보대로 내 상품도 만들어주면 된다. 제조사나 브랜드 정보가 없으면 내 상품에도 제조사나 브랜드를 입력하지 않으면 된다.

6. 매칭이 되고 나면 대표이미지를 내 상품의 이미지로 바꾸면 된다. 가격은 절대 바꾸면 안 된다. 가격 변동은 최대의 어뷰징이다.

3 카탈로그에 매칭된 상품 풀기

자신의 의도와는 상관없이 카탈로그에 매칭되는 경우가 있다. 앞에서 설명한 것처럼 상품의 '대표이미지', '제조사', '브랜드', '상품명', '상품코드(모델명)'가 같으면 네이버의 '스마트 카탈로그' 프로그램에 의해 가격비교 그룹에 자동으로 묶이게 된다.

만일 내가 판매하는 상품이 검색에 잘 노출되어 판매가 잘되고 있다가 어느 날 사라져버렸다면 카탈로그에 매칭되지 않았는지 확인해봐야 한다. 쇼핑파트너센터에서 **상품관리 → 상품현황 및 관리**

→ **서비스 상품**을 클릭하여 상품을 확인해보면 알 수 있다.

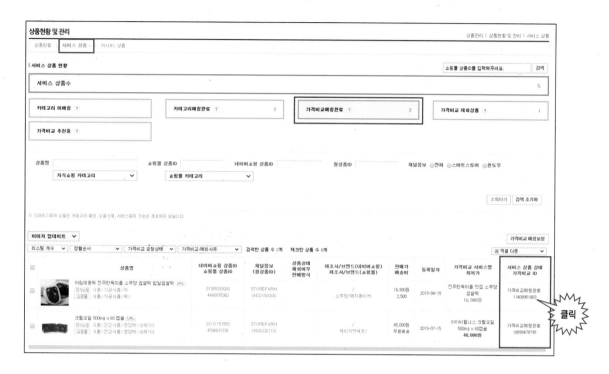

가격비교에 묶인 상품은 '가격비교매칭완료'에 가격비교 ID가 있다. 이것을 클릭하면 가격비교 서비스 페이지로 간다.

이렇게 잘 나가던 상품이 가격비교에 묶여 판매가 되지 않는다면 다음의 과정에 따라 묶인 것을 풀 수 있다. 묶이는 요소를 다르게 해주면 된다.

1. 대표이미지(섬네일)를 다른 것으로 변경해준다.

2. 옵션을 추가해준다. 판매하고 있는 상품에 임의로 다른 옵션을 추가해준다.(가격비교 매칭이 해제되면 삭제하면 된다.)

3. 그리고 **쇼핑파트너센터**의 **문의/공지 → 온라인 상담**을 클릭한다.

4. '톡톡문의' 팝업창에서 **가격비교 매칭/해제/수정**을 선택하고 가격비교 해제 요청을 하면 된다. 메시지 내용에 다음 사항을 입력하여 알려주면 담당자가 확인을 하고 해제를 해준다.

- 문의 내용: 매칭된 가격비교 그룹의 상품과는 다른 상품이니 매칭 해제를 요청합니다.
- 네이버쇼핑 상품 ID(쇼핑몰 상품 ID)
- 가격비교 서비스 ID 또는 가격비교 페이지 URL

Tip 가격비교 페이지에서 신고하기

가격비교 페이지 내의 판매처 리스트에서 '신고하기'를 클릭하여 '가격비교 대상이 아닌 상품이 포함되어 있음'을 체크하고 내용 입력란에 상품이 다른 점을 기재하고 신고하기 버튼을 클릭하여 진행해도 된다.

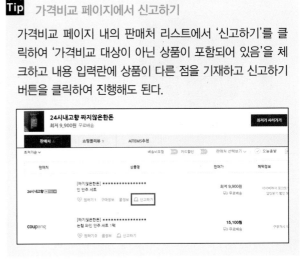

04 카탈로그 매칭 상품 순위 분석하기

1. 카탈로그에 매칭된 상품도 일반상품과 동일한 방법으로 네이버쇼핑에서 키워드별로 검색하여 순위를 관리할 수 있다.

2. 묶인 상품을 클릭해보면 내 상품명이 노출되지 않는 것을 확인할 수 있다. 가격비교에 묶인 상품은 네이버에서 지정한 상품명이 노출되며, 내 상품명 내에 기록한 세부키워드가 노출되지 않으므로 네이버쇼핑에서 검색이 되지 않는다.

3. 세부키워드 관리가 되지 않으므로 묶인 상품 내에서 내 상품의 순위를 관리해야 한다. 노출된 상품들 중에서 내 상품이 최저가를 유지하고 있는지 확인하고, 순위를 올리거나 뒤로 밀리지 않도록 순위 개선을 위한 판매전략을 꾸준히 수립해서 최상위에 노출이 되도록 해야 한다.

키워드	2019-11-05	2019-11-03	2019-11-01	2019-10-29	2019-10-19	2019-10-09
찹쌀떡	1 / 13 / 13 (↑2)	1 / 15 / 15 (0)	1 / 15 / 15 (↑4)	1 / 19 / 19 (↑7)	1 / 26 / 26 (↑12)	1 / 38 / 38 (↑1)

05 네이버쇼핑 브랜드 패키지 참여하기

자신의 브랜드가 있다면 네이버쇼핑의 '브랜드 패키지'에 참여하여 브랜드를 등록하고 '브랜드 권한'을 승인받을 수 있다. 그러면 자신의 브랜드 상품에 대한 카탈로그를 생성 및 수정, 관리할 수 있다. 또 불량 판매자가 나의 카탈로그(가격비교 그룹)에 묶여 들어왔을 때 네이버에 요청하여 내보낼 수 있다.

1 브랜드 패키지 개요

'브랜드 패키지'는 브랜드 제조사에서 네이버쇼핑 데이터에 있는 '브랜드'에 대한 소유 및 관리 권한을 확인받은 후 해당 브랜드의 카탈로그를 직접 생성 및 관리하고, 다양한 브랜드 콘텐츠도 홍보할 수 있는 서비스이다. 네이버에서는 2020년 1월 31일부터 그동안 해오던 '브랜드사 가격비교 서비스'를 종료하고, 이를 더 개선하여 사용자에게는 정확하고 풍부한 브랜드 정보와 믿고 구매할 수 있는 판매처 정보를 제공하고, 브랜드사에게는 브랜드 정보 종합 관리 및 마케팅 기반을 제공하기 위해 '브랜드 패키지'를 시작하였다.

2 브랜드 권한 신청하기

브랜드 패키지 참여사는 네이버쇼핑 내 브랜드 제품 정보 및 유통 관리에 대한 권한과 책임을 가지는 것이므로, 해당 브랜드에 대한 독점적인 권리를 소유한 업체, 즉 상표권을 가진 **브랜드 본사**이거나 브랜드 본사로부터 국내 온라인 유통 및 마케팅/콘텐츠 관리를 위임받은 **독점대행사**만 신청할 수 있다. 그렇다고 해서 모든 브랜드가 승인을 받을 수 있는 것은 아니며, 안정적인 서비스 운영을 위하여 네이버에서 심사를 거쳐, 일정 수준 이상의 인기도와 판매 실적이 있는 브랜드에 한해서 '브랜드 권한 신청'을 승인해준다.

■ 브랜드 권한 신청 절차

| 서비스 약관 동의 | 신청 유형 선택
(본사/대행사) | 브랜드 선택
(증빙서류제출) | 공식판매처 확인 | 담당자 정보 입력 | 신청완료 |

〈증빙서류〉
브랜드 본사: 상표권 등록증
브랜드 대행사: 상표권 등록증, 상표권 계약서(독점 계약 명시 필수), 브랜드 관리 권한 위임서

1. 쇼핑파트너센터에서 화면 하단에 있는 **브랜드 패키지 소개**를 클릭한다. 내용을 읽어 보고 '위 안내 사항을 모두 확인하였습니다'에 체크한 후 **브랜드 권한 신청하기**를 클릭한다.

2. 약관 내용에 동의하고 **다음**을 클릭한다. 그리고 신청 유형을 선택한 후 **다음**을 클릭한다.

3. 브랜드명, 상표권 등록증, 상표권 계약서, 상표권 등록일 등 신청 대상 브랜드의 정보를 입력하고 **다음**을 클릭한다.

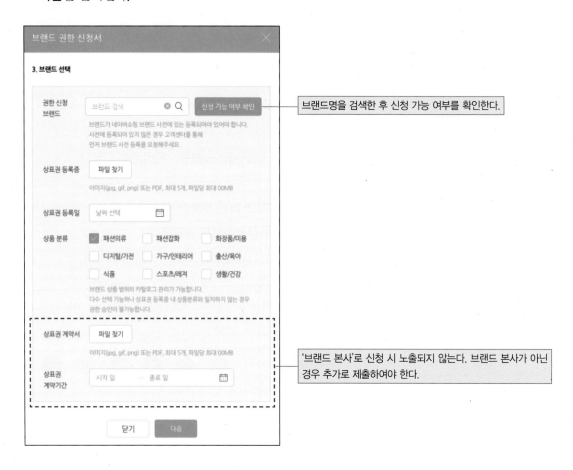

브랜드명을 검색한 후 신청 가능 여부를 확인한다.

'브랜드 본사'로 신청 시 노출되지 않는다. 브랜드 본사가 아닌 경우 추가로 제출하여야 한다.

4. 공식판매처는 로그인한 몰 회원의 쇼핑몰이 자동 노출된다. 스마트스토어와 쇼핑윈도를 동시에 운영 중인 경우 공식판매처로 노출할 1개 판매처를 선택한다. **다음**을 클릭한다.

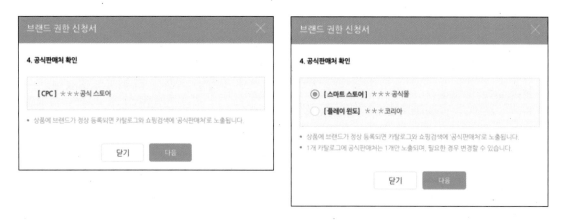

5. 브랜드 담당자 정보를 입력하고 **다음**을 클릭하면 신청 접수가 완료된다.

6. 승인이 완료되면 담당자 이메일로 알림이 온다. 그러면 쇼핑파트너센터에 들어가면 **브랜드 관리** 메뉴 탭이 추가된 것을 확인할 수 있다. 여기서 카탈로그 관리, 브랜드 컨텐츠 관리 등 브랜드에 대한 종합적인 정보를 관리할 수 있다.

■ 브랜드 패키지의 기능

몰 ID에 브랜드 권한이 추가되면 쇼핑파트너센터의 '브랜드 관리' 메뉴에서 다양한 기능들을 이용할 수 있다.

카탈로그 관리	내 브랜드의 카탈로그를 직접 생성/수정
	카탈로그에 상품 추가 매칭, 이상 상품 발견 시 오매칭 신고
	카탈로그에 다양한 제품 컨텐츠를 직접 등록/수정
브랜드 컨텐츠 관리	동영상, 프로모션, 공식 AS 등 브랜드 컨텐츠 등록, 여러 카탈로그에 일괄 노출
인증몰 관리	직접 판매하는 몰 이외에 판매처별 인증몰 여부 관리('인증' 마크가 표시됨)
공식판매처 관리	운영 중인 쇼핑몰로 공식판매처 자동 노출(스마트스토어, 윈도 동시 운영 시 택1)
시리즈 관리	내 브랜드에 속한 시리즈 확인하고 최신성이 유지되도록 신규 등록 요청

※ **카탈로그 관리** 메뉴 → **일반 상품 조회**에서 카탈로그를 생성할 수 있다.

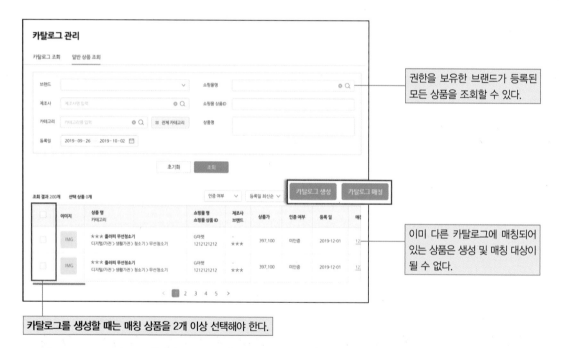

권한을 보유한 브랜드가 등록된 모든 상품을 조회할 수 있다.

이미 다른 카탈로그에 매칭되어 있는 상품은 생성 및 매칭 대상이 될 수 없다.

카탈로그를 생성할 때는 매칭 상품을 2개 이상 선택해야 한다.

셋째
마당

네이버쇼핑
상위노출을 위한
착륙 로직

이번 마당에서는 상위노출, 1페이지 1위의 자리를 지키기 위한 로직이다. 1위의 자리는 뺏기보다 지키는 것이 더 어렵다. 이 시기는 리뷰 관리, 배송, 고객감동 서비스 등에 신경을 써야 한다. 그러면서 브랜드 바이럴을 통해 내 자리를 확고히 지켜야 한다.

여기서는 오랫동안 판매를 하기 위해서 셀러가 명심해야 할 기본적인 사항에 대해서 다시 한번 이야기하고자 한다. 기본에 충실해야 멀리 갈 수 있다.

13장

네이버쇼핑
성공을 위한 4계명

1. 고객에게 팔지 말고 사게 하라

지금의 고객은 그 어느 때보다 현명하다. 따라서 판매자인 우리는 그보다 더 스마트해져야 하며, 진정성을 가지고 판매에 임해야 한다. 그렇지 않으면 고객의 선택을 받을 수 없다.

저자는 '제품을 팔지 말고 스토리와 소울(Soul)을 팔아라'는 말을 자주 한다. 그래야 빛의 속도로 변화하는 이커머스 시장에서 오랫동안 살아남을 수 있다. 저자도 제품에 자식처럼 애정을 갖기 전에는 제품이 팔리지 않아 노심초사하였다.

셀러는 제품에 애착을 가지고 진정성을 다해 판매를 해야 한다. 멀리 내다보면서, 팔려고 하지 말고 고객들이 사게 만들어야 한다.

스마트스토어를 운영하는 대부분의 셀러들은 네이버의 랭킹 로직상 상위노출은 인위적으로 가능하지만 상위노출을 유지하는 것은 참으로 어렵다는 말을 많이 한다.

네이버 랭킹은 '검색유입 클릭'과 '검색유입 구매'와 '리뷰'가 일정한 패턴을 보이는 상품페이지에 상위노출의 특혜를 준다. 상위노출을 보장하는 것은 구매 고객들의 끊임없는 유입과 구매와 구매평이다. 이것이 이루어지지 않으면 상위노출은 절대 불가능하다.

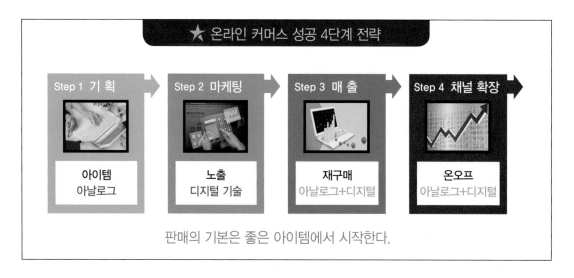

판매의 기본은 좋은 아이템에서 시작한다.

물건을 판다는 것은 판매자의 이익만을 위해 물건을 파는 개념이고, 물건을 사게 한다는 것은 품질 좋은 제품을 통해 고객에게 이익을 주고 나머지 이익을 판매자가 가져간다는 개념이다.

저자는 온라인 셀러를 수년 동안 하면서 무엇보다 좋은 품질의 제품이 상위노출의 기초이자 기본이라는 것을 알게 되었다.

저자는 상품 키워드를 공략할 때 시장의 트렌드를 읽고 검색량과 전환율, 키워드 정보데이터를 분석한 후 다음의 두 가지를 중점적으로 고민한다.

첫째, 경쟁사 제품의 품질상태와 마케팅 전략 알아보기
둘째, 경쟁사보다 우수한 제품을 소싱하기

판매자는 어떻게 팔 것인가를 고민하고 소비자는 어떤 좋은 제품을 살 것인가를 고민한다. 롱런하는 셀러가 되기 위해선 마케팅을 통해 상위노출을 고민하기 전에 "고객의, 고객에 의한, 고객을 위한" 자세로 품질 좋은 제품을 소싱하는 것에 모든 에너지를 집중해야 한다. 그래야 상위노출을 보장받을 수 있다.

저자가 관리하는 네이버 상위노출 제품 중의 하나인 '고기불판'은 론칭 후 6,000개 이상을 판매해 억대 매출을 올렸다.

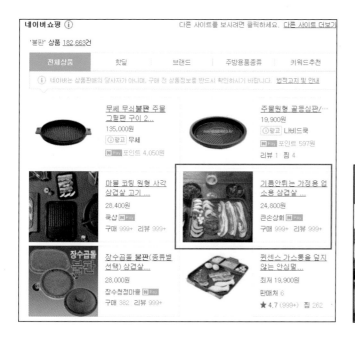

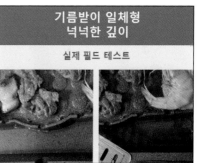

이 제품은 여름 캠핑시즌을 생각하고 소싱을 생각했는데, 경쟁사의 불판은 대부분 종이컵을 이용해 기름을 받는다는 것에 주목하고 기름받이 일체형 불판을 소싱하여 많은 사랑을 받았다.

소비자가 상품을 구매했을 때는 반드시 만족감을 느껴야 한다. 소비자의 구매 목적은 제품 사용에 대한 만족이다. 저자는 내가 써보지 않은 것은 절대 팔지 않는다는 원칙을 고수하고 있다. 내가 써보고 만족이 안 되는데 어떻게 고객이 만족할 수 있겠는가.

팔지 말고 사게 하는 상품만이 상위노출의 최고 로직임을 명심해야 한다.

2. 제품이 아닌, 키워드와
사랑에 빠져라

네이버쇼핑의 랭킹 로직은 검색을 통한 키워드(KEYWORD) 검색 로직으로 움직인다. 스마트스토어는 검색 기반의 네이버 로직 위에 만들어진 플랫폼이다.

KEYWORD = 고객의 정보

네이버 스마트스토어를 운영하는 데 있어 키워드의 중요성은 아무리 강조해도 지나치지 않다. 대부분의 구매 고객은 키워드 검색을 통해 쇼핑을 하기에, 트렌드에 맞는 아이템을 검색량이 많은 타이밍에 노출해야 팔리는 로직이다.

고객이 관심 있는 키워드는 멀리 있지 않다. 실시간 검색어, 연관검색어 등등에는 무수히 많은 키워드들이 있다. 여기에서 자기만의 판매키워드를 찾으면 절대 실패하지 않는다.

키워드는 고객의 정보이다. 고객이 네이버 검색창에 입력하는 키워드에는 고객의 Wants와 Needs가 담겨 있다. 이 키워드에 담긴 고객의 정보를 파악하면 상품 판매의 안내지도를 얻는 것과 같다.

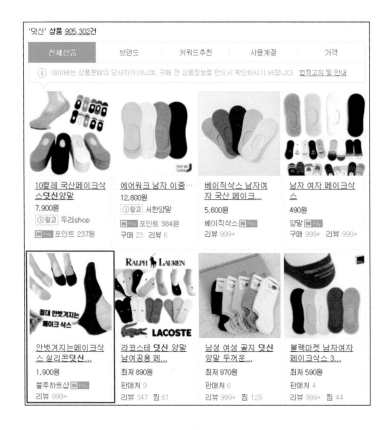

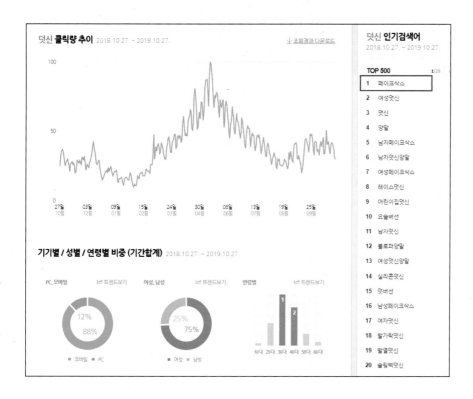

상위노출에 성공하여 판매가 크게 나고 있는 덧신 제품도 키워드를 분석하여 성공한 케이스이다. 20~30대는 발목양말보다 페이크삭스의 덧신을 더 선호한다는 것을 키워드 검색량을 통해 분석한 후 성공한 것이다.

네이버 데이터랩의 쇼핑인사이트에서 보면 '패션잡화 > 양말 > 여성양말 > 덧신'의 인기검색어에서 '페이크삭스'의 검색량이 월등히 높은 것을 알 수 있다.

이렇듯 고객의 키워드 검색량을 파악하고 분석하면 제품의 시장성을 미리 살펴볼 수가 있다.

지금처럼 무한경쟁시대의 이커머스의 세계에서는 제품과 사랑에 빠지면 안 된다. 저자도 처음 이커머스 세계에 뛰어들었을 때는 내가 좋아하는 제품 위주로 물건을 팔았다. 결과는 백전백패였다. 제품을 미리 정해버리면 자기 자신을 가두어버리는 결과를 초래한다. 물건은 내가 사는 게 아니고 고객이 구매를 해주는 것이다. 고객의 의도가 담겨 있는 키워드를 팔다 보면 실수를 최소화할 수 있다. 잘 키운 키워드는 절대 배신하지 않는다.

3. 스몰데이터를 통해
   타깃팅하라

시작이 반이라는 말이 있다. 어떤 아이템을 정하느냐에 따라 상품 판매의 매출이 달라진다.

네이버쇼핑의 카테고리 중에서 가장 경쟁이 치열한 곳이 '생활/건강'이다. 저자는 지난 수년 동안 생활/건강 카테고리에서 톡톡히 신고식을 치르면서 강해졌다. 하지만 초보셀러들은 굳이 경쟁률이 센 곳에서 시작해 저자처럼 신고식을 치를 필요는 없다.

아이템은 카테고리별로 세분화할 수도 있지만, 크게 보면 '시즌 아이템', '계절 아이템', '사계절 아이템', '타깃 아이템' 등 4종류로 나눌 수가 있다.

아이템 소싱 분류

저자가 선호하는 아이템 중 하나가 타깃 제품이다.

상품 키워드의 검색량이 많다고 좋은 제품이라고 맹신을 하면 안 된다. 네이버에서 제공하는 키워드의 검색량은 정보성과 상품성의 의도가 합산된 검색량이기에 판매할 제품을 소싱할 때 검색량보다 중요시해야 하는 게 전환율이다.

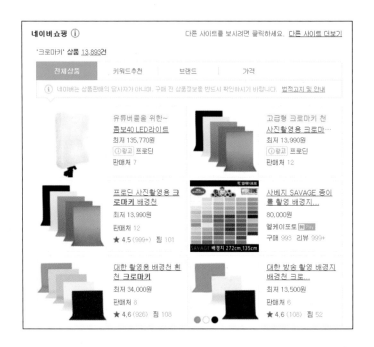

'크로마키' 키워드는 월간검색량이 18만인데 상품수는 1만3천 개에 불과하다. 크로마키는 촬영용 어인데 컬러텔레비전 방송의 화면합성 기술이다. 색조의 차이를 이용하여 어떤 피사체만을 뽑아내어 다른 화면에 끼워 넣는 방법으로, 배경이나 인물을 촬영한 뒤 어느 하나를 분리하여 다른 카메라에 옮겨 구성하는 기술이다. 여기에 필요한 소품이 크로마키 천 제품과 주변 장비이다. 크로마키를 검색하는 사람들은 방송 관련 타깃층 고객이라고 볼 수 있다.

'이갈이마우스피스'는 월간검색량이 4,820건이지만 제품은 420개에 불과하다. '마우스피스' 키워드가 대표키워드이고 '이갈이마우스피스'는 세부키워드에 해당한다.

이갈이마우스피스를 검색하는 사람들은 이갈이를 하는 사람이거나 이갈이를 하는 가족을 둔 사람일 공산이 크기에 하나의 타깃에 해당한다. 이러한 사람들이 이갈이마우스피스를 검색하면 구매전환율이 높게 나올 확률이 상당히 높다.

저자는 셀러들에게 '저공비행'을 하라는 말을 누누이 강조한다. 키워드를 분석하다 보면 세부키워드를 동반한 타깃 제품은 무수히 많다. 저자가 이야기하는 저공비행 로직 중 하나가 위와 같이 검색량 대비 전환율이 좋은 제품을 공략하라는 것이다.

타깃 제품의 검색량은 비타깃 제품의 검색량보다 훨씬 가치가 있기 때문에 여기에 주목해야 한다. 타깃 제품은 초보셀러들이 큰돈 들이지 않고 성공할 수 있는 판매의 지름길이다.

4. 닥치고 등록하고
닥치고 분석하라

많은 셀러들이 상품은 등록을 해야 팔린다는 이치를 모르고 있다. 그런 사람들에게 저자는 이렇게 말한다.

"해보고 나서 생각을 하세요."

스마트스토어는 판매자에게 최대 5만 개의 제품을 등록할 수 있는 권한을 준다. 그런데 99% 셀러들이 등록을 해야 판매가 된다는 진리를 간과하고 있다. 우리네 인생이 도전과 실패를 통해 진일보하듯이, 판매도 서툴지만 등록을 해야 결과가 일어난다. 등록하면 반드시 팔리는 것이 있기 마련이다.

저자가 초보셀러들에게 온라인의 많은 판매채널 중에서 스마트스토어에 집착하라고 하는 이유는 네이버쇼핑은 랭킹 순위를 '최신성'과 '카테고리 선호도' 위주로 배치하고 있기 때문이다.

지금까지 학습한 네이버쇼핑 SEO에 맞게 카테고리를 정하고 카테고리 내 키워드로 상품명을 설정하면, 이제 막 등록한 제품은 최신성(신상품에 대한 일시적 랭킹상승 유도 효과)에 의해 물건이 자동 노출되어 별다른 마케팅을 하지 않아도 팔리게 된다. 또 최신성 로직에 의해 판매가 꾸준히 된 제품이 카테고리 선호도에서 점수를 얻게 되면 세부키워드에서 팔리던 제품들이 카테고리 내 대표키워드에도 자동 노출되어 많은 판매가 일어나게 된다.

저자의 제품 중 모기 관련 제품도 저자가 직접 여름 관련 키워드를 닥등(닥치고 등록)하여, 최신성과 카테고리 선호도에 의해 등록 후 50일 만에 대표 키워드에 노출되어 억대의 매출을 올린 사례이다.

우리의 인생은 실험과 실패를 통해 앞으로 나아간다. 아무것도 하지 않으면 아무것도 일어나지 않는다. 조금은 미흡해도 꾸준히 제품을 올리다 보면 반드시 판매가 된다.

데니스 웨이틀리의 말처럼 "가장 위험한 것은 아무것도 하지 않는 것"이다.

지금, 여러분의 생각을 행동으로 옮겨보라. 셀러의 특권인 등록하는 권리를 맘껏 행사해보라. 네이버 스마트스토어는 등록하면 팔린다.

14장

이커머스의 성공은
속도가 아니라 방향이다

1. 느리더라도
   멈추지 마라

2016년 3월에 온라인 사업을 접하고 세계 최고의 토탈 이커머스 회사를 설립한다는 원대한 포부를 세운 후 저자는 지금까지 열정을 놓아본 적이 없다.

지금도 트렌드에 맞는 키워드를 찾고, 제품을 소싱하고, 마케팅을 통해 상위노출을 시키면서, 의도대로 제품이 팔리면 정말로 짜릿한 기쁨을 느끼면서 전장에 뛰어든 장수의 자세로 이커머스 사업에 임하고 있다.

저자는 남보다 늦은 나이에 온라인 셀러의 길에 뛰어들었다. 초기 2년 동안은 방향성도 없이 갈팡질팡하면서 직장생활과 병행해서 하였다. 낮에는 현장에서, 밤에는 온라인 셀러로서 좌충우돌하면서 악으로 깡으로 하루하루를 버티며 초인적인 힘으로 생활하였다.

그렇게 해외 셀러와 국내 셀러로 활동하면서 방법보다는 방향이, 복잡함보다는 단순함이 성공의 법칙이라는 것을 깨달았다.

어떤 분야의 전문가가 되려면 최소한 1만 시간의 훈련이 필요하다는 말이 있다.

'1만 시간의 법칙'은 미국 콜로라도 대학교의 심리학자 앤더스 에릭슨이 1993년에 발표한 논문에서 처음 등장한 개념으로, 어떤 분야에서든 최고 전문가로 인정받으려면 1만 시간을 쏟아부어야 한다는 이론이다. 저자는 이 '1만 시간의 법칙'을 온라인 셀러 성공의 가장 기본원칙으로 삼으면서 실천하고 있다.

저자는 성공에 목마른 초보셀러들에게 '자지 말고 쓰러져 자라'고 말한다.

1만 시간은 하루 3시간씩 훈련할 경우 약 10년, 10시간씩 투자할 경우 3년이 걸리는 시간이다. 남보다 성공하고 싶다면 남이 잘되는 것을 부러워하기 전에 이 1만 시간을 앞당겨야 한다. 10년을 3년으로 당기는 방법은 간단하다. 하루 3시간의 노력을 10시간의 노력으로 바꾸면 된다. 단 하루 10시간의 노력을 억지로가 아니라 즐기는 마음으로 할 수 있는 '방향'을 찾아서 해야 한다.

뜨거운 태양이 작열하는 여름을 거치지 않고는 가을의 풍성한 결실을 볼 수 없는 것이 세상의 이치이다.

한 치 앞을 알 수 없는 불황의 시대! 저자는 개인적으로 작년 10월부터 본격적인 전시 체제에 들어갔다. 잠 또한 일을 하다 지쳐 쓰러져 잔다. 밥을 먹어도 생각의 끈을 놓지 않는다. 생각 속에 생각이 나오고, 열정이 열정을 부른다.

처음부터 모든 걸 다하려 하지 말고 각자의 컨디션에 맞게 실속있는 일들을 하나하나 풀어나가면 된다. 그러다 선택해야 할 고민스러운 일이 생기면 〈아모르파티〉의 노래 가사처럼 행동은 가슴이 뛰는 대로 하면 된다. 단 시간과 돈이 투입되는 일은 가슴이 뛰는 대로 하면 안 된다. 실행을 하기 전에 주변의 선배들에게 내가 하는 일이 칭찬받아 마땅한 일인지 한번 물어보길 바란다.

성공을 위해서는 힘을 빼고 저공비행을 해야 한다. 요즘 세상에 저자처럼 평범한 개인이 부를 이룰 수 있는 곳은 이커머스 시장이라고 저자는 확신한다.

날아다니는 새는 벽을 뚫지 못합니다.

소리 없는 벌레가 벽을 뚫습니다.

내달리는 말은 십 리를 가기 어렵습니다.

뚜벅뚜벅 걷는 소가 천 리를 가고 만 리도 갑니다.

소리 없이 벽을 뚫는 벌레처럼, 만 리를 가는 소처럼,

천천히 가십시오.

꼬물꼬물 뚜벅뚜벅!

– 이민규《지치지 않는 힘》 중에서

이처럼 열정의 끈을 놓지 말고 뚜벅뚜벅 이커머스 셀러의 길을 가도록 하자.

2. 쉬운 길은 있어도 편한 길은 없다

고생 끝에 성공이 온다는 말이 있다. 성공은 편하면서 쉽게 오는 경우는 절대로 없다.

저자가 초보셀러들에게 시장의 트렌드를 읽는 감각을 길러주기 위해 닥등(닥치는 대로 등록)을 시켜보면 10명 중 9명은 포기를 한다. 자기의 컨디션을 생각하지도 않고 제품을 소싱하여 생각만큼 판매가 되지 않는다고 포기를 한다. 그들은 이미 머릿속에 편한 길만을 생각하고 있었던 것이다.

셀러에 입문하면서 학습을 하는 방향은 두 가지가 있다. 하나는 학습을 통한 노하우를 가지고 편하게 가는 것이고, 다른 하나는 학습을 통해 얻은 노하우를 절차탁마(切磋琢磨)하여 자기만의 로직을 완성하는 것이다.

이 세상에 공짜는 없다.

온라인 사업은 참으로 외로운 직업 중의 하나이다. 온종일 컴퓨터와 씨름을 해야 하고, 어떤 때는 몇 날 며칠을 컴퓨터 앞에 앉아 있어야 할 때도 있다. 이러다 내가 '셀러형 외톨이(?)'가 되는 건 아닌가 하는 생각이 들 때도 있다. 물건이라도 잘 팔리면 그나마 위로가 되고 힘이 나겠지만, 내 의도대로 판매가 되지 않으면 초조하고 불안해지면서 과연 내가 하는 것이 맞는 것인가 하는 고민을 하게

된다. 그러다 보면 편한 길을 찾게 된다. 편한 길은 편법인 경우가 대부분이다. 편법은 언젠가는 자신의 발목을 잡기 마련이다.

돈을 꾸준히 버는 방법은 '원칙'과 '신념'을 지키는 데 있다. 막다른 길에 맞닥뜨리더라도 각오를 세우고 비장한 마음으로 주변을 둘러보면 반드시 새로운 길은 있다. 우리를 견디게 하고 세우는 힘은 바로 이 원칙과 신념이다.

상위노출을 해서 돈을 벌고, 그래서 주변의 인정도 받고 싶은 게 대부분 셀러들의 마음이다. 모두 다 그런 생각을 하고 뛰어드는 전쟁터가 바로 이커머스 시장이다.

그렇기에 유한 자원의 부(富)를 얻으려면 남의 것을 가져와야 한다. 그러려면 남들보다 내가 강해져야 하고 힘이 있어야 한다.

부자는 의지가 단단하고, 고난과 역경을 이겨내는 끈기와 인내가 강한 사람이다. 그래서 부자가 된 것이다. 셀러의 길로 들어선 여러분은 끈기를 가지고 인내할 줄 알아야 한다. 첫술에 배부를 수는 없다. 포기하지 않고 끝까지 가는 사람이 결국은 이긴다.

성공의 열매를 맺기 위해서는 가을이라는 때가 있어야 한다. 어떤 사람에게는 그 가을이 좀 빨리 올 수도 있고, 어떤 사람에게는 좀 더디 올 수도 있다. 각자만의 때가 있는 것이다. 그러니 조급해하거나 서두를 필요가 없다. 성공하는 사람은 반드시 때가 올 것이라는 믿음으로 조용히 기다린다. 힘을 비축하며, 절대로 초조해하거나 허둥대지 않는다.

그런데 여기서 우리가 명심해야 할 것이 하나 있다. 부를 유지하기 위해서는 강함과 함께 '정직함'이 있어야 한다는 것이다. 정직함이 없으면 부를 가져오더라도 나보다 더 강한 사람한테 빼앗기기 마련이다. 부는 정직함의 바탕 위에 쌓아야 굳건하게 유지할 수 있다.

꽃을 피우기 위해서는 고난을 견디며 정직하게 열심히 살아야 한다. 그냥 열심히 하는 것이 아니라 잘하면서 열심히 해야 한다. 각자 컨디션에 맞게 방향을 정하고, 일에 집중하다 보면 기회는 불현듯 찾아온다.

저자가 셀러 활동을 하면서 늘 마음에 품고 있는, 김원일의 《늘푸른 소나무》에 나오는 한 구절을 인용하면서 나와 같은 길을 가고 있는 셀러 여러분을 응원한다.

회의도 있고 유혹도 있고 좌절도 있겠거니,
견디며 이기며 가는 저 끝 어디엔가
보리(菩提)가 있겠거니...

3. 함께 가면
   멀리 갈 수 있다

온라인 사업에 성공한 사람들의 공통점은 끊임없이 내·외부로부터 정보를 얻어 자기만의 성공 로직을 가지고 있다는 것이다. 과거에는 정보를 얻지 못해도 생활을 하는 데 불편함이 없었지만 디지털이 일상화된 현대에서는 새로운 정보를 가지고 있는 사람과 그렇지 못한 사람과의 차이는 불편함을 넘어 경제적 불균형으로 이어지고 있다.

시즌별로 어떤 물건을 팔고 어떻게 마케팅을 하는가에 따라 매출이 좌우되는 이커머스에서는 정보의 중요성이 더욱 더 크다. 이는 백번 천번 강조해도 부족하지 않다. 정보가 곧 로직이기 때문이다.

기본적으로 정보란 돈과 시간을 투자한 연구개발을 해야 얻어지는 것이다. 국가와 기업은 수많은 인력과 자원을 통해 정보를 얻어내어 성장해나가지만, 우리 같은 개인 셀러가 시장에서 통하는 고급 정보를 얻기란 하늘의 별 따기다.

저자는 '검색보다 사색을 많이 하라'는 말을 자주 한다. 대부분의 사람들은 네이버, 구글, 유튜브, 커뮤니티 등에서 정보를 얻고 있는데, 검색을 통한 이러한 정보는 수많은 사람들이 알고 있는 정보이기에 실제 현장에서 얼마나 유용하게 먹힐지는 장담할 수가 없다.

지금까지의 경험에 비추어보면, 실무에서 통하는 고급 정보는 자신의 실수와 실패에서 얻은 정보를 사색을 통해 가공함으로써 얻을 수 있다. 정보에 사색에 더함으로써 우리는 자기만의 고급 정보를 가지게 되는 것이고, 그것이 차별화가 되어 시장에서 통하게 된다.

다른 한편으로는 유경험자의 정보 공유를 통해서 얻을 수 있다. 세상의 모든 일은 혼자 힘으로는 완성할 수 없다. 온라인 판매도 마찬가지이다. 나는 할 수 없는 일이지만 상대방에게는 좋은 기회일 수도 있다. 내가 못 먹는 감은 남에게 준다는 생각으로 셀러들은 서로를 도와주어야 한다. 내가 정보를 주면 상대방도 정보를 주게 되어 있다.

온라인 셀러는 고객과의 소통을 통해 돈을 버는 직업이다. 아무리 물건을 많이 판 셀러라 하더라도 그가 소통한 고객과 정보는 이커머스라는 거대한 시장 전체에서 보면 너무나 미약한 것이고, 일부분에 편향된 것일 수 있다. 다양한 분야에서 경험을 한 셀러들이 서로의 정보를 공유함으로써 우리는 더 큰 사업을 할 수 있고 함께 성장할 수 있다. 경험과 정보는 나누면 두 배, 세 배가 된다. 여러분께 저자의 정보를 공유하는 것도 이런 이유에서이다.

끝으로 저자가 늘 강의 때마다 하는 말을 다시 한번 강조하면서 이 책을 마무리한다.

"혼자 가면 빨리 가지만 함께 가면 멀리 갈 수 있다."

스마트스토어 총사령관, 쿠팡 판매의 신 김도균의
초보셀러 구하기 https://cafe.naver.com/vivachae

★ 카페에서 스마트스토어, 쿠팡 판매와 관련된 다양한 정보와 교육, 혜택을 만나보세요.